FIFTY

Danhong Zhang

Nur die richtige Meinung ist frei

Erfahrungsbericht
einer Journalistin

FIFTY FIFTY

Die Deutsche Nationalbibliothek verzeichnet diese Publikation in der Deutschen Nationalbibliografie; detaillierte bibliografische Daten sind im Internet über http://dnb.d-nb.de abrufbar.

ISBN: 978-3-946778-49-3
1. Auflage 2024

Siemensstr. 49, 50825 Köln
Umschlaggestaltung: Buchgut, Berlin
Satz: Publikations Atelier, Weiterstadt
Druck und Bindung: Friedrich Pustet GmbH & Co. KG, Regensburg
Printed in Germany

Inhalt

In Gedanken an Xiu Haitao, den ehemaligen Herausgeber der Chinesischen Handelszeitung, der mich durch die Kampagne 2008 wohlwollend begleitet hatte und im Sommer 2021 in Frankfurt verstarb.

Einführung
Endlich frei

Es war Montag, der 21. Oktober 2019. Ich nahm ein Taxi und fuhr zur nächstgelegenen Poststelle. Die Herbstsonne in Peking umarmte mich, das gab dem Vorgang einen unspektakulären Rahmen. Vor dem Schalter füllte ich meine Adresse in Peking und die der Deutschen Welle aus. Ein Rückzieher war nicht mehr möglich. Denn bevor ich zur Post fuhr, hatte ich bereits mein Kündigungsschreiben per Mail an die Personalabteilung geschickt.

Dreißig Jahre lang habe ich für die Deutsche Welle gearbeitet, den steuerfinanzierten deutschen Auslandssender, der 1953 gegründet wurde, 32 Fremdsprachenredaktionen unterhält und rund 1500 Mitarbeiter zählt. Ein Traumjob, aber nun war er vorbei.

Jahrelang habe ich auf diesen Tag hingearbeitet. Ich habe Kolumnen und Bücher für den chinesischen Markt geschrieben und mir ein zweites Standbein in China aufgebaut. Im August 2019 hatte ich mich von der Deutschen Welle für ein Jahr beurlauben lassen und war nach China zurückgekehrt. Eine Hintertür hatte ich mir gelassen, um zu schauen, ob eine Resozialisierung in die chinesische Gesellschaft nach mehr als dreißig Jahren Deutschland reibungslos vonstatten gehen könnte. Und tatsächlich ging sie geräusch- und reibungsloser zu, als ich dachte. In dem Kulturkreis, in dem ich geboren und aufgewachsen war, fühlte ich mich wie ein Fisch im Wasser. Nach knapp drei Monaten dachte ich, die Hintertür zuschlagen zu können, um ein neues Leben anzufangen. Denn ich war immer davon überzeugt: Es gibt ein Leben nach der Deutschen Welle.

Vorbei sind die Zeiten, in denen ich immer wieder Anrufe von meinem Vorgesetzten bekam mit der Bitte, den einen oder anderen Tweet zu löschen. Dabei sorgte er sich um meine Glaubwürdigkeit, wenn ich Tweets absetzte, nur um sie wieder zu löschen. Das rührte mich beinahe zu Tränen. Einmal wies mich die Programmdirektorin darauf hin, dass ich zu viele Follower aus der AfD-Ecke hätte. Was kann ich dafür, wer mir folgt? Und haben meine Chefs nichts Besseres zu tun, als mich und meine Follower zu beobachten? Nun aber entlasse ich mich selber in die Freiheit und befreie meine Vorgesetzten von ihrer ideologischen Fürsorgepflicht.

Durch eine Kündigung bei der Deutschen Welle würde ich mich wie neugeboren fühlen. Davon war ich seit dem Skandal im Jahr 2008, der »Causa Zhang«, überzeugt. Nur war die Zeit für eine Kündigung damals noch nicht reif. Ich brauchte mein Gehalt, um meine Familie zu ernähren. Nun aber bin ich nicht mehr auf das Brot der Deutschen Welle angewiesen. Der Tag der Freiheit ist endlich gekommen. Zu meiner Freude gesellen sich auch Erinnerungen, Erinnerungen an meine dreißig Jahre bei dem deutschen Auslandssender, meine Höhen und Tiefen und wie ich vom Stolz meines Arbeitgebers zum Troublemaker wurde.

Über allem schwebt die absurd anmutende Tatsache, dass ich nach China zurückkehren musste, um meine Meinungsfreiheit wiederzuerlangen, immerhin ein Land, dem alles Mögliche nachgesagt wird, nur nicht, sich frei äußern zu können. Das ist natürlich zugespitzt formuliert. Sicherlich kann ich nicht die chinesische Regierung kritisieren, ohne Konsequenzen befürchten zu müssen. Aber hier kann ich frei von finanziellen Sorgen leben; hier habe ich Zeit, über Deutschland nachzudenken und über die Frage, ob die vom Grundgesetz garantierte Meinungsfreiheit noch existiert. Wäre ich noch bei der Deutschen Welle angestellt, hätte ich dieses Buch nicht schreiben können, ohne eine Entlassung zu riskieren.

Mit der Kündigung habe ich meine Rede- und Meinungsfreiheit wiedergewonnen, und davon will ich nun Gebrauch machen. Ich wollte den deutschen Lesern von meinen Erlebnissen in den Mainstream-Medien erzählen, im Jahr 2008 und 2015 und auch danach.

Dass ich von der »Causa Zhang« und anderen Anekdoten aus der Deutschen Welle berichte, soll nicht als Abrechnung mit meinem ehemaligen Arbeitgeber verstanden werden. Ich schreibe dieses Buch, weil mir durch meine Biografie und meinen Journalistenberuf die Meinungsfreiheit besonders am Herzen liegt.

Dabei fing mein Leben eigentlich ganz anders an. Geboren in einer Diktatur, verbrachte ich meine Kindheit in den Wirren der Kulturrevolution. Ein Nachbarjunge wurde für mehrere Monate in ein Arbeitslager gesteckt, weil er versehentlich aus einer Zeitschriftenseite mit dem Konterfei von Mao ein Schiffchen gebastelt hatte. Öffentliche Kritik am Großen Vorsitzenden mussten etliche Chinesen mit dem Leben bezahlen. Von der Meinungsfreiheit war China so weit entfernt wie von Peking zum Mond und wieder zurück. Nicht nur das, wir wurden gehirngewaschen bis zum Äußersten. Wir dachten beispielsweise lange, dass Amerikaner, aber auch Bürger anderer kapitalistischer Länder oft Hunger leiden würden. Solche Erfahrungen machen mich besonders empfindlich für Propaganda jeglicher Art.

Da ich von der Gnade der späten, aber nicht zu späten Geburt profitierte, durfte ich während meiner Studienzeit Mitte der 1980er-Jahre das liberalste China der letzten Jahrzehnte erleben. Von 1983 bis 1988 studierte ich Germanistik an der Peking-Universität. Damals lenkte der Reformpolitiker Deng Xiaoping die Geschicke Chinas. China öffnete sich der Außenwelt, auch dem westlichen Gedankengut. An der Peking-Universität wurden Studentenparlamente frei gewählt. Beispielsweise war der im Oktober 2023 verstorbene Ministerpräsident Li Keqiang damals Vorsitzender des Studentenparlaments an der Peking-Universität. Abends lauschte ich prominenten Schriftstellern, Philosophen und Komponisten und lernte allerlei Strömungen und Meinungen kennen. Der süße Duft der Freiheit und auch der Meinungsfreiheit schwebte in der Luft.

Davon süchtig geworden, wollte ich nach draußen in die weite, freie Welt. Und in meiner zweiten Heimat – Deutschland – wurde auch noch mein Kindheitstraum, Journalistin zu sein, wahr. In den dreißig Jahren meiner journalistischen Laufbahn, von 1989 bis 2019, wurde ich jedoch Zeugin eines besorgniserregenden Prozesses, bei dem der Korridor für die Meinungsfreiheit immer weiter verengt wurde.

Meine Sorgen fingen 2008 an, als eine Kampagne gegen mich, gegen die China-Redaktion des Senders und schließlich gegen die ganze Deutsche Welle losgetreten wurde. Damals wurde mein Glaube an die Meinungsfreiheit in Deutschland noch nicht völlig erschüttert, aber er bekam einen substanziellen Kratzer. 2015 und 2016 schrieb ich dann Kolumnen über die Flüchtlingskrise und wurde dadurch erneut zur Zielscheibe vor allem von grünen Kritikern. Nun wuchsen Zweifel, ob die viel gerühmte Meinungsfreiheit bei etlichen Themen nicht doch erheblichen Einschränkungen unterliegt. Der Kratzer wurde zu einem Riss. Nachdem ich in den Jahren danach immer wieder ein Déjà-vu mit 2008 erlebt hatte, gab ich im Frühjahr 2018 auf, politische Themen in meiner Kolumne aufzugreifen. Ich schrieb stattdessen meine eigene Integrationsgeschichte auf, was sicherlich auch eine politische Botschaft war. Da es sich aber um mein eigenes Leben handelte, machte mich das unangreifbar.

Kurz nach meiner Rückkehr nach China kam, aus heiterem Himmel, die Corona-Pandemie, gefolgt vom Ukrainekrieg. Die Berichterstattung der Mainstream-Medien in Deutschland fiel von einem Tiefpunkt zum nächsten. Der Riss in meinem Glauben an die Meinungsfreiheit wurde zu einem riesigen Loch. Inzwischen hege ich ernsthafte Zweifel, ob die von der Verfassung garantierte Meinungsfreiheit überhaupt noch das Papier wert ist, auf dem sie steht. Mit diesem Buch möchte ich einen winzigen Beitrag leisten, dieses hohe Gut zu verteidigen, bevor es zu spät wird.

Kapitel 1
Wie entsteht eine Meinung

»Die Meinungsfreiheit ist in Gefahr.« »Der Meinungskorridor wird verengt.« Von solchen Klagen ist heutzutage oft zu lesen und zu hören.

Was ist überhaupt die Meinungsfreiheit? Wie ist sie definiert? Werfen wir einen Blick ins Grundgesetz. In Artikel 5 steht:

(1) »Jeder hat das Recht, seine Meinung in Wort, Schrift und Bild frei zu äußern und zu verbreiten und sich aus allgemein zugänglichen Quellen ungehindert zu unterrichten. Die Pressefreiheit und die Freiheit der Berichterstattung durch Rundfunk und Film werden gewährleistet. Eine Zensur findet nicht statt.

(2) Diese Rechte finden ihre Schranken in den Vorschriften der allgemeinen Gesetze, den gesetzlichen Bestimmungen zum Schutze der Jugend und in dem Recht der persönlichen Ehre.«

Diese sehr umfangreich klingende Meinungsfreiheit ist also in der Verfassung verankert und von der Verfassung garantiert. Um von der Meinungsfreiheit Gebrauch zu machen, muss man erst mal eine Meinung haben.

Um zu dieser Meinung zu gelangen, sollte man sich informieren. Und das geschieht oft durch die Massenmedien. »Was wir über unsere Gesellschaft, ja über die Welt, in der wir leben, wissen, wissen wir durch die Massenmedien«, schreibt Niklas Luhmann.[1] Deshalb setze ich mich in diesem Buch mit den Medien und deren

Machern auseinander. Können wir uns auf die Medien verlassen? Ist das, was wir durch die Medien erfahren, tatsächlich die Wirklichkeit? Oder ist sie verzerrt, verformt oder gar verfälscht?

Und was ist mit der Meinung? Wird die Breite des Meinungsspektrums in unseren Medien gespiegelt? Anscheinend nicht. Dem Kabarettisten Dieter Nuhr fiel einmal auf, dass er mit der Bemerkung »Nie war die Differenz zwischen der öffentlichen Meinung und der veröffentlichten Meinung so groß wie heute« seinen sichersten Szenenapplaus hat. Nuhr erzählte das auf einer Veranstaltung der Brost-Stiftung in der Zeche Zollverein im Juni 2023, wo er mit dem Verfassungsrichter Peter Müller diskutierte und die von *The Pionier* gesendet wurde.[2] Auch Müller war eine Diskursverengung aufgefallen. Die sei dadurch charakterisiert, »dass die Auseinandersetzung über den richtigen Weg überlagert wird durch moralisierende Argumente, die die Auseinandersetzung ersetzen, die stattfinden muss«, sagte er.

War das immer schon so? Als jemand, die dreißig Jahre lang Journalistin bei deutschen Mainstream-Medien war, habe ich diese Diskursverengung am eigenen Leib gespürt. Alles, was Sie hier lesen, stammt aus meinen eigenen Erfahrungen und Beobachtungen. Aber zunächst möchte ich erzählen, wie ich zur deutschen Sprache kam und dann Journalistin bei der Deutschen Welle wurde.

Zum Mittagessen Tonband hören

1978, zwei Jahre nach dem Ende der Kulturrevolution, öffnete die Pekinger Fremdsprachenschule, eine Diplomatenschmiede Chinas, wieder ihre Pforten. Meine Eltern, beide damals beim Förderungskomitee für den Außenhandel tätig, witterten vor den meisten Chinesen die Wichtigkeit der Fremdsprachen und meldeten mich für die Aufnahmeprüfung an. Bei der mündlichen Prüfung mussten wir Prüflinge, die meisten wie ich zwölfjährig, verschiedene fremdartige Sprachen nachplappern. Besonderen Gefallen fand ich an einer etwas metallischen und sehr rhythmischen Sprache. Nach der Prüfung erfuhr ich, dass es sich dabei um die deutsche Sprache handelte.

Wie der Zufall wollte, hatte ich gerade Goethes Faust gelesen. Vom Inhalt wenig verstanden, spürte ich die Schönheit der Sprache trotzdem sogar durch die Übersetzung hindurch. Ich fragte meinen Papa, die Schule zu bitten, mich in die deutsche Klasse einzuteilen. Das deckte sich perfekt mit den Vorstellungen meiner Eltern. Ihrer Generation steckten Hungerleiden und materielle Not noch in den Knochen. Sie wünschten sich nichts sehnlicher, als dass ihre Kinder von solchen Erlebnissen so weit entfernt wie nur möglich bleiben würden. Da sich sämtliche deutschsprachigen Länder im wohlhabenden und friedlichen Mitteleuropa befinden, sei die Gefahr, dass ihre Tochter als Diplomatin bei einem Auslandseinsatz in Krieg und Hunger involviert wird, gleich null, dachten sie.

So schwang sich Papa Zhang aufs Fahrrad und radelte quer durch Peking zur Fremdsprachenschule. Als er nach dem Tagesausflug heimkehrte, las ich in seinem Gesicht voller Staub und Schweiß: Mission accomplished! »Eigentlich musste ich gar nichts tun«, erzählte er mir später einmal. »Die Lehrerin sagte mir, dass du bereits für die deutsche Klasse vorgesehen bist.« Der Grund: Deutsch gilt unter den vier zur Verfügung stehenden Sprachen (die anderen drei sind Englisch, Französisch und Japanisch) als die schwierigste (aus chinesischer Sicht), deswegen habe die chinesische Deutschlehrerin darauf bestanden, die besten drei Schüler bei der Aufnahmeprüfung unter ihre Fittiche zu nehmen. Unter den 5 000 Bewerbern belegte ich den zweiten Platz.

Von nun an widmete ich mich wie besessen der deutschen Sprache. Ich übte alleine einen Monat lang, um das »R« ins Rollen zu bringen. Dann folgte das Auswendiglernen des bestimmten Artikels, der vier Fälle, der Beugung der regelmäßigen, unregelmäßigen und reflexiven Verben sowie Hilfsverben in jedem Tempus und Modus. Was mir am meisten Kopfzerbrechen bereitete, war das Fehlen einer deutschsprachigen Umgebung. Außerhalb des Deutschunterrichts war nirgendwo Deutsch zu vernehmen. Aber auf meinen Papa war immer Verlass. Er lieh von einem Kollegen, der früher einmal Deutsch gelernt hatte, stapelweise Kassetten von Klassikern der deutschen Kinderliteratur aus.

In den darauffolgenden Winterferien habe ich dem Hören auf Deutsch absolute Priorität eingeräumt. So lautete damals mein recht detaillierter Stundenplan: »7:30 – 8:00 Frühstücken und Tonband hören«, »10:10 – 11:00 Tonband hören«, »12:00 – 12:30 Mittagessen und Tonband hören«, »18:00 – 18:30 Abendessen und Tonband hören«. Das machte zusammen 140 Minuten täglich. Mir tut im Nachhinein meine Oma leid, die zu allen drei Mahlzeiten schweigen und sich diese komische Sprache anhören musste.

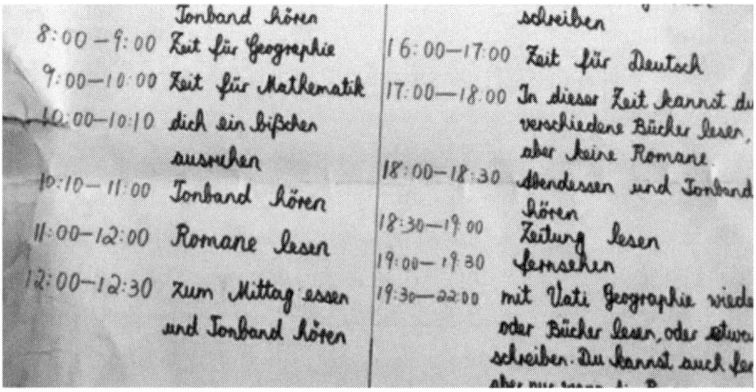

Mein Plan auf Deutsch für die Winterferien an der Pekinger Fremdsprachenschule

Deutsche Welle – der Tiger, der mir Angst einjagte

Nach fünf Jahren Büffeln und Pauken fing ich an der Peking-Universität mit einem Germanistik-Studium an. Das erste Studienjahr lief gut; aber im zweiten Studienjahr stand das Fach »Hörverständnis« auf dem Plan. Da habe ich wohl am wenigsten zu fürchten, dachte ich. Doch ich irrte. Nachrichten der Deutschen Welle mit Störgeräuschen sind ein ganz anderes Kaliber als die professionell auf Tonband gesprochenen Romane meiner Kindheit wie »Das fliegende Klassenzimmer« oder »Das doppelte Lottchen«. Der dickste Brocken aber wartete Ende Juni 1985 auf uns Studenten, als die Semesterprüfung anstand. Es handelte sich um die berühmte Rede des damaligen Bundespräsidenten Richard von Weizsäcker zum 40. Jahrestag der Beendigung des Zweiten Weltkriegs in Europa. Unser Dozent zeichnete sie auf, als die Deutsche Welle sie live ausstrahlte.

Weizsäcker mit seinem geschliffenen und intellektuell niveauvollen Deutsch stellte für Nichtmuttersprachler ohnehin eine gewaltige Herausforderung dar. Und dann auch noch jene Rede, die den Zuhörern ein fundiertes Wissen der deutschen Geschichte und der deutschen Erinnerungskultur abverlangte. Was sollen die armen Studenten aus dem fernen China unter »Stunde null« verstehen? Und worin besteht der Unterschied zu einem »Neubeginn?« Jener viel zitierte Satz, dass der Tag des Kriegsendes in Europa für die Deutschen kein Tag der Niederlage, sondern ein »Tag der Befreiung vom menschenverachtenden System der nationalsozialistischen Gewaltherrschaft« gewesen sei, fordert beim Mitlesen bereits höchste Konzentration. Ihn trotz Störgeräusche zu verstehen und simultan ins Chinesische zu übersetzen, ohne den nächsten Satz zu verpassen, grenzte an ein Ding der Unmöglichkeit. Die ganze Rede wurde zweimal abgespielt. Wer sie zur Hälfte übersetzt bekam, konnte sich glücklich schätzen. Obwohl die Deutsche Welle weder für die Störgeräusche noch für den Schwierigkeitsgrad der Weizsäcker-Rede etwas konnte, wirkten deren Sendungen auf uns wie der Tiger aus einem chinesischen Sprichwort: »Wenn vom Tiger die Rede ist, ändert sich die Gesichtsfarbe der Menschen.« Es bedeutet, dass etwas furchteinflößend ist.

China-Redaktion – rein in die Tigergrube

Im Herbst 1988 brach ich das Aspirantenstudium, eine Art Masterstudium, an der Peking-Universität ab, um nach Köln zu ziehen. Ich wollte endlich in die sprachliche Umgebung eintauchen, die mir zehn Jahre lang gefehlt hatte. Das Studium war kostenlos, ich musste nur für den Lebensunterhalt sorgen. Von den deutschen Kommilitonen erfuhr ich zufällig, dass sich die Deutsche Welle ebenfalls in Köln befand.

Also schickte ich im Februar 1989 ein Bewerbungsschreiben an die China-Redaktion der Deutschen Welle. Das Schreiben versank wie ein Stein im tiefen Meer (auch ein chinesisches Sprichwort). Erst vier Monate später, Anfang Juni, erhielt ich einen Anruf vom stellvertretenden Leiter der China-Redaktion. Gerade hatte die chinesische Führung die Studentenbewegung auf dem Platz des Himmlischen Friedens in Peking niederschlagen lassen. Aus diesem Anlass wolle die China-Redaktion ihr tägliches Programm um zwanzig Minuten erweitern und brauche dafür Hilfskräfte. Ob ich am nächsten Tag für ein Gespräch vorbeikommen könne?

Am nächsten Tag nieselte es. Vor lauter Lampenfieber vergaß ich meinen Regenschirm an der Bushaltestelle am Kölner Neumarkt. Ich fragte den Busfahrer nach der Haltestelle für die Deutsche Welle. Der wollte wissen, ob ich den Sender das erste Mal besuche. »Ja, ich gehe zu einem Vorstellungsgespräch. Wenn ich Glück habe, fahre ich die nächste Zeit öfter mit diesem Bus«, antwortete ich.

»Aber Sie haben ja gar keinen Regenschirm dabei. Die Haltestelle ist zwar ganz in der Nähe der Deutschen Welle. Aber die paar Schritte reichen aus, um klitschnass zu werden.« Kein idealer Zustand, sich dem potenziellen Arbeitgeber zu präsentieren. Zu meiner Überraschung gab mir der Busfahrer seinen eigenen Schirm samt einem kleinen Zettel mit seiner Personalnummer darauf: »Sie können den Schirm mit meiner Nummer dran in jedem Büro der Kölner Verkehrsbetriebe abgeben. Dann bekomme ich ihn garantiert zurück.« Noch am selben Abend brachte ich den Schirm zum Neumarkt und drückte auch einem der dortigen Mitarbeiter einen Dankesbrief in die Hand. Darin ließ ich den großherzigen Busfahrer wissen, dass das Gespräch inklusive einer kleinen Übersetzungsprüfung gut gelaufen sei und dass ich gleich am nächsten Tag anfangen werde. Und dass dies ohne seine Unterstützung wahrscheinlich buchstäblich ins Wasser gefallen wäre.

Als die Deutsche Welle uns Studenten in China noch als ein furchteinflößender Tiger erschien, hätte ich nie gedacht, dass ich eines Tages die Tigergrube betreten würde.

Übersetzungsbüro – oder doch ein feindlicher Sender?

Dass ich die Deutsche Welle mit einer Tigergrube verglich, lag nicht nur daran, dass wir als Studenten von deren Sendungen »gequält« wurden. Auslandssender in westlichen Staaten wurden in China als feindlich eingestuft. Zudem wurden diese Sender nach dem Gefährdungsgrad aus chinesischer Sicht klassifiziert. »Voice of America« galt als der Sender, der China am feindseligsten gegenüberstand, und wurde daher die meiste Zeit blockiert. Die Deutsche Welle wurde als relativ zahm gesehen und von daher nur mit Störgeräuschen bedacht.

In den zweieinhalb Monaten, die ich als studentische Aushilfskraft in der China-Redaktion der Deutschen Welle verbrachte, konnte ich keine offene Feindseligkeit gegen China erkennen. Im Gegenteil, das Sonderprogramm war um Objektivität bemüht. Einmal habe ich einen Text von Erwin Wickert ins Chinesische übersetzt, der die Errungenschaften der Öffnungs- und Reformpolitik der vergangenen Dekade lobte. Erwin Wickert war lange Jahre deutscher Botschafter in China und der Vater des Fernsehmoderators Ulrich Wickert.

Ein anderes Mal bat mich Andreas Donath, der damalige Leiter der China-Redaktion, in sein Büro und zeigte mir ein Manuskript, das über freudigem China-Bashing jedes Maß verlor. Den Text hatte Tienchi Martin-Liao geschrieben. In Taiwan aufgewachsen, wanderte Martin-Liao in den 1970er-Jahren nach Deutschland aus und war an mehreren Universitäten als wissenschaftliche Mitarbeiterin und Übersetzerin tätig. Später lernte ich sie persönlich kennen. Von ihrer Fachkompetenz und ihrer Warmherzigkeit – sie engagierte sich für die Unterstützung der 1989 nach Deutschland geflüchteten chinesischen Studenten und Wissenschaftler – war ich beeindruckt. 2001 ging sie in die USA, um in leitender Position für die Laogai-Foundation zu arbeiten. Die Stiftung wurde von dem chinesischen Menschenrechtsaktivisten Harry Wu gegründet, der zuvor wegen regierungskritischer Äußerungen 19 Jahre im Gefängnis in China verbracht hatte. Laogai bedeutet Arbeitslager, ein Ort, wo Chinesen ohne Rechtsurteile festgehalten werden. Die Laogai-Foundation hat sich zum Ziel gesetzt, die Situation in chinesischen Arbeitslagern ans Tageslicht zu bringen.

Entsprechend kritisch war Martin-Liao in ihrem Text für die Deutsche Welle. Sie behauptete darin beispielsweise, dass die Kommunistische Partei Chinas die blutigste und menschenfeindlichste Regierung in der 5 000-jährigen Geschichte Chinas gewesen sei. Grausame Herrscher hat es in der chinesischen Geschichte allerdings mehr als genug gegeben. Diese in einem Jahrtausend-Ranking miteinander zu vergleichen, fand ich schwierig. Das teilte ich Donath unumwunden mit. »Ich schließe mich Ihrer Meinung an und werde den Text ablehnen«, sagte er. Dass sich ein Redaktionsleiter auf die Meinung einer Studentin stützt, schmeichelte mir sehr. In dem Moment wurde mir aber auch bewusst, dass die China-Redaktion der Deutschen Welle ein umkämpfter Platz von Überseechinesen aller möglichen Strömungen war. Ich konnte damals noch nicht ahnen, dass es Martin-Liao sein würde, mit der ich 2008 ein Gefecht austragen würde.

Während die Texte über China meist von freien Autoren in chinesischer Sprache geliefert wurden, stammten andere Manuskripte aus dem Haus. Dafür hatten wir eine Zentralredaktion, die aus deutschen Muttersprachlern bestand, welche die damals rund vierzig Fremdsprachen-Redaktionen mit deutschsprachigen Texten über Themen aus der ganzen Welt versorgten. Das war sinnvoll, denn ohne eine Zentralredaktion könnten womöglich Dutzende von Journalisten in den Fremdsprachen-Redaktionen am gleichen Thema arbeiten und vielleicht gar den gleichen Experten befragen. Das wäre nicht nur eine gigantische Ressourcenverschwendung, sondern das würde auch einen unkoordinierten Eindruck machen. Die Zentralredaktion bot also eine Art Buffet an, an dem sich die Fremdsprachen-Redaktionen bedienen konnten. Aber das führte eben auch dazu, dass die Fremdsprachen-Ressorts eher wie ein Übersetzungsbüro aus dem Deutschen in ihre jeweilige Muttersprache funktionierten und weniger wie autonome Redaktionen.

Arbeitsvertrag – lebenslänglich in der Anstalt?

Redaktionsleiter Andreas Donath war mit meinem zweieinhalbmonatigen Einsatz hochzufrieden und bot mir Ende August 1989 an, an zwei Wochenenden im Monat zu kommen, um Nachrichten zu übersetzen. Das würde mich samstags und sonntags jeweils vier

Stunden beanspruchen und mir 800 D-Mark einbringen. Mein damaliges Zimmer im Studentenwohnheim kostete nur 150 Mark. Mit einem 1600-Mark-Monatseinkommen würde ich unmittelbar zur Mittelschicht aufsteigen.

Mit diesem rosigen Ausblick ging ich erst einmal auf Reisen. In Kairo besuchte ich meinen Bruder, der damals in der Handelsabteilung der chinesischen Botschaft tätig war. Anschließend flog ich nach Peking, um meine Oma und meine Eltern wiederzusehen. Meine Eltern waren allerdings nicht begeistert, dass ich nun meinen Lebensunterhalt bei einem feindlichen Sender verdiente. Ich beruhigte sie: Vorerst sei ich doch nur eine Übersetzerin und brauche nichts Feindliches über China zu schreiben. Wie das Schicksal so wollte, war mein Vater ebenfalls zum Journalismus gewechselt. Er arbeitete nun als Chefredakteur einer Handelszeitung. »Nun agieren wir in zwei gegensätzlichen Lagern«, scherzte ich und merkte sofort, dass der Witz nicht besonders gut ankam.

Dass die Tätigkeit bei der Deutschen Welle aus chinesischer Sicht nicht so schlimm war, bekam ich kurz vor der Ausreise amtlich. Damals mussten Chinesen für die Ausreise ein Formular bei der örtlichen Polizeibehörde ausfüllen. »Wo verdienen Sie Ihren Lebensunterhalt in Deutschland?«, fragte die Polizistin mit wohlwollender Neugierde. »Bei der Deutschen Welle«, antwortete ich und hätte mir am liebsten sofort auf die Lippe gebissen. »Das ist ja super. Da haben Sie aber Glück!« Ich konnte meine Eltern beruhigen: Nicht einmal die Polizei störe sich an meinem Job.

Nach der kleinen Weltreise ging es in Köln Schlag auf Schlag weiter. Nach einem halben Jahr wurde mir ein befristeter Einstellungsvertrag angeboten. Zwei Monate später wurde eine unbefristete Stelle frei, auf die ich mich bewarb. Mit dem Hausvorteil, bereits einen Vertrag zu haben, setzte ich mich gegen rund zwanzig Mitbewerber durch, darunter übrigens auch Martin-Liao, die Autorin des bereits erwähnten Textes, die damals in Köln lebte.

Mit Papa in einem Pekinger Park. Copyright: Danhong Zhang

Als ich am 22. Juni 1990 den Festanstellungsvertrag unterschrieb, war ich gerade 24 Jahre alt. »Wenn Frau Zhang möchte, kann sie nun 41 Jahre bei der Deutschen Welle arbeiten«, verkündete Donath auf der Redaktionskonferenz. Damals lag das Renteneintrittsalter bei 65. Was als Gratulation gedacht war, klang irgendwie nach einer Drohung. 41 Jahre? Das ist doch lebenslänglich, oder?

Meine ersten Fake News

Kaum in der China-Redaktion angekommen, stieß ich eine Reform an. Wir waren damals eine Art Live-Übersetzungsbüro: Die Texte von der Zentralredaktion wurden ins Chinesische übersetzt, um dann direkt gesendet zu werden. Natürlich wurde das Vier-Augen-Prinzip gewahrt. Jede Übersetzung wurde von einem anderen

Kollegen gegengelesen. Im Studio verlas dann jeder seine eigene Übersetzung. Wer nicht vor dem Mikrofon sprechen konnte, dessen Text wurde von einem anderen übernommen. Jede Sendung glich einer Aneinanderreihung von losen Steinen, die nach einer Moderation riefen, um zu einer ansehnlichen Kette geschnürt zu werden. Ich nahm allen Mut zusammen und schlug Donath eine Moderation vor. »Dann machen Sie das mal«, war seine kurze Antwort. So wurde ich, eine blutige Anfängerin im Journalismus, gleich mit einer der anspruchsvollsten Tätigkeiten beauftragt – der einer Moderatorin.

Diese Laufbahn begann fast zeitgleich mit einem der ersten heißen Kriege nach dem Ende des Kalten Krieges – dem ersten Golfkrieg. Am 2. August 1990 überfiel der Irak das benachbarte Emirat Kuwait. Fünf Monate später drängte eine internationale Koalition unter Führung der USA die irakischen Truppen zurück. Ich hörte mir das deutsche Programm an, schaute von den Kollegen ab und gab mir selber einen Crashkurs in Sachen Weltpolitik. Die Anforderung, die ich an mich stellte, war nicht hoch und von daher realistisch – ich wollte mich nur nicht durch Unkenntnis blamieren. Ich setzte mich dermaßen intensiv mit dem Krieg auseinander, dass ich eines Nachts davon träumte, mit Saddam Hussein und George H. W. Bush im persischen Golf zu baden.

Ich ahnte nicht, dass ich mich gleich am Anfang meiner journalistischen Laufbahn an der Verbreitung von Fake News beteiligt hatte. Es ging um die sogenannte »Brutkastenlüge«. Viele Medien berichteten, dass irakische Soldaten bei der Invasion Kuwaits im August 1990 kuwaitische Frühgeborene getötet hätten, indem sie diese aus ihren Brutkästen gerissen und auf dem Boden hätten sterben lassen. Dies wurde 1990 von Nayirah al-Sabah vor dem Kongress der Vereinigten Staaten vorgetragen, die als Krankenschwester vorgestellt wurde. Das wurde vom damaligen US-Präsidenten George H. W. Bush Sr. und von Menschenrechtsorganisationen vielfach zitiert und beeinflusste die Debatte über das militärische Eingreifen zugunsten Kuwaits. Erst nach der US-geführten militärischen Intervention zur Befreiung des Emirats stellte sich die Geschichte als Erfindung der amerikanischen PR-Agentur Hill & Knowlton heraus. Nayirah al-Sabah war nicht einmal Krankenschwester, sie war die Tochter des kuwaitischen Botschafters.

Dass die Wahrheit immer das erste Opfer im Krieg ist, lernte ich erst im Lauf der Zeit. Das liegt auch an der menschlichen Vorliebe für ein Feindbild. »Wenn man weiß, wer der Böse ist, hat der Tag Struktur«, kalauerte der Fernseh-Kabarettist Volker Pispers einmal.

Die Zeit floss dahin, mit der Zeit verschwand auch mein Reformeifer. Donath war sehr gebildet und außerdem auch ein großartiger Journalist. Er übersetzte Gedichte aus der Tang-Dynastie ins Deutsche und schrieb Features für andere Sender. Aber als Redaktionsleiter war er nicht sehr geeignet. Denn sein Ehrgeiz, das Programm zu verbessern, tendierte gen null. Einmal am Tag kam er in die Büroräume der Kollegen und verteilte Texte zum Übersetzen. Danach ließ er sich oft nicht mehr blicken. Mit mindestens 110 Kilo Gewicht und einer Körpergröße von 1,90 Metern ging er langsam und schlurfend, wie in Zeitlupe. Wir bezeichneten seinen Gang als historische Schritte, denn auf Chinesisch werden historische Schritte mit Schwere und Melancholie assoziiert. Doch dafür ließ er uns in Ruhe. Und wir ihn auch.

Meine Kollegen waren mehrheitlich rot und grün

Die ersten Jahre bei der Deutschen Welle war ich mehr Übersetzerin als Journalistin. Nur ab und zu, wenn sich eine chinesische Delegation nach Deutschland verirrt hatte, durfte ich eine kleine Reportage machen. Wie man so etwas tut, habe ich allerdings nicht gelernt. Dafür habe ich Hunderte von Berichten, Kommentaren und Reportagen aus dem Deutschen ins Chinesische übersetzt, die aus den Federn der Kollegen von der Zentralredaktion stammten. Es lief frei nach dem chinesischen Sprichwort: »Selbst wenn man kein Schweinefleisch gegessen hat, hat man doch Schweine laufen sehen.« So brachte ich mir das journalistische Handwerk mittels Abschauen von den deutschen Kollegen selber bei. Heute allerdings muss man bei der Deutschen Welle erst ein Volontariat absolvieren, bevor man in einer der Fremdsprachen-Redaktionen anfangen darf.

Wie sehr habe ich die scharfen Kommentare einiger Kollegen geliebt! In Erinnerung geblieben ist mir vor allem Heinz Dylon, der unter einer unheilbaren Krankheit litt, immer magerer wurde und sich beim Laufen immer schwerer tat. Manchmal holte ich ihm das Mittagessen aus der Kantine und wir aßen zusammen in seinem Büro. Ich tat das nicht nur aus Nächstenliebe und Kollegialität. Ich wollte die Zeit nutzen, um ihn mit Fragen über die deutsche Innenpolitik zu löchern. Den Gesprächen entnahm ich, dass Heinz ein SPD-Sympathisant war. So wie etliche andere Kollegen aus der Zentralredaktion auch. Mit der Zeit erkannte ich auch, wer den Grünen nahestand. Da die Parteienlandschaft in China völlig anders geartet ist, fand ich die unterschiedliche Parteipräferenz der deutschen Kollegen erfrischend und sympathisch.

Es war nicht schwer zu erkennen, dass die überwiegende Mehrheit der Kollegen rot oder grün wählte. Deshalb fiel es ihnen bei der damals herrschenden schwarz-gelben Koalition nicht schwer, den Regierenden auf die Finger zu schauen. Ich lernte den Begriff der »vierten Gewalt« kennen. Das ist kritischer Journalismus, so soll es sein. Einmal fragte ich Heinz, ob er wegen seiner Kommentare schon mal zum Intendanten Dieter Weirich zitiert wurde, der in der CDU war. Heinz musste lachen: »Nein, bei uns gilt die Meinungsfreiheit.«

Als 1998 Gerhard Schröder Kanzler wurde und Rot-Grün an die Macht kam, machten viele Kollegen aus ihrer Freude keinen Hehl.

Ich werde nicht vergessen, wie viele sich am Tag nach der Bundestagswahl entweder rot oder grün oder rot-grün kombiniert gekleidet hatten. Es herrschte Aufbruchsstimmung.

Wahrscheinlich unter dem Einfluss meiner lieben Kollegen gab ich 2002 bei der ersten Bundestagswahl nach meiner Einbürgerung meine Stimme der SPD.

Die großzügigen Öffentlich-Rechtlichen

Bei der Deutschen Welle ist es ungeschriebenes Gesetz, dass der Intendant von der Regierungspartei kommen sollte. Da die Amtszeit des Deutsche-Welle-Intendanten sechs Jahre beträgt, eine Legislaturperiode aber nur vier Jahre, gibt es unweigerlich Zeiten, in denen die Partei des Intendanten nicht mehr auf der Regierungsbank sitzt. Das sind meist schwierige Zeiten, sowohl für den Intendanten als auch für die Deutsche Welle insgesamt, vor allem für die Budget-Verhandlungen. CDU-Intendant Dieter Weirich wollte deshalb seine Amtszeit vorzeitig beenden. Die Kollegen witzelten, dass jeder von uns eine D-Mark an Weirich spenden sollte, um seine Übergangszeit zu versüßen. Als Nächstes hörten wir über den Flurfunk, dass er eine Million Mark Abfindung bekommen sollte. Dabei verdiente der Intendant doch schon mehr als der Bundeskanzler. Und Weirich wurde ohnehin sofort eine Topstelle in der freien Wirtschaft angeboten.

Nicht zum ersten Mal dachte ich, dass die Öffentlich-Rechtlichen das Geld des Steuerzahlers ganz schön aus dem Fenster rauswerfen. Ähnlich das Geld des Gebührenzahlers: Anfang 1989, bevor ich bei der Deutschen Welle anfing, hatte ich einen Auftrag vom *Westdeutschen Rundfunk*, während einer Live-Fernsehsendung für einen chinesischen Kung-Fu-Meister zu dolmetschen. Die Moderatorin plauderte mit dem Meister rund zwei Minuten.

Dann sagte der Meister: »Nun muss ich mich konzentrieren. Reden Sie bitte nicht mehr mit mir.« Nach der Sendung klopfte mir ein *WDR*-Kollege väterlich auf die Schulter: »Sie bekommen 800 D-Mark. Einverstanden? Das war wirklich nicht viel, was Sie da machen mussten.« Ungläubig schaute ich ihn an: Ich habe gerade 400 Mark pro Minute verdient! Und er entschuldigt sich beinahe dafür? Mit diesem Geld kam ich locker zwei Monate aus. Kurz zuvor hatte ich für den TÜV einen ganzen Tag gedolmetscht und dafür ebenfalls 800 Mark erhalten, womit ich hochzufrieden war. Daraufhin schrieb ich einen übermütigen Brief an meine Eltern: »Ich brauche nur meine Lippen zu bewegen. Schon kann ich mich wunderbar ernähren.«

Das Schreiben auf Deutsch – aller Anfang ist schwer

Aber im Laufe der Welle-Jahre wurde ich mit meinem Übersetzerstatus immer unzufriedener: Jeden Tag sah ich Schweine laufen und kam doch so selten in den Genuss, Schweinefleisch zu verzehren. Deshalb besuchte ich Mitte der 1990er-Jahre eine private Wirtschaftsschule in Köln, um mich danach in der freien Wirtschaft zu bewerben. Doch dazu kam es nicht. Zeitgleich mit meinem Besuch der Wirtschaftsschule begann bei der Deutschen Welle eine große Reform. »Lokalisierung« war das Zauberwort. Mehr Berichte über das Sendegebiet waren erwünscht. Für uns chinesische Kollegen bedeutete es: mehr eigene Beiträge über China. Ich wurde immer öfter auf Dienstreisen geschickt, um beispielsweise Reportagen über chinesische Unternehmen zu schreiben, die in Deutschland aktiv waren. Das an der Wirtschaftsschule erworbene Grundwissen konnte ich nun bei der Arbeit einsetzen. Und ich konnte endlich meinen Journalistentraum verwirklichen.

Journalistin – das war tatsächlich mein Traumberuf. Schon in der Grundschule hatte ich einen Aufsatz über diesen Traum geschrieben, den ich mit folgendem Satz beendete: »Den guten Nachrichten des sozialistischen Aufbaus werde ich Flügel wachsen lassen, sodass sie zum Feld fliegen können, um die Bauern zu beglücken, und zu den Fabriken gelangen, um die Arbeiter zu begeistern.« Ich hatte einen ähnlichen Satz im Radio aufgeschnappt und den in leicht abgeänderter Form verwendet. Darauf war ich damals sehr stolz.

Wenn ich diesen halb abgeschriebenen Satz ein halbes Jahrhundert später reflektiere, dann enthält er doch einen Grundsatz des ideologisch gesteuerten Journalismus: die selektive Berichterstattung. Nur die in den Augen des Journalisten guten Nachrichten sind es wert, erwähnt zu werden. Der Journalist fungiert als eine Art Volkserzieher, der den unbedarften Bauern und Arbeitern die richtige Meinung vermittelt. Kommt einem das nicht bekannt vor?

Dazu aber erst später mehr. Erst einmal war ich dabei, die Presse- und Meinungsfreiheit in Deutschland in vollen Zügen zu genießen.

Die Lokalisierung führte dazu, dass die Fremdsprachenredaktionen nicht mehr so oft zum Artikel-Buffet der Zentralredaktion gingen. Stattdessen schrieben sie immer öfter über ihre eigenen, lokalen Angelegenheiten. Und wenn das Thema international interessant war, sollte die Geschichte auch anderen zur Verfügung stehen. Sprich: Auch die Fremdsprachenredaktionen sollten Manuskripte auf Deutsch verfassen, wenn ein lokales Thema das Interesse des Rests der Welt weckte. Und das war gerade bei China immer öfter der Fall, vor allem, nachdem das Land Ende 2001 der World Trade Organisation (WTO) beigetreten war. China wurde in den Welthandel integriert und der Westen erhoffte sich ein freieres China. Seitdem ist fast jedes China-Thema auch ein globales Thema.

Der Chefredakteur fragte Sabine Peschel, die Nachfolgerin des inzwischen pensionierten Redaktionsleiters Donath, ob einer der chinesischen Kollegen in der Lage sei, Wirtschaftsberichte in einem passablen Deutsch zu verfassen. »Ja«, sagte sie. Und sie meinte damit mich. Allerdings hatte ich bis dato noch nie Texte auf Deutsch geschrieben. Aber ich erinnerte mich an das chinesische Sprichwort mit dem Schweinefleisch und redete mir Mut zu. Und mein damaliger Ehemann beseitigte den letzten Rest meines Selbstzweifels: »Was Grammatik und Vokabular angeht, bist du besser als neunzig Prozent der Deutschen. Dein einziges Problem ist die fehlende Praxis. Deswegen ist es höchste Zeit, damit zu beginnen. Und du verlierst doch nicht deine Stelle, wenn es nicht sofort klappt.« Das sah ich auch so.

Ich hatte noch eine andere Motivation, auf Deutsch zu schreiben. Die China-Berichte der Zentralredaktion waren oft fragwürdig. Beispielsweise arbeitete dort der chinesischstämmige freie Journalist Shi Ming, der jedes Jahr den Zusammenbruch der chinesischen Wirtschaft voraussagte, ohne dass es ein einziges Mal dazu gekommen ist. Aber obwohl jede seiner Prognosen fehlschlug, wurden seine grundpessimistischen Beiträge immer mit Handkuss genommen. Denn er galt innerhalb und außerhalb der Deutschen Welle als »China-Experte«. Ich hatte den Ehrgeiz, mit Shi Ming in Konkurrenz zu treten und ein realistischeres Bild von China zu zeichnen.

Gleichwohl waren meine ersten Versuche erbärmlich. Gegen jeden zweiten Satz hatten die Kollegen der Zentralredaktion etwas einzuwenden. Aber sie sahen in mir eine Aktie mit Potenzial, bei der sich eine Investition lohnte. Satz für Satz gingen sie mit mir durch, sodass jeder Text einem Crash-Schreibkurs glich und ich nach jedem Versuch einen Sprung schaffte. Den sieben wirtschaftsaffinen Kollegen aus der Zentralredaktion, die dafür zuständig waren, die Texte von ausländischen Kollegen sendefertig zu machen, bin ich zu tiefstem Dank verpflichtet.

2003 wurde aus diesen Kollegen eine eigene Wirtschaftsredaktion gebildet. Karl Zawadzky, der damalige Leiter der Wirtschaftsredaktion, lud mich zu ihren Wochenkonferenzen ein, die immer donnerstags stattfanden. Einmal fragte mich Zawadzky mitten in der Konferenz: »Frau Zhang, haben Sie nicht Lust, offiziell zu uns zu kommen?«

Ich überlegte, was das für mich bedeuten würde. Ich würde meine größte Stärke, das Chinesisch, aufgeben oder genauer gesagt das Verhältnis von Deutsch und Chinesisch umdrehen, Deutsch zu meiner primären Arbeitssprache erheben und Chinesisch zur Nebensprache degradieren, in der ich ab und zu Gastbeiträge für die China-Redaktion verfassen würde. Aber dafür würde ich die ideologisierte China-Ecke verlassen und zur auf Daten und Fakten basierten Wirtschaftswelt wechseln. Ich sagte Ja und schrieb umgehend einen Brief an den Chefredakteur mit Kopie an die China-Redaktion. Zawadzky soll der China-Redaktion sogar eine Ablösesumme angeboten haben.

Nach wenigen Tagen bat mich der Chefredakteur in sein Büro und verpackte die Absage in ein Kompliment. Er sagte, dass meine Chefin mich für ihre beste Kraft halte und mich nicht gehen lassen wolle. Aber wir könnten das Problem asiatisch lösen: Ich bliebe in der China-Redaktion. Dafür bekäme ich Zeit, Wirtschaftsbeiträge auf Deutsch zu schreiben. Die Zeit bekam ich natürlich nicht, die deutschen Beiträge schrieb ich meist in der Freizeit. Aber ich war fest davon überzeugt, dass mein Fleiß irgendwann belohnt würde.

Das passierte früher als gedacht. Im Frühjahr 2004 kündigte Peschel, und ihr bisheriger Stellvertreter Matthias von Hein wurde Leiter der China-Redaktion. Und im Wettbewerb um seine Stelle setzte ich mich gegen mehrere starke Konkurrenten durch. Dass eine Chinesin zur stellvertretenden Redaktionsleiterin befördert wurde – ich hatte zwar inzwischen die deutsche Staatsbürgerschaft, aber für die Kollegen war ich immer noch die Chinesin –, war eine kleine Revolution. Denn es war ein ungeschriebenes Gesetz, dass alle Redaktionsleiter aus dem abendländischen Kulturkreis stammen sollten. Und bei den großen und wichtigen Redaktionen galt das auch für die stellvertretenden Leiter.

Einfluss auf die Meinungsbildung über China

Zeitgleich mit der Beförderung zur stellvertretenden Redaktionsleiterin wurde ich schwanger. Dadurch und nach der Frühgeburt meiner zweiten Tochter war ich fast drei Jahre nicht in China. In dieser Zeit bezog ich fast sämtliche Informationen über meine erste Heimat durch die deutschen Medien. Und ich hielt damals die Mainstream-Medien für dermaßen glaubhaft, dass ich all diese Artikel für bare Münze hielt. Deshalb dachte ich, was ist bloß mit China los? Hat sich alles derart zum Negativen entwickelt? Hat mein pessimistischer Landsmann Shi Ming doch recht, dass China, wenn nicht gleich, aber doch sehr bald an Korruption und sozialen Problemen zusammenbrechen wird?

Erst im Oktober 2006 war ich endlich wieder in Peking und fand ein völlig anderes Land vor als das in dem Bild, das die deutschen Medien gezeichnet hatten. Die Medienlandschaft war vielfältig, die sozialen Missstände wurden schonungslos angesprochen. Den meisten Menschen ging es materiell besser. Die Reisefreiheit wurde von immer mehr Chinesen genutzt. Sicherlich gab es Tabuthemen und die Herrschaft der Kommunistischen Partei durfte nicht herausgefordert werden. Aber ich sah selten unzufriedene Menschen. Sogar die Wanderarbeiter, die auf Baustellen schufteten, machten keinen unglücklichen Eindruck. Schließlich konnten sie viel mehr verdienen als in ihrem Heimatdorf. Ja, sogar die Luft schien besser zu sein, wobei das auch an der Jahreszeit liegen konnte.

Warum lese ich dann kaum etwas Positives über China in Deutschland? Ich weiß, dass die westlichen Medien grundsätzlich kritisch berichten. Nur bad news sind good news. Aber sind die Auslandskorrespondenten nicht dazu verpflichtet, ein umfassendes Bild von ihrem Einsatzland zu zeichnen?

Diese Reise hatte mich sehr nachdenklich gemacht. Die deutschen Medien haben es geschafft, dass sogar eine gebürtige Chinesin ihr eigenes Land durch deren Brille betrachtete. Was ist dann mit den vielen Deutschen, die das Land noch nie von innen gesehen haben? Da die meisten Deutschen nicht die finanziellen Mittel besaßen, China mit eigenen Augen zu sehen, blieben ihnen die Medienberichte das einzige Fenster, durch das sie sich informierten.

Und die änderten sich über die Jahrzehnte. In den 1980er-Jahren war das ferne Land exotisch und arm und die meisten deutschen Medien behandelten es wie einen kostbaren, niedlichen Pandabären. Aber 1989, als Panzer den Aufstand der Studenten auf dem Platz des Himmlischen Friedens niederschlugen, wurde China zu einer verachteten Ratte. Dann reiste der Reformpolitiker Deng Xiaoping in die Wirtschaftssonderzone Shenzhen und China schlug den Weg der wirtschaftlichen Reformen ein. Die Federn der deutschen China-Korrespondenten machten das Land zu einem schlauen, aber schwer zu durchschauenden Fuchs. Nach dem WTO-Beitritt 2001 bewegte sich China im vom Westen vorgegebenen Rahmen wie ein Fisch im Wasser und erwachte zuletzt zum Löwen, der dem Westen Angst und Furcht einjagte. Dieser Löwe wird dem Westen nicht nur immer mehr zum Konkurrenten, er ist auch widerborstig und teilt nicht die westlichen Wertvorstellungen. Was kann sich in diesem vermeintlich bösen Land schon Positives ereignen? Deswegen gehören Menschenrechtsverletzungen und Umweltverschmutzung zu den Hauptthemen in der deutschen China-Berichterstattung.

Nach meiner Heimatreise 2006 habe ich mich entschlossen, gegen den Strom zu schwimmen und das schiefe Bild über China in Deutschland zurechtzurücken. Ich schrieb weiter fleißig Berichte über China. In der neuen Position wurden von mir auch politische Berichte und Kommentare erwartet. Auch außerhalb der Deutschen Welle wurde mir ein immer breiteres Forum geboten. Einladungen für Vorträge und Podiumsdiskussionen häuften sich.

Bei meinen Ausführungen verglich ich das heutige China nicht mit dem heutigen Deutschland, sondern mit dem China von vor zwanzig Jahren, und erkannte viele positive Entwicklungen. Zum Beispiel, dass direkte Wahlen auf Dorfebene stattfanden; dass es durchaus kritische Medien gab; dass sich Bürgerbegehren in Sachen Umweltschutz Gehör bei den Behörden verschafften.

Die Resonanz war überwältigend. Die Zuhörer lobten nicht nur mein Deutsch, sondern auch meine Perspektiven, die immer wieder vom deutschen Mainstream abwichen. Viele sagten mir, dass sie von nun an China mit einem anderen Blick sehen – ohne die ideologische Brille, die die Medien dem Publikum aufsetzten.

Dass meine Aussagen von der Meinungsfreiheit gedeckt waren, daran hatte ich keinen Zweifel. Deswegen glaubte ich auch keine Sekunde daran, dass das für mich gefährlich werden könnte.

Vorurteile – bis zur Perfektion gehegt und gepflegt

Jedes Volk hegt Vorurteile gegenüber anderen Nationen und anderen Ländern. Dabei gibt es positive und negative Vorurteile. So halten die Chinesen die Deutschen für intelligent, fleißig und ordnungsliebend. In Japanern sehen die Chinesen roboterhafte Menschen, denen menschliche Gefühle und Empathie fehlen. Das rührt noch aus dem japanischen Angriffskrieg gegen China aus den 1930er-Jahren her.

Auch Deutsche pflegen positive Vorurteile über Chinesen. Chinesische Kinder seien alle Überflieger und bereits im Kindesalter Mathegenies, so wie Prinzessin Li Si aus der Jim-Knopf-Serie. Aber auch negative Vorurteile halten sich hartnäckig. Davon konnte meine ältere Tochter ein Lied singen. In der Grundschule kam sie immer wieder traurig und gekränkt nach Hause und konfrontierte mich mit Fragen wie: »Mama, stimmt das, dass alle Chinesen Haifischflossensuppe essen?« Dann erzählte sie mir, dass sich die Kinder im Unterricht eine Dokumentation angeschaut hatten, in der Chinesen mit ihrer Vorliebe für Flossensuppe dafür verantwortlich gemacht werden, dass die Haie vom Aussterben bedroht sind. Der Junge vor ihr drehte sich daraufhin zu ihr um und sagte: »Du bist ekelhaft und grausam.« Haifischflossensuppe gilt in Teilen Chinas als Delikatesse, also müssen alle Chinesen daran gesündigt haben; da meine Tochter zur Hälfte chinesisch ist, hat sie diese Suppe bestimmt auch gekostet und macht sich mitschuldig am Aussterben der Haie. Das ist die kindliche Logik.

Am Gymnasium setzte sich das fort. Nun ging es um Katzen und Hunde, die Lieblingshaustiere der westlichen Welt. »Kein Lebewesen entkommt dem Esstisch der Chinesen, auch Katzen und Hunde nicht. Stimmt's?«, fragte die Lehrerin und blickte in Richtung meiner Tochter, die daraufhin von der ganzen Klasse angestarrt wurde. Wenn schon die Lehrerin sich an dem Verbreiten von Vorurteilen beteiligt, was kann man dann von den Mitschülern erwarten?

Einmal kam eine Freundin meiner Tochter wutschnaubend in der Pause auf sie zu und überschüttete sie mit Vorwürfen: »Ich hätte nicht gedacht, dass du so böse bist. Wie kannst du es übers Herz bringen, Katzen und Hunde zu essen?« Doch da hat meine kluge Tochter schon eine bessere Taktik entwickelt. Statt gekränkt zu sein oder zu beteuern, dass sie so etwas nie gemacht hätte, lächelte sie die Freundin an, wohl wissend, dass das Mädchen eine

Katze zu Hause hatte: »Gestern Abend gab es bei uns gebratenes Katzenfleisch. So lecker!«

Ironie und Sarkasmus halfen in dem Moment, den Ärger von sich fernzuhalten und ihn auf andere zu lenken, die es durch das Ausschalten des Gehirns auch nicht anders verdient haben. Aber das Thema beschäftigte meine Tochter weiter. Ich erklärte ihr, dass die große Mehrheit der Chinesen den Konsum aller möglichen Tiere ebenfalls ablehne. Außerdem sei es heuchlerisch von den Deutschen, einerseits fröhlich Schweine, Hühner, Rinder, Hasen und manchmal auch Pferde zu essen, andererseits Chinesen wegen des Verzehrs von Katzen für herzlos und barbarisch zu erklären.

Mit meinen Argumenten versuchte meine Tochter, ihre Freundin am nächsten Tag milder zu stimmen. Doch für Argumente war sie nicht mehr zugänglich. Für sie war meine Tochter einfach eine böse Chinesin. Ende der Diskussion. Meine Tochter berichtete mir, dass sie längst nicht die Einzige in der Klasse war, die mit Vorurteilen zu kämpfen hatte. Einem polnischen Jungen erging es nicht besser. Einmal fragte ein Lehrer in die Runde, wohin die Schüler im Urlaub fahren würden. »Wahrscheinlich nach Polen. Denn euer Auto ist ja bereits da«, zwinkerte er in Richtung des polnischen Jungen und lachte herzhaft.

Nicht nur den meisten Völkern dieser Welt fühlen sich viele Deutsche überlegen, auch ihren eigenen ostdeutschen Brüdern und Schwestern begegnen viele Westdeutsche mit Arroganz. So lese ich dieser Tage den Roman von Bernhard Schlink mit dem Titel *Die Enkelin*. Darin beschreibt Birgit, eine Ostdeutsche, die in den 1960er-Jahren in den Westen geflüchtet war, ihren Uni-Alltag in West-Berlin: »Ich fürchtete, etwas zu sagen, woran meine Herkunft aus dem Osten erkennbar wäre und worauf der Professor mit ›Ah, unsere Kommilitonin aus dem Osten‹ oder ›Was meint Karl Marx dazu, Sie wissen das sicher‹ oder ›Das lernt man hier auf dem Gymnasium, aber das gibt's bei Ihnen nicht‹ reagieren würde. Oder dass einer von den Geschmeidigen meine Herkunft exotisch finden, mich nach der Stunde ansprechen und ich mich nur unterlegen, nur entsetzlich fühlen würde.«

Das schiefe China-Bild – Medien außer Rand und Band

Als die Olympischen Spiele von 2008 in China stattfinden sollten, war das Land endgültig in den Fokus der deutschen Öffentlichkeit geraten. Dabei kreiste die China-Berichterstattung zumeist um folgende Themenfelder: Tibet-Konflikt, Menschenrechte, Meinungsfreiheit, Chinas Engagement in Afrika und die Umweltsituation. Bei keinem der Themenfelder hatte China den Hauch einer Chance, positiv dazustehen. Nach wie vor tendierten die deutschen Medien dazu, zwischen zwei Polen zu pendeln: exotisches Land und Systemgegner.

Spätestens seit dem WTO-Beitritt schlug das Pendel in Richtung des Systemgegners um. Von der zweiten Hälfte 2007 bis zum Beginn der Olympischen Spiele im August 2008 verharrte das Pendel auf höchstem Niveau. Auch in normalen Zeiten empfand ich die deutsche China-Berichterstattung als einseitig, in jenen Monaten aber geriet sie völlig außer Rand und Band. Dabei wurden immer wieder folgende Stereotype bedient: In China werden Menschenrechte mit Füßen getreten; für eine Meinungsäußerung kann man im Knast landen; China betreibt Raubbau an der Natur und vergiftet die ganze Welt; Minderheiten werden unterdrückt; Religionsfreiheit ist ein Fremdwort.

Wenn man als freier oder festangestellter Journalist einer deutschen Redaktion einen Text anbot, der zu einem dieser Stereotype passte, konnte man sicher sein, dass der Vorschlag mit Handkuss angenommen würde. Bei einem positiven Bericht über China allerdings lief man Gefahr, Verdächtigungen ausgesetzt zu sein. »Beim ersten positiven Bericht sagt die Redaktion in Deutschland nichts, beim zweiten wird man schon mal gefragt, ob man von der chinesischen Regierung gehirngewaschen oder gekauft würde«, erzählte mir mal ein China-Korrespondent in einem Telefonat.

Beim kollektiven China-Bashing durfte die Falun-Gong-Sekte natürlich nicht fehlen.

Falun Gong ist eine Meditationsbewegung, die 1992 in China begann, schreibt der China-Experte Thomas Heberer in *Falungong*. Sie besteht aus zwei Teilen: Falun, das Rad des Gesetzes, und Qigong, Atemübungen. Gründer ist Li Hongzhi, ein Arbeiter in einer Ölfabrik im Nordosten Chinas. Nach seiner Theorie sei die menschliche Zivilisation 81-mal ausgelöscht und jedes Mal von wenigen Überlebenden neu aufgebaut worden. Außerirdische halfen den Menschen zuerst, um sie eines Tages zu ersetzen. Dieser Apokalypse würden nur Falun-Gong-Praktizierende entkommen. Meister Li sei der Einzige, der in der Lage sei, seinen Anhängern ein Falun in den Unterbauch einzusetzen, um sie zu beschützen. Durch die Kultivierung der Falun Gong könnten die Anhänger Unsterblichkeit erlangen, ja gar in Götter verwandelt werden.[3] Ähnlich der Moon-Sekte in Südkorea wird ein Personenkult um Gründer Li Hongzhi gepflegt. Videokassetten mit seinen Qigong-Übungen wurden zu erhöhten Preisen angeboten.

»Bei den Anhängern von Falun Gong handelt es sich zum großen Teil um Personen, die durch die Wirtschaftsreformen, den ihnen folgenden marktwirtschaftlichen Umbau und den damit verbundenen massiven sozialen Wandel benachteiligt wurden oder sich benachteiligt fühlen (wie Ältere, Arbeitslose, kleine Funktionäre), sowie um sozial und politisch frustrierte Personen«, so Heberer weiter. Die Anzahl der Anhänger wuchs rasant. Laut eigenen Angaben gab es siebzig Millionen Falun-Gong-Praktizierende im Jahr 1998.

Weltweit von sich reden machte die Bewegung im April 1999, als um die 10 000 Anhänger das Regierungsviertel in Peking umzingelten. Sie forderten das Ende einer Medienkampagne gegen sie und die offizielle Anerkennung. Die Kommunistische Partei sah ihre Alleinherrschaft herausgefordert und verbot Falun Gong noch im selben Jahr. Seitdem sind Falun-Gong-Anhänger in China Verfolgungen ausgesetzt. Etliche flohen ins Ausland. Mit dem Märtyrer-Image konnte die Bewegung immer mehr Anhänger unter Europäern und Amerikanern rekrutieren.

»An Geld, woher auch immer es fließt (mutmaßlich aus Kassen der US-Geheimdienste), scheint es der Falun Gong nicht zu mangeln. In tausenden China-Restaurants liegen Ausgaben ihrer Zeitung *Epoch Times* unentgeltlich aus. Das Blatt, laut Falun Gong ›aus Eigenmitteln‹ finanziert, erscheint in mehreren Sprachen und in mindestens 37 Ländern«, schrieb der Journalist Volker Bräutigam in der *Neuen Rheinischen Zeitung* im Oktober 2008.[4] Seiner Meinung nach seien die »gehässige China-Berichterstattung in den hiesigen Massenmedien« und die »heftigen Attacken gegen den Auslandssender Deutsche Welle gewiss nicht allein der Falun Gong zuzuschreiben, aber ohne ihre permanente Wühlarbeit undenkbar«.

Im Vorfeld der Olympischen Spiele behaupteten Falun-Gong-Vertreter, dass in der Nähe der nordchinesischen Stadt Shenyang ein Konzentrationslager existieren würde, in dem Falun-Gong-Anhängern bei lebendigem Leibe Organe herausgenommen würden. Dieser Vorwurf war so ungeheuerlich, dass sich sogar die deutschen Medien mit der Berichterstattung zurückhielten. Dann aber wurde die chinesische Regierung aus einer völlig unerwarteten Ecke entlastet: Harry Wu, der bereits erwähnte Leiter der Laogai-Foundation in den USA, gab bekannt, dass das US-Generalkonsulat in Shenyang kein solches Lager finden konnte. Mit anderen Worten: Chinas Staatsfeind spricht China frei.

Da unerwartete Ereignisse einen Nachrichtenwert besitzen, fragte ich meinen Chef Matthias von Hein, ob ich Harry Wu interviewen und einen Bericht auf Deutsch schreiben sollte. Er antwortete, dass niemand Berichte lesen wolle, die China entlasten.

Dass die Medien hierzulande in diesem Fall der Falun-Gong-Sekte nicht auf den Leim gegangen sind, heißt nicht, dass sie sich auch sonst an journalistische Kriterien halten. Zu denen gehört, dass beide Seiten angehört werden und dass eine Nachricht auf mindestens zwei Quellen basieren muss. Stattdessen haben deutsche Medien oft Vorwürfe von chinesischen Dissidenten ungeprüft wiedergegeben – zumindest in der China-Redaktion der Deutschen Welle war das gängige Praxis, nach dem Motto: Der Feind meines Feindes ist mein Freund. So werden chinesische Dissidenten automatisch zu Verbündeten der westlichen Staaten. Leider wird dabei übersehen, dass ein Anti-Kommunist noch längst kein Freund der Demokratie sein muss. Aber das ist für manche deutsche Kollegen zu kompliziert.

Dass dadurch Unwahrheiten verbreitet werden könnten, kümmert die meisten Kollegen ebenfalls nicht. China ist ohnehin für alle Probleme dieser Erde verantwortlich und hat es nicht anders verdient, als unter Dauerbeschuss zu stehen. Für alle negativen Entwicklungen konnte ein Zusammenhang zum fernen China hergestellt werden, das war zumindest mein Eindruck. So las ich beispielsweise im Dezember 2007 im *Spiegel*, dass die Weihnachtsbäume in Deutschland knapp und teuer würden, weil Araber und Chinesen diese wegkauften.[5] »Araber lassen sich Bäume einfliegen, Chinesen ordern ganze Wäldchen per Kühlcontainer«, hieß es.

Nach eingehender Recherche fand ich heraus, dass in der Vorweihnachtszeit 2007 in ganz Peking – wo sich als Erstes neue Sitten durchsetzen – nur rund tausend Weihnachtsbäume geordert wurden, von denen der Löwenanteil überdies noch aus den USA kam. Mit anderen Worten: Der zaghafte Weihnachtskonsum in China hatte kaum Auswirkung auf Deutschland. Immerhin entschuldigte sich eine Lokalzeitung in Köln für die Falschmeldung. Aber wie so oft in solchen Fällen wurden die Fake News auf Seite eins platziert und erzielten so die größtmögliche Wirkung, während die Entschuldigung dann auf Seite 15 oder 16 zu lesen war und daher so gut wie gar nicht beachtet wurde.

Anderes Beispiel: Etliche deutsche Medien hatten während der Tibet-Unruhe im März 2008 Bilder aus Nepal verwendet und haben sich erst nach Protesten aus China dafür entschuldigt. Man bedauere es »unendlich«, hieß es bei *n-tv*, dass der Sender am 20. März 2008 in einem Beitrag über Tibet ein Bild und einen Filmausschnitt aus Nepal gezeigt habe.[6] Auch *RTL* gab zu, auf seiner Internetseite »in einem Fall ein Bild in einem falschen Kontext verwendet« zu haben. Diese Entschuldigung war der *FAZ* einen Bericht wert, in dem nicht die Sender, sondern – dreimal dürfen Sie raten – China kritisiert wurde: »Chinas Strategie ist so verständlich wie perfide: Es wirft den freien Medien des Westens die Verletzung von Regeln vor, an die es sich selbst nie halten würde.«[7] Will der Autor am liebsten schreiben, dass man bei der Berichterstattung über ein Land ohne Pressefreiheit einfach schludern darf? Das wäre bestimmt nicht im Interesse des Lesers.

Ich fasse zusammen: China-Bashing ist kurz vor den Olympischen Spielen zum Volkssport der deutschen Medien geworden. Negative Stereotype sind stets willkommen; positive Berichte will niemand hören; verbreitet man aus Versehen oder auch Dusseligkeit Fake News, tja, dann ist China eigentlich selber schuld, weil es die freie Berichterstattung nicht zulässt.

Wundern muss man sich nicht, dass sich die Stimmung in der deutschen Bevölkerung knapp unter dem Siedepunkt befand, wenn die Rede auf China kam. So berichtete mir meine ältere Tochter im Februar 2008, dass sie in der Unterrichtspause von einem Jungen gefragt wurde, ob sie denn keine Angst um ihr Leben hätte, wenn sie in den Osterferien nach China fliege. Er habe nämlich in der Zeitung gelesen, dass man in China auf offener Straße erschossen werden könne. Eines Sonntags rief mich eine deutsche Bekannte an und fiel direkt mit der Tür ins Haus: »Danhong, ich bin mit deiner Regierung nicht einverstanden.« Ich sagte: »Beruhige dich. Ich bin mit meiner Regierung auch unzufrieden. Und da ich einen deutschen Pass habe, ist meine Regierung auch deine. Aber ich nehme an, du meinst die chinesische. Leider bin ich nicht die chinesische Botschaft, bei der du deine Beschwerde loswerden kannst.« Dennoch telefonierte ich eine Stunde mit ihr. Am Ende war sie milder gestimmt.

Im olympischen Jahr hatte sich im Gastgeberland vieles zum Besseren gewendet. Hierzulande aber wurde China immer noch als das böse Land schlechthin dargestellt. Ich habe eine Theorie entwickelt, bei der die Politik, die Medien und das Publikum ein Dreieck bilden. Diese drei Beteiligten beeinflussen und bedienen einander. Die Politik neigt oft dazu, das Publikum auf einen Schuldigen für Probleme im eigenen Land hinzuweisen, um vom eigenen Versagen abzulenken. Wir erinnern uns beispielsweise an das Märchen, dass China allein für den Arbeitsplatzverlust hierzulande verantwortlich sein soll. Dadurch wurden die strukturellen Probleme in Deutschland ausgeblendet. Für die Rolle des Schuldigen taugt das ferne China geradezu ideal. Das Publikum will die vorhandenen Vorurteile bestätigt wissen und sich einem Land mit einem anderen politischen System überlegen fühlen. Die Medien bedienen die Bedürfnisse des Publikums und hoffen durch die Skandalisierung und Sensationalisierung bei der China-Berichterstattung auf höhere Auflagen und Klickzahlen. Das ist eine Win-win-win-Situation. Und dann kam so eine kleine Chinesin und durchkreuzte diese harmonische Dreiecksbeziehung.

Steile Karriere – auch die Fallhöhe steigt

Meine Karriere als China-Expertin begann mit Vorträgen, bei denen der Auftraggeber mich empfohlen bekam und mich nach der Veranstaltung weiter empfahl. Mit der Zeit erarbeitete ich mir einen Namen als seriöse und unabhängige China-Expertin, die ein einwandfreies Deutsch sprach. Für die breite Öffentlichkeit wurde ich aber erst Anfang 2008 durch Zeitungsinterviews und Live-Sendungen im Rundfunk und Fernsehen bekannt. Den Höhepunkt meiner Karriere markierte die Teilnahme an der *Maybrit-Illner-Sendung* im *ZDF* am 24. Juli 2008, das erste Mal übrigens, dass eine Mitarbeiterin der Deutschen Welle eingeladen wurde.

Vorneweg: Nur bei den öffentlichen Auftritten in Deutschland versuchte ich, gegen den Strom zu schwimmen und einen differenzierten Blick auf China zu werfen. Das chinesische Programm der Deutschen Welle hingegen blieb sehr kritisch gegenüber China, wobei ich trotzdem Wert darauf legte, sachlich zu berichten, ohne Stereotypen zu frönen.

Denn den gängigen Stereotypen hatte ich den Kampf angesagt. Eines dieser Stereotype hieß: Die chinesischen Medien sind gleichgeschaltet. So fragte mich eine Journalistin vom *Hamburger Abendblatt* Mitte Juli 2008: »Chinas Medien waren lange Zeit Propagandamittel. Gibt es da eine Veränderung, wie das *Wall Street Journal* meint?« Ich antwortete: »Staatliche Kontrolle ist noch überall präsent. Aber seit Anfang der 1990er-Jahre hat es einen Wandel gegeben. Der Staat zog sich aus der Subventionierung der Medien zurück. Auch Provinzsender müssen sich inzwischen selber finanzieren. Es geht um Auflagen und Quoten. Das hat zu einer Kommerzialisierung der Programme geführt, aber auch zum Entstehen eines investigativen Journalismus.«[8]

Was? Investigativer Journalismus und China? Das ist doch ein Widerspruch in sich. Ich gebe zu, dass ich gerne provozierte, um das deutsche Publikum wachzurütteln. Wenn ich meine deutschen Freunde auf die Palme bringen wollte, brauchte ich nur den Satz auszusprechen: »Die Medienlandschaft in China ist vielfältiger als in Deutschland.« Das stimmte auch in gewisser Hinsicht. So war ich in den Jahren vor den Olympischen Spielen in jedem Heimaturlaub überrascht, in chinesischen Zeitungen kritische Hintergrundberichte zu lesen, die soziale Missstände und Umweltverschmutzungen anprangerten, während die deutschen Medien bei der China-Berichterstattung und noch ein paar anderen Themen mehr oder minder in dieselbe Richtung berichten.

Auf einer Veranstalung in Berlin mit Tibet-Experten aus China und Pressevertretern aus Deutschland im Frühjahr 2008. Copyright: Wang Qing.

Bei der Illner-Sendung kämpfte ich gegen ein anderes Stereotyp an: Die tibetische Sprache und Kultur werden unterdrückt. Ich sagte: »Die chinesische Regierung tut einiges, um die tibetische Kultur zu bewahren.« Dann wollte ich ein paar Beispiele nennen: Allein an der Lhasa-Universität studieren 1000 Tibeter die tibetische Kultur. Kaum waren SMS-Nachrichten möglich, konnten sie auch schon in tibetischer Sprache verschickt werden. Aber Illner ließ mich nicht mehr weiter erklären. Nach dieser unerhörten Aussage unterbrach sie mich schroff und ließ mich in der zweiten Hälfte der Sendung kaum noch zu Wort kommen.

Später habe ich erfahren, dass sich viele Zuschauer bei Illner beschwert hatten, einer Kommunistin wie mir ein Forum geboten zu haben. Mich persönlich erreichten nur Glückwünsche von Zuschauern – zu meinem exzellenten Deutsch und meinen klaren Standpunkten. Matthias von Hein verteidigte mich (noch) gegen Kritiker im Hause und meinte, dass ich die chinesische Regierung auch kritisiert hätte, zum Beispiel die Umsiedlungsprojekte wegen der Olympischen Spiele.

Beseelt und ermutigt von meinen Erfolgen schaltete ich in der Kontrovers-Sendung des *Deutschlandfunks* am 4. August 2008 noch einen Gang höher. Ich sagte: »Es ist China gelungen, in den letzten dreißig Jahren 400 Millionen Menschen aus absoluter Armut zu befreien. Damit hat die KP China mehr als jede andere politische Kraft auf der Welt zur Verwirklichung des Artikels 3 der Erklärung der Menschenrechte beigetragen.« Für meine Kritiker war diese Aussage der berühmte Tropfen, der das Fass zum Überlaufen brachte.

Im Nachhinein muss ich zugeben, dass ich mich in den Jahren vor 2008 zu sehr auf meine journalistische und redaktionelle Arbeit konzentriert habe und weniger darum, welche unausgesprochenen Gesetze in den deutschen Medien gelten. Eins davon lautet: Man springt keinem bösen Land wie China bei. Es sei denn, man ist Botschafter von China oder Korrespondent der chinesischen Medien. Dann kann man selbstverständlich auf die ausgesprochenen und unausgesprochenen Regeln der deutschen Medien pfeifen. Ich aber war Mitglied der deutschen Mainstream-Medien. Der Beifall wäre mir sicher gewesen, hätte ich China in Grund und

Boden verdammt. Dabei hätte ich nicht mal lügen müssen, denn es gibt nichts Leichteres, als Kritikwürdiges an China zu finden. Ein jährlich zweistelliges Wirtschaftswachstum über zwei Dekaden rief allerlei Verwerfungen hervor. Darüber zu reden, würde ganze Sendungen füllen.

Aber da war eben auch die andere Seite der Medaille, die Verbesserung des materiellen Lebens der allermeisten Chinesen, die Reisefreiheit, die ersten zaghaften demokratischen Schritte. Darüber hörte und las man in den deutschen Medien kaum. Das bisschen mehr, was ich über China wusste, wollte ich mit der deutschen Öffentlichkeit teilen. Es ging mir weder um Patriotismus für China noch um das hohe Ziel der Völkerverständigung. Es ging einzig und allein um mein journalistisches Gewissen, der Wahrheit verpflichtet zu sein und nichts anderem.

Die Verteidigung von China war durchaus auch die Rolle, die mir bei solchen Talkshows zugedacht wurde. Ich wurde von den Rundfunk- und Fernsehredaktionen eingeladen, weil sie von mir eine andere Sicht erwarteten, damit die Sendung kontrovers wirkt und für die Zuhörer oder Zuschauer interessanter wird. Ja, heute würde man sagen, dass ich die Rolle eines China-Verstehers zugeteilt bekam, die Rolle der Außenseiterin, die gegen andere vier oder fünf Gäste einen einsamen und mühsamen Kampf führen musste. Ich war in jenem Jahr die Sarah Wagenknecht, die Ulrike Guérot oder die Alice Weidel. Leider bin ich kein rhetorisches Talent wie diese drei Damen, schon gar nicht in der deutschen Sprache, die ich zwar gut beherrsche, die aber eben doch nicht meine Muttersprache ist.

Mein damaliger Ehemann tat alles, um meine Performance in der Öffentlichkeit zu optimieren. Er zeigte mir Interviews mit der Degenfechterin Britta Heidemann, die Sinologie studiert hatte und große Sympathie für China hegte. Bei der hitzigen China-Debatte im Vorfeld der Olympischen Spiele plädierte sie für den Dialog mit

China und bildete dadurch einen Gegenpol zu ihrer Teamkollegin Imke Duplitzer, die in allen Talkshows China anprangerte und die Vergabe der Spiele an China für einen Riesenfehler hielt.

Britta Heidemann hatte gegenüber den deutschen Medien eine Technik entwickelt, die sie unangreifbar machte. So kritisierte sie China erst mit ein paar Sätzen, bevor sie in den Schwärmmodus wechselte. Oder wie in einem Interview mit *Welt Online* nach den Olympischen Spielen sprach sie erst von »diesem tollen Land« und schickte gleich Kritik hinterher: »Bei aller Sympathie für China bin ich mir auch darüber im Klaren, dass es ein Land mit vielen Problemen ist. In China gibt es vielfältige Herausforderungen, denen sich das Land stellen muss. Viele soziale Aufgaben müssen gelöst werden, dazu gehört natürlich auch die Frage der Minderheiten. China hat auch riesige Schwierigkeiten, zum Beispiel infolge der wirtschaftlichen Entwicklung, seine Umweltprobleme in den Griff zu bekommen, ebenso wie die soziale Spaltung oder auch die Wanderarbeiterproblematik. Es brennt an vielen Ecken und Enden.«[9]

Zwar sehe ich einen Unterschied zwischen einer Sportlerin und einer Journalistin. Von mir wurden klare Aussagen erwartet und keine Allgemeinplätze. Doch ich gab meinem damaligen Mann recht, dass man das Publikum dort abholen sollte, wo es sich befand. Ich versprach ihm, mir diese Technik zu eigen zu machen. Doch dazu sollte es nicht mehr kommen. Die *Kontrovers*-Sendung im *Deutschlandfunk* war vorerst mein letzter öffentlicher Auftritt.

War es früher besser um die Meinungsfreiheit bestellt?

In den 1970er-Jahren prägte die Demoskopin Elisabeth Noelle-Neumann den Begriff der Schweigespirale.[10] »Die Bereitschaft vieler Menschen, sich öffentlich zu ihrer Meinung zu bekennen, hängt von der Einschätzung des Meinungsklimas ab. Widerspricht die eigene Meinung der als vorherrschend betrachteten Meinung, so haben viele Menschen Hemmungen, sie zu äußern, und zwar umso stärker, je ausgeprägter der Gegensatz wird; daher der Begriff der Spirale.« Die als vorherrschend betrachtete Meinung wird von den Massenmedien vorgegeben. Zu den »vielen Menschen«, die Hemmungen haben, gehören auch Journalisten. Mit anderen Worten, die innere Zensur oder »die Schere im Kopf« gab es schon früher.

Dennoch war der Meinungskorridor damals breiter als heute. Es wurde mehr ausgehalten. Es gab die gestandenen Journalisten wie Peter Scholl-Latour oder Ulrich Wickert. Bei der Abmoderation eines Berichts über den Film *Sieben Jahre in Tibet* in der Sendung *Die Tagesthemen* sagte Ulrich Wickert im Oktober 1997: Es werde »zu Recht beklagt, dass die tibetische Kultur von den Chinesen unterdrückt wird. Darüber sollte man aber nicht vergessen, dass die tibetische Kultur aus einer Religion hervorgeht, die noch sehr viel brutaler war und die Menschen in Tibet wie in der schlimmsten Diktatur unterdrückte. Deshalb verbietet sich jede unkritische Gefühlsduselei für den Dalai Lama.« Es hagelte Kritik von Zuschauern und natürlich von Otto Graf Lambsdorff, der ein bekennender Tibet-Fan war. Lambsdorff »sprach von ›Schwachsinn‹ und einer völligen Unkenntnis der tibetanisch-chinesischen Geschichte«, berichtete die *taz*.[11] Dennoch kam niemand bei der *ARD* auf die Idee, Wickert als Moderator abzusetzen. Kann man sich heute vorstellen, dass sich irgendein Moderator noch traut, solche Aussagen öffentlich zu tätigen?

Apropos Moderator: Ältere erinnern sich vielleicht noch an Gerhard Löwenthal, der von 1969 bis 1987 das *ZDF-Magazin* moderierte. Da ich erst 1988 nach Deutschland einwanderte, kam ich nicht mehr dazu, seine Sendung zu sehen. Vielen war er ein Dorn im Auge. Das sieht man an dem Spruch »Die Milch wird sauer, das Bier wird schal. Im Fernsehen spricht der Löwenthal.« Aber er wurde ausgehalten. Wahrscheinlich wäre auch ich in vielen Punkten nicht seiner Meinung gewesen. Aber sein Anspruch an sich und sein Team, den er bereits in der ersten Sendung formulierte, imponiert mir: Unabhängig, entschieden und furchtlos wolle er zu Fragen der Zeit Stellung nehmen. Kann heutzutage einer der Moderatoren in Deutschland von sich behaupten, er wäre diesem Anspruch gerecht? Und ist da überhaupt noch ein Moderator, den man nicht links einordnen würde?

Früher konnte nicht nur beispielsweise Gerhard Löwenthal im Fernsehen sprechen, das links-rechte Gefüge war auch mehr oder weniger ausgewogen. Zwar hatte ich das Gefühl, dass die Kollegen bei der Deutschen Welle mehrheitlich links oder grün waren, aber die Konservativen mussten sich weder schämen noch verstecken. Und die Hierarchie funktionierte wie ein Reißverschluss: Kam der Intendant von der CDU, war der Chefredakteur im Besitz eines SPD-Parteibuchs, und umgekehrt. »Man hat sich um die Position gestritten, und es war niemand in der Mehrheit, das heißt, wo der andere zur Seite geschoben wurde«, sagt der ehemalige *ZDF*-Moderator Peter Hahne 2023 in der Sendung *Politicum* bei *TV Berlin*.[12]

Heute hat sich das politische Spektrum in den Mainstream-Medien stark nach links verschoben. Auch die CDU-Intendanten haben sich längst dem Zeitgeist angepasst. Wie ist es dazu gekommen? Hahne hat auch dafür eine Erklärung. In der erwähnten Sendung sagte er: »Im Bürgertum heißt es nach wie vor, lügen wie gedruckt. Wer Journalist werden will, begibt sich also in eine Gesellschaft, die eigentlich lügt. Die Linken haben mit dem ›Marsch durch die Institutionen‹ strategisch Politik gemacht: Sie wurden nicht Bäcker und Metzger, sondern gingen in die Multiplikationsberufe wie Lehrer, Journalist oder Pfarrer.«

Wo früher sachliche Diskussion möglich war, fliegen einem heute Nazi-Keulen und Etiketten um die Ohren, damit Debatten nicht stattfinden. Kampagnenjournalismus, Herdenjournalismus oder Haltungsjournalismus hat es immer gegeben. Nur war der Korridor für andere Meinungen nicht so zum Schnüren eng wie heute. Wenn ich mein eigenes Beispiel nehme: Von Anfang 2007 bis Mitte 2008 konnte ich mich mit vom Mainstream abweichenden Meinungen in der deutschen Öffentlichkeit austoben. Wenn mir meine Kollegen auf dem Gang zur Kantine begegneten, hielten sie mir den Daumen hoch. Im Intranet der Deutschen Welle wurde jeder meiner Auftritte angekündigt: »Heute Abend erklärt unsere Kollegin Zhang Danhong dem deutschen Publikum China bei Phoenix.«

In diesen anderthalb Jahren hatte ich keine Sekunde Zweifel an der Meinungsfreiheit in Deutschland. Nie habe ich ein Risiko darin gesehen zu sagen, was ich dachte. Deswegen ist auch nichts Heldenhaftes an dem, was ich tat. Aber wahrscheinlich war ich zu naiv.

Kapitel 2

Causa Zhang – Vor der Meinungsfreiheit sind nicht alle gleich

Am 8. August 2008, dem Tag der Eröffnungszeremonie der Olympischen Sommerspiele in Peking, sollte ich im Auftrag der Deutschen Welle zum chinesischen Generalkonsulat in Frankfurt am Main fahren. Mein Auftrag war, während der Eröffnungsfeier Deutsche und Chinesen zu interviewen, um ein Stimmungsbild zu zeichnen. Aber kurz vor der Fahrt wurde ich noch zur Intendanz einbestellt. Das gab mir ein Mitarbeiter der Intendanz am Vorabend im eindringlichen Ton zu verstehen. Dann empfing mich Ansgar Burghof, der Leiter der Intendanz, mit fast väterlicher Zuneigung. Was dann geschah habe ich so in Erinnerung: Er zeigte mir zuerst zwei Papierseiten mit meinen Aussagen, die allesamt aus dem Zusammenhang gerissen waren. Ein Journalist namens Jan-Philipp Hein hatte die zusammengestellt und von der Deutschen Welle eine Stellungnahme gefordert.

Hein lebt und arbeitet als freier Journalist in Berlin[1]. 2016 gründete er mit 26 anderen Journalisten die Plattform »Salonkolumnisten«[2]. Das amerika- und israelfreundliche antikommunistische Blog will sich gegen Desinformation positionieren. Ihrer eigenen Webseite zufolge lehnen sie »Antiamerikaner jeder Couleur» ab, auch Verharmloser des Islamismus, Antisemiten, die sich als Israelkritiker kostümierten, Sympathisanten der »Linkspartei« und der »Alternative für Deutschland«, Leute, die finden, der Kommunismus sei eigentlich eine ganz gute Idee gewesen, nur mit der Ausführung habe es nicht geklappt, Fans von Wladimir Putin sowie Leute, die Donald Trump verharmlosen. Ob es Jan-Philipp Hein bewusst ist, dass er selber 2008 eine Desinformationskampagne durchgeführt hat?

Zurück zum Intendanzleiter: Bald schob Burghof die zwei Seiten von Hein beiseite und schwelgte in Erinnerungen, was für tolle Eindrücke er als Mitglied einer SPD-Delegation in China gewonnen habe. Nach rund einer Stunde des lockeren Plauderns sagte er, dass es alles wahr sein möge, was ich in der deutschen Öffentlichkeit gesagt habe. Nur ein paar Dinge hätte man lieber lassen sollen, beispielsweise dass die chinesische Regierung für die Wahrung der tibetischen Kultur einiges getan habe. So etwas wolle hier niemand hören.

Als ich kurz vor Mitternacht erschöpft von der Dienstreise zurückkam, las ich die Stellungnahme der Deutschen Welle: »Gestützt auf langjährige Erfahrung wissen wir, dass Frau Zhang den umfassenden Wertekanon der Deutschen Welle ohne Einschränkung teilt und dies in ihrer täglichen journalistischen Arbeit vorbildlich unter Beweis stellt. Sie zeichnet sich durch wertvolle Sach- und Regionalkompetenz und analytische Distanz aus. Der ganze Blick auf China ist redaktionelle Leitlinie. Das schließt Kritik und Hinweise auf Entwicklungsfortschritte ein ... Zum Selbstverständnis der Deutschen Welle zählt der Leitsatz: Wir berichten unabhängig, umfassend, wahrheitsgetreu, objektiv und pluralistisch. Das bedeutet, dass es auch bei der Deutschen Welle eine Vielfalt an Einschätzungen und Meinungen gibt ... Kritische Auseinandersetzungen gehören zur Unternehmenskultur, der Maulkorb gehört nicht dazu.«

Ich war so stolz auf meinen Arbeitgeber! Ich ahnte nicht, dass Jan-Philipp Hein gerade mit seiner Co-Autorin Sabine Pamperrien das Messer schärfte und eine Medienkampagne gegen mich vorbereitete und dass mir schon sehr bald ein Maulkorb auf mehrere Jahre angelegt werden würde.

»Expertin lobt Chinas KP« – die Kampagne kommt ins Rollen

Am 11. August (Montag) 2008 erschien ein kurzer Bericht, nur 13 Zeilen, im Nachrichtenmagazin *FOCUS* mit der Überschrift *Expertin lobt Chinas KP*. Darin wurden meine zwei umstrittenen Aussagen während der *Kontrovers*-Sendung wiedergegeben. Dann holte der Autor eine dicke Keule in Gestalt eines dürren Mannes hervor: »›Eine einzige Katastrophe‹ nennt der Bundestagsabgeordnete Dieter Wiefelspütz (SPD) gegenüber FOCUS die Leistungen der Journalistin bei dem vom Bund finanzierten Auslandssender.«[3]

Der Programmdirektor der Deutschen Welle Reinhard Hartstein, der in seinem Urlaub in Bayern während einer Ruderpause an Land ging und am Kiosk völlig ahnungslos die neueste Ausgabe von *FOCUS* kaufte, las den Bericht und rief umgehend Intendant Erik Bettermann an. Bettermann unterbrach seinen Italien-Urlaub und verbot mir noch vor seinem Rückflug nach Deutschland, irgendwo öffentlich aufzutreten. So wurde zumindest über den Flurfunk berichtet.

Am 15. August 2008, einem Freitag, erhielt ich eine Mail[4] von Sabine Pamperrien: »Sehr geehrte Frau Zhang, Sie wurden in den vergangenen Wochen für einige Ihrer Äußerungen stark kritisiert.« Dann stellte sie mir ein paar Fragen, unter anderem: »Wie stehen Sie persönlich zur chinesischen KP?« Oder: »Sie sagten, die Demokratisierung in China schreitet voran. Wie definieren Sie Demokratie?« Zum Schluss: »Bitte beantworten Sie die Fragen bis spätestens Montag 12.00 Uhr.«

Sabine Pamperrien lebt und arbeitet wie Jan-Philipp Hein als freie Journalistin in Berlin[5]. Von 2007 und 2008 war sie Chefredakteurin bei der Medienzeitschrift *Berliner Journalisten* und nutzte das Blatt später für ihre Kampagne gegen die Deutsche Welle. Warum beide mich als Ziel genommen haben, bleibt ihr

Geheimnis. Wahrscheinlich, weil sie Sympathie für Falun Gong hegen; möglich wäre auch ihre antikommunistische Einstellung, die Kampfeslust hervorruft, sobald sie etwas Kommunistisches schnuppern.

Jedenfalls ist Pamperrien eine Meisterin der Medienkampagnen. Das hat sie in den Jahren nach 2008 immer wieder unter Beweis gestellt. Die Kampagne gegen mich muss sie sorgfältig geplant haben. Sie sammelte erst gemeinsam mit Jan-Philipp Hein meine Aussagen ein, die als Munition dienen; dann schickte sie Hein vor, um die Deutsche Welle um eine Stellungnahme zu bitten; gleichzeitig ging sie mit meinen Aussagen im Bundestag hausieren, um einen Abgeordneten vor das Mikrofon zu bekommen, der nach Öffentlichkeit gierte.

Dazu kommt: In Deutschland hat sich eine Art Zitate-Journalismus etabliert. Statt einem Vorgang auf den Grund zu gehen und zu recherchieren, fällt der Aufwand weitaus kleiner aus, wenn es gelingt, ein Statement von einem Prominenten herauszulocken. Ein paar Zeilen zu dem Vorgang und eine knackige Aussage von einem Prominenten, fertig ist der Beitrag.

Nun ist es an der Zeit, die dritte im Kampagnenteam vorzustellen: Vorhang auf für die Wahlkölnerin und Falun-Gong-Anhängerin Xu Pei. Xu ist im selben Jahr wie ich (1966) in China geboren und kam auch im selben Jahr wie ich, 1988, nach Köln. An der Heinrich-Heine-Universität in Düsseldorf studierte und promovierte sie in Germanistik. Auf ihrer Webseite bezeichnet sie sich selber als Exildichterin und Unterstützerin von Falun Gong. Im Vorfeld der Olympischen Spiele rief sie mich mehrmals im Büro an, um mich um eine Berichterstattung über eine Falun-Gong-Veranstaltung zu bitten. Ich sagte ihr, dass die Deutsche Welle keine Plattform der Falun Gong sei und dass Falun Gong selber doch über genügend Medienressourcen verfüge. Grund genug, sauer auf mich zu sein.

Monatelang schrieb sie sich die Finger wund, auf Chinesisch und Deutsch, und platzierte ihre Artikel auf Falun-Gong-Plattformen und den Internetseiten der chinesischen Dissidenten in Übersee. Die Kernaussage lautete: Die deutschen Medien werden von mir rot infiltriert (der Artikel *Wie die deutschen Medien rot infiltriert werden* ist inzwischen von ihr gelöscht worden)[6]. Wenn das stimmte, dann wäre ich ein Übermensch und die deutsche Medienlandschaft ein schwacher Haufen. Übrigens: Wenn man von Xu Pei als Sprachrohr der Kommunistischen Partei Chinas beschuldigt wird, so befindet man sich in bester Gesellschaft. Denn auch Helmut Schmidt, Wolfgang Schäuble und führende China-Wissenschaftler in Deutschland fungieren für Xu Pei als Freunde der Kommunistischen Partei und Schönredner.

Natürlich beließ Xu es nicht bei diesen Artikeln. Sie bombardierte die Intendanz der Deutschen Welle mit E-Mails, in denen sie mich unermüdlich diffamierte und vor mir warnte. Das ist übrigens eine gängige Methode der von der Kulturrevolution der 1960er-Jahre verdorbenen Chinesen, um jemanden anzuschwärzen. Auf sogenannten Wandzeitungen wurden Lehrer oder Kollegen als Klassenfeinde diffamiert. Wandzeitungen sind zum ersten Mal 1957 während der Kampagne gegen Rechtsabweichler aufgetaucht und erlebten ihre Blütezeit während der Kulturrevolution, deren Chaos sie verschärften. Die Methode war perfide und erfolgreich. Nicht selten wurden die Opfer zu Tode geprügelt.

Mit dem Ende der Kulturrevolution verschwanden die Wandzeitungen bald. Doch viele Chinesen hielten an dem Prinzip der Wandzeitung fest: Sie schreiben unermüdlich Briefe an den Arbeitgeber ihres »Feindes«, bis der stinkt, sprich: bis sein Ruf ruiniert ist. Prompt ist die Deutsche Welle reingefallen. So setzte Intendanzleiter Ansgar Burghof Xu Pei in Kenntnis, dass Frau Zhang bis zur Klärung aller Vorwürfe nicht mehr vors Mikrofon dürfe. Mit anderen Worten: Seien Sie beruhigt, werte Frau Dr. Xu, Frau Zhang haben wir vorerst aus dem Verkehr gezogen.

Ein fataler Fehler, wie sich herausstellte. Xu Pei posaunte das Auftrittsverbot für mich fröhlich hinaus, das der Intendant doch nur als eine hausinterne Maßnahme verstanden haben wollte. Kurz darauf, am 22. August 2008, erschien ein kurzer Bericht von Hein und Pamperrien in der *Berliner Zeitung*: »Die stellvertretende Leiterin des chinesischen Radioprogramms der Deutschen Welle, Danhong Zhang, ist bis auf Weiteres von ihrer Arbeit am Mikrofon entbunden.« Selbst wenn Xu Pei nicht von Anfang an in das Kampagnenteam eingebunden war, koordinierten die drei spätestens ab diesem Zeitpunkt ihre Schritte gegen mich, gegen das China-Programm und schließlich gegen die Deutsche Welle.

Dass Xu Pei die beiden kannte, verriet sie in einer E-Mail an den Intendanzleiter: »Sehr geehrter Herr Dr. Burghof, danke für die Antwort der Deutschen Welle ... Nach der *ZDF*-Sendung vom 24. Juli habe ich mich erneut an die Deutsche Welle gewandt. Hätte sie rechtzeitig eingegriffen, dann hätten wir alle weniger Ärger! Zhang Danhongs Äußerungen im *Deutschlandfunk* am 4. August fielen zwei Journalisten auf, die mich kennen. Die eine hat mir auch den folgenden Link geschickt.« Bei den zwei Journalisten handelt es sich mit an Sicherheit grenzender Wahrscheinlichkeit um Pamperrien und Hein. Im Laufe der Kampagne wurde Xu in Berichten von Hein und Pamperrien zitiert. Immer wenn ein offener Brief von Chinesen veröffentlicht wurde, berichteten die beiden schon am nächsten Tag, obwohl beide der chinesischen Sprache nicht mächtig sind und die Briefe zuerst nur auf Chinesisch publik gemacht wurden. Ein Schelm, wer sich dabei Böses denkt.

Der Nazi-Geist und eine Medienschlacht zwischen Deutschland und China

Das wichtigste Merkmal einer Sekte besteht darin, dass sie ihre eigene Doktrin als das einzig Wahre definiert und alles andere als unwahr oder gar sektiererisch sieht. Xu Pei ist das lebende Beispiel dieses Merkmals. Da sich mein China-Bild von dem ihren unterscheidet, muss meins bekämpft werden.

Nun hatte es Xu Pei nach Monaten hartnäckiger Denunziation mit der freundlichen Unterstützung der Deutsche-Welle-Intendanz endlich geschafft, dass ich meine Redefreiheit verlor. Dieser Triumph wurde nicht nur in der *Berliner Zeitung* dokumentiert, sondern auch im Sektenorgan *The Epoch Times* gebührend gefeiert. *The Epoch Times* druckte ein Riesenportrait von mir mit einem Kreuz mitten im Gesicht auf der ersten Seite. Mir lief es kalt den Rücken runter. In meiner Kindheit sah ich solche Fotos bei den Bekanntmachungen des Straßenkomitees und wusste gleich, dass es sich dabei um Menschen handelte, die zur Todesstrafe mit sofortiger Vollstreckung verurteilt wurden.

The Epoch Times hat eine bemerkenswerte Erfolgsgeschichte hinter sich. Die Zeitung wurde 2000 in Kalifornien von Falun-Gong-Anhängern aus der Taufe gehoben. Inzwischen erscheint die Zeitung in über dreißig Ländern, hat ihren Hauptsitz in New York City und ist Teil der Epoch Media Group, die auch den Fernsehsender *New Tang Dynasty Television* unterhält. Sowohl *The Epoch Times* als auch die *New Tang Dynasty Television* haben 2008 die Kampagne gegen mich und das chinesische Programm der Deutschen Welle angefeuert. Auffallend dabei war die enge Zusammenarbeit mit chinesischen Dissidenten in Übersee.

Heute bietet *The Epoch Times* eine Plattform für viele rechtsextreme politische Kräfte in Europa. »Der Fachdienst ›*Meedia*‹ schrieb von der ›*Epoch Times*‹ als dem ›Lieblingsmedium der Pegida-Bewegung‹«, berichtete der *Deutschlandfunk* 2015.[7] *The Epoch Times* unterstützte auch Donald Trump im US-amerikanischen Präsidentschaftswahlkampf. Laut *NBC News* war *The Epoch Times* der zweitgrößte Geldgeber für die Facebook-Anzeige für Trump nach der Trump-Kampagne selbst.

Über die Finanzierung von *The Epoch Times* ist wenig bekannt. 2020 berichtete die *New York Times*, dass Steve Bannon, der frühere Chefstratege von Trump und Vorstandschef des rechten Konglomerats *Breitbart News*, eine Dokumentation gemeinsam mit *New Tang Dynasty Television* produziert hat. Darin hatte Breitbart zugegeben, dass er der Epoch Media Group projektbezogene Gelder gegeben hat.

Zwischen 2012 und 2016 erhielt *The Epoch Times* außerdem 900 000 Dollar von einem Hedgefonds, geleitet von Robert Mercer, berichtete das Internetmedium *The Daily Beast*, das dem Medienmogul Barry Diller gehört.[8] Mercer, ein amerikanischer Milliardär, ist der größte individuelle Spender für Donald Trump, der seinerseits China zum Feind Amerikas erklärt hat. Frühere Mitarbeiter der *Epoch Times* erzählen allerdings, dass sie angehalten wurden zu behaupten, die Zeitung werde von Abonnements und Spenden wohlhabender Falun-Gong-Anhänger finanziert.

Aber zurück zu 2008. Da Falun Gong in China verboten ist und als staatsfeindliche Gruppe angesehen wird, wurde ich, der die Sekte den Tod wünscht, in China auf einmal als die mutige und patriotische Journalistin gefeiert. Den Startschuss gab die *Xinhua*-Agentur mit einem überschwänglichen Bericht, der bei den Bemühungen, mich zu verteidigen, etwas übers Ziel hinausschoss.

Der Bericht liest sich so, als hätte ich dem Reporter in Berlin ein Interview gegeben. Dabei hätte ich das doch gar nicht gedurft! Das wäre ein Kündigungsgrund gewesen. Die von ihm erwähnten Aussagen von mir stammten größtenteils aus einem gemeinsamen Abendessen nach einer Veranstaltung in Bonn, das bereits im Mai 2008 stattgefunden hatte. Bei dem Essen waren noch andere

Chinesen dabei. Bei einer anderen Aussage von mir ging es um die Bestätigung des Mikroverbots für mich, um die der Reporter in einem Telefonat gebeten hatte. Da dies kein Geheimnis war, habe ich seine Frage bejaht, betonte jedoch, dass ich kein Interview geben dürfe und dass er mich bitte nicht zitieren solle.

Der Bericht schlug in China wie eine Bombe ein. Noch am 28. August, dem Tag der Veröffentlichung des Berichts, äußerte sich der Sprecher des chinesischen Außenministeriums Qin Gang zur Causa Zhang Danhong, wie die *Xinhua*-Agentur weiter berichtete: »Ein Journalist fragte: Medienberichten zufolge wurde eine chinesischstämmige Journalistin bei der Deutschen Welle wegen chinafreundlicher Äußerungen beurlaubt. Was ist die Reaktion des Außenministeriums? Qin Gang erwiderte: Ich wurde auf diesbezügliche Meldungen aufmerksam und habe auch Berichte dieser Journalistin gelesen. Wir sind der Meinung, Medien sollen nach den Prinzipien der Objektivität und Fairness berichten.« Eine sehr typische Diplomatenantwort: Weder hat er die deutschen Medien direkt kritisiert, noch hat er mich direkt verteidigt. Doch dass der Pressesprecher des chinesischen Außenministeriums überhaupt zu meinem Fall etwas gesagt hatte, war Grund genug, die Deutsche Welle zu beunruhigen. Qin Gang wurde 2022 zum Außenminister Chinas ernannt, aber wenige Monate später seines Amtes enthoben.

Später erfuhr ich von Kollegen, dass das Autorenduo Hein/Pamperrien bereits versucht haben soll, gegen einen anderen Kollegen der Deutschen Welle namens Peter Philipp zu hetzen. Als Nahost-Experte wich Philipp ebenfalls immer wieder vom Mainstream ab. Im Gegensatz zu mir verfügte er aber über eine biodeutsche Herkunft und ein SPD-Parteibuch. Ohne Wenn und Aber stellte sich Deutsche-Welle-Intendant Erik Bettermann vor seinen Parteifreund. Bei mir aber dachte der Intendant wahrscheinlich, dass das Problem mit einem Maulkorb aus der Welt sei. Dabei unterschätzte er die explosive Mischung, die mein Fall barg. Dass so etwas in Deutschland passiert, in einem Land, dessen Medien tagtäglich China wegen fehlender Meinungsfreiheit kritisieren, ist für die chinesischen Medien ein gefundenes Fressen und außerdem eine Einladung zum Gegenangriff.

Der ließ nicht lange auf sich warten. Vom Parteiorgan *Global Times* bis zu lokalen Zeitungen aus entlegenen Provinzen: Der »Fall Zhang Danhong« wurde von Print- und Onlinemedien nicht nur aufgegriffen, sondern auch sehr emotional kommentiert. Der Gipfel dieser Kommentare erschien auf der Internetseite der staatlichen *Xinhua*-Agentur mit der Überschrift: *Deutsche Welle beurlaubt Zhang Danhong, der Nazi-Geist kehrt zurück.* In den Augen des Gastkommentators Dou Hanzhang zeige mein Beispiel, dass die angebliche Meinungsfreiheit in Deutschland nur ein Witz sei. Nicht nur das, »die Beurlaubung von Zhang Danhong spiegelt die rassistische Tendenz der deutschen Medien in den letzten Jahren wider … Die absichtliche Erniedrigung von Chinesen erinnert auch an das Deutschland der Nazis«, schrieb Dou.

Die heftigen Reaktionen aus China lieferten Hein und Pamperrien weiteren Stoff, um die Kampagne am Köcheln zu halten. Und sie gaben sich mit der *Berliner Zeitung,* die immer noch das Image einer Provinzzeitung hatte, nicht mehr zufrieden. Sie wollten in die erste Liga. Am 5. September 2008 schrieb mir Matthias von Hein: »Der *Spiegel* hat heute ein Foto von dir angefordert. Es sieht jetzt so aus, dass am Montag etwas zur Deutschen Welle im *Spiegel* erscheint. Die dortige Redaktion sprach von einem kleinformatigen Text zu Reaktionen in China, der ggf. aus Platzgründen und wegen internationaler Krisen auch noch entfallen könnte.« Letztendlich war es keine internationale Krise, sondern der Rücktritt des SPD-Vorsitzenden Kurt Beck, der mich vorerst vor einer weiteren Eskalation rettete. Dafür konnten die beiden einen längeren Text bei *spiegel.de* platzieren.[9] Über die Überschrift *Kampagne gegen deutsche Medien* musste ich schmunzeln. Ich dachte an eine chinesische Redewendung: »Der Dieb ruft: Haltet den Dieb.«

Der Feldzug der chinesischen Medien gegen Deutschland rief nun auch andere deutsche Journalisten auf den Plan, darunter Sven Hansen von der *taz*. »Der Nazivergleich markiert selbst im Vergleich mit den Attacken gegen deutsche Medien während der Tibet-Krise im März eine neue Dimension«, ordnete Hansen den Medienkrieg ein.[10]

Drei offene Briefe und die Degradierung

Den Startschuss der Briefserie gaben am 22. September 2008 neun in Deutschland lebende chinesische Dissidenten. Initiator war Fei Liangyong, der damalige Vorsitzende der Föderation für ein Demokratisches China, eine lose Organisation der chinesischen Dissidenten im Ausland. Die meisten von ihnen sind 1989 oder kurz danach ins Ausland geflüchtet. Da ich mit ihnen stark sympathisierte, hielt ich enge Kontakte zu ihnen, auch zu Fei Liangyong. 2007 fuhr ich zur Jahrestagung der Föderation nach Berlin und berichtete darüber. Doch genau auf dieser Tagung stellte ich eine enge Verbindung der Dissidenten zu Falun Gong fest. Zu meinem Erstaunen war Xu Pei der Stargast der Tagung. Als sie Unterschriften für einen offenen Brief an Angela Merkel sammelte, der die Bundeskanzlerin auf die angebliche Organentnahme bei lebendigem Leibe an Falun-Gong-Anhängern in China aufmerksam machen sollte, sagten ein paar prominente Dissidenten aus den USA: »Wir unterschreiben alles, egal, was du schreibst.«

Für diese enge Zusammenarbeit habe ich eine Erklärung: Die Dissidenten haben China in der Hoffnung verlassen, dass die kommunistische Herrschaft sehr schnell zusammenbrechen würde und sie dann wieder in ihre Heimat zurückkehren würden, um die Demokratisierung Chinas voranzutreiben. Deshalb haben sie sich nicht die Mühe gemacht, die Sprache des Gastlandes zu erlernen und sich in die Gesellschaft des Gastlandes zu integrieren. So lebten sie in Isolation und drohten bald in die Bedeutungslosigkeit zu versinken. Falun Gong bot ihnen die Gelegenheit, sich medial wieder zu präsentieren; und umgekehrt nutzte Falun Gong die Namen der Dissidenten, um seriöser und glaubwürdiger zu wirken.

Der zweite Initiator des offenen Briefes der Dissidenten war Peng Xiaoming, zu dem ich ebenfalls ein freundschaftliches Verhältnis unterhielt. Er bezeichnete sich als Vorsitzenden der Vereinigung chinesischer Studenten und Wissenschaftler und setzte seine Unterschrift in dieser Funktion. Das Problem ist nur, dass etliche Jahre keine Wahl für den Vorsitz stattgefunden hatte und die Vereinigung praktisch gestorben war.

Ein dritter Unterzeichner, Pan Yongzhong, damals Generalsekretär der Föderation für ein Demokratisches China, schrieb mir Monate später eine E-Mail und entschuldigte sich für seine Unterschrift. Er versuchte zu erklären, unter welchem Druck er damals stand, den Brief zu unterschreiben. Denn wer sich nicht klar gegen Zhang Danhong positionierte, musste sich KP-Nähe vorwerfen lassen.

Was stand nun in dem offenen Brief? Die Unterzeichner bezeichneten darin das chinesische Programm der Deutschen Welle als eine »Schande für den Bundestag«, weil wir das politische Bild vom heutigen Deutschland in China nicht vermittelten. Wie dieses Bild aussieht, wurde nicht erläutert. In den ganzen sieben Seiten des offenen Briefes der Dissidenten wimmelt es von solchen rätselhaften Sätzen.[11]

Für die KP-Nähe der China-Redaktion der Deutschen Welle suchten die Dissidenten händeringend nach konkreten Beispielen. Endlich wurden sie fündig: Wolfgang Weise, der ehemalige Asienleiter der Deutschen Welle, schwärmte einmal vom chinesischen Essen in der chinesischen Botschaft, »obwohl viele chinesische

Journalisten und Schriftsteller noch im Gefängnis der Kommunistischen Partei sitzen«, schrieben sie in dem Brief. Zum Schluss stellten die Unterzeichner vier Forderungen an den Bundestag. Die wichtigste: Redakteure, deren politische Ansicht von der durch Artikel 4 des Deutsche-Welle-Gesetzes festgelegten Zielsetzung abweicht, sollen die Deutsche Welle verlassen. Nun verstand ich endgültig, was sie forderten: Die Entlassung der ganzen China-Redaktion. Die unausgesprochene Forderung: die neue Besetzung der China-Redaktion durch die Unterzeichner höchstpersönlich.

Dieses war der erste Streich. Doch der zweite folgte sogleich. Der zweite offene Brief kam bereits am nächsten Tag, dem 23. September 2008, unterzeichnet von 59 Mitgliedern des Autorenkreises der Republik. Das ist ein CDU-naher, antikommunistischer Verein von Schriftstellern und Funktionären, der sich um die Aufklärung von DDR-Unrecht und die Verstrickung von DDR-Schriftstellern in Stasi-Aktivitäten kümmert. Gründungsvorsitzender ist der ehemalige Fluchthelfer Burkhart Veigel, zu den Mitgliedern gehörten damals Uwe Lehmann-Brauns (CDU), Alterspräsident des Bundestags, der konservative Politikprofessor Arnulf Baring sowie mehrere Literaturpreisträger, darunter Imre Kertész und Ralph Giordano.[12]

Während sich die Dissidenten auf die Kritik an der China-Redaktion konzentriert hatten, stellt der »Autorenkreis« auch andere Redaktionen unter Generalverdacht, »die über und in totalitäre Länder einschließlich Russland berichten«. Die Unterzeichner verlangen, dass all diese Redaktionen überprüft werden sollen, um die Glaubwürdigkeit des Senders wiederherzustellen. Die deutschen Mitarbeiter sollen nochmals auf eine etwaige Stasi-Tätigkeit überprüft werden. Die Unterzeichner des offenen Briefes schlagen sogar einen »unabhängigen, diktaturimmunen Beobachter« vor, der das Deutsche-Welle-Programm unter die Lupe nehmen solle. Das ist ein direkter Ruf nach Zensur!

Am selben Tag erreichte der dritte offene Brief den Bundestag, diesmal verfasst von einer einzelnen Person: kein Geringerer als Wei Jingsheng, ein im amerikanischen Exil lebender Chinese, der als Vater der Demokratiebewegung Chinas gilt. 1978, zwei Jahre nach der Kulturrevolution, hatte sich Wei Jingsheng an der Demokratiewand in Xidan, Peking, beteiligt, wo er in der Form einer Wandzeitung die Aufarbeitung der Diktatur unter Mao Zedong und die Einführung der Demokratie in China gefordert hatte. Dafür hatte er 18 Jahre im Gefängnis gesessen.

Wei Jingsheng betonte in seinem offenen Brief die Wichtigkeit der Auslandssender in der friedlichen Revolution Osteuropas 1989. Die Programme der Deutschen Welle und Radio France International nach dem Ende des Kalten Krieges findet er aber »enttäuschend und empörend«. Denn westliche Regierungen liebäugelten mit Geschäften mit China, deshalb würden diese Sender die Menschenrechtsverletzungen in China herunterspielen. Der offene Brief ist sehr allgemein gehalten und appelliert nur im letzten Absatz an den Bundestag, dem Fall »Deutsche Welle« Beachtung zu schenken und das Personal sowie das Programm der China-Redaktion zu überprüfen.[13]

Drei offene Briefe, die fast zeitgleich den Bundestag erreichen, lassen eine konzertierte Aktion vermuten. Dass Xu Pei großen Einfluss auf die Dissidenten hat, habe ich bereits erwähnt. Die Dissidenten, die sich von Xu einspannen ließen, hatten dabei nichts zu verlieren. Im Gegenteil: Im Idealfall würden sie die China-Redaktion übernehmen. Dann hätten sie nicht nur eine starke Plattform gewonnen, auch finanziell wären sie abgesichert. Und wieso interessierte sich Wei Jingsheng aus den fernen USA auf einmal für das chinesische Programm der Deutschen Welle, das er sich kein einziges Mal angehört hat, wie er später bei der Anhörung des Bundestags zur Causa Zhang zugegeben hat? Auch das Interesse des Autorenkreises der Republik ist zweifelhaft, wo er sich doch sonst auf die Aufarbeitung des DDR-Unrechts fokussiert und kein einziges Mitglied Chinesisch spricht.

Egal, wer die Initiative bei den offenen Briefen ergriffen hat, genützt hat sie allen: Über die Dissidenten wurde wieder gesprochen (zumindest von Hein und Pamperrien); Xu Pei bekam Schützenhilfe für ihren Feldzug gegen mich und die China-Redaktion; Hein und Pamperrien wurde neue Munition für ihre Kampagne geliefert.

Am 23. September 2008, dem Tag der Veröffentlichung des zweiten und dritten offenen Briefes, wurde ich zum Büro des Intendanten Erik Bettermann bestellt. Es sollte die Entscheidung über meine Zukunft bei der Deutschen Welle bekannt gegeben werden. Anwesend waren neben mir noch fünf direkte oder indirekte Vorgesetzte von mir. Sechs zu eins also. Während des Gesprächs sagte Bettermann mehrmals, er bitte mich um Verständnis. Er sei sehr unter Druck und wies auf den offenen Brief des Autorenkreises hin, welch prominente Personen da unterschrieben hätten. Dann gab er die »gesichtswahrende« Entscheidung kund: Ich sei nicht länger stellvertretende Leiterin der China-Redaktion. Die Stelle bleibe unbesetzt. Mein Gehalt werde nicht gekürzt.

Unterstützung und Ehrenrettung

Der Brief des Autorenkreises mit der offenen Forderung nach Zensur musste Widerworte hervorrufen. Der vierte offene Brief wurde am 9. Oktober veröffentlicht und von über hundert China-Wissenschaftlern, Publizisten und Politikern unterzeichnet, darunter Politiker wie Reinhard Bütikofer, Herta Däubler-Gmelin, Julian Nida-Rümelin, Antje Vollmer und Lale Akgün, der Medienwissenschaftler Thomas Meyer, der Präsident des deutschen PEN-Clubs Johano Strasser, China-Experten wie Sebastian Heilmann, Gudrun

Wacker, Markus Taube und Doris Fischer sowie eine Reihe von China-Korrespondenten wie Georg Blume, Johnny Erling, Kristin Shi-Kupfer, Gisela Mahlmann und Frank Sieren. Die größte Überraschung für mich war Günter Grass.[14] Nach eingehender Recherche habe er seine Unterschrift unter den offenen Brief gesetzt, ließ der Literaturnobelpreisträger verlautbaren.

Federführend für den offenen Brief sind zwei bekannte China-Experten: Professor Eberhard Sandschneider, damaliger Otto Wolff-Direktor des Forschungsinstituts der Deutschen Gesellschaft für Auswärtige Politik, und Professor Thomas Heberer von der Universität Duisburg-Essen.

Für die Unterzeichner gehe es bei der Auseinandersetzung zwischen den Dissidenten, dem Autorenkreis und der China-Redaktion der Deutschen Welle um die Frage, »wie man die derzeitige Entwicklung und den Aufstieg Chinas beurteilen soll. Ist China ein Schurkenstaat, der zunehmend zu einer Bedrohung nach innen und außen wird, oder aber ein Land, das einem kontinuierlichen Wandlungsprozess unterliegt und sich dabei zunehmend als ein zuverlässiger Kooperationspartner in internationalen Fragen erweist? Verschiedene und zum Teil widersprüchliche Bilder charakterisieren diesen Entwicklungsprozess: Es gibt Menschenrechtsverletzungen, Korruption, Machtmissbrauch und es gibt zugleich einen Wandel, der die Strukturen des Systems verändert und der Mehrheit der Menschen signifikante Verbesserungen bringt. Solche widersprüchlichen Entwicklungen verlangen nach einem differenzierten Urteil. Eine solche Differenzierung gab es jedoch in großen Teilen der medialen Berichterstattung in Deutschland vor und während der Olympischen Spiele nicht. Die Deutsche Welle versuchte hier gegenzusteuern.«

Welch rationale und wohltuende Worte! Die China-Wissenschaftler kritisieren die offenen Briefe vom Autorenkreis und von den Dissidenten, weil sie »zu Ausgrenzung und Zensur aufrufen«:

»Es werden Vorwürfe wie in Zeiten des Kalten Krieges vorgetragen (›rote Infiltration‹). Es sollen diejenigen Journalisten, Wissenschaftler und Politiker diskreditiert und eingeschüchtert werden, die in sorgfältig recherchierten Berichten und Analysen auf die vielfältigen und widersprüchlichen Facetten der Entwicklung Chinas hinweisen wollen und das Land eben nicht schlicht als ›Schurkenstaat‹ betrachten.« Die Unterzeichner sehen in mir ein warnendes Beispiel, das sich bei jedem von ihnen wiederholen könnte.

Am selben Tag erschien ein langer Artikel in der Wochenzeitung *DIE ZEIT*, versehen mit einem großformatigen Foto von mir, das offensichtlich aus der Sendung *Maybritt Illner* vom Ende Juli stammte. ZEIT-Autor Frank Sieren wollte anscheinend nicht das von Hein und Pamperrien mehrfach verwendete Foto von mir für seinen Bericht nehmen, das an einen Polizei-Steckbrief erinnert. Das Foto zeigt eine junge Frau mit einem angedeuteten Lächeln, die etwas frech und herausfordernd nach oben blickt, als hätte sie für die ganzen Schmähungen von Xu Pei und dem Autorenduo nur Spott übrig.

Dass Sieren ein guter Geschichtenerzähler ist, zeigt bereits die Überschrift: *Die Phantom-Agentin*. Seine Geschichte fängt so an: »Niemand weiß mehr so genau, wie der Krieg zwischen der Kölner Exildichterin Xu Pei und der Bonner Deutsche-Welle-Journalistin Zhang Danhong begonnen hat. Beide Frauen sind Deutsche chinesischer Herkunft. Sie streiten über das Bild Chinas in Deutschland.« Xu hätte es sich zur Aufgabe gemacht, vor der »roten Infiltration« zu warnen. Das sei ihr gutes Recht in einem Land mit Meinungsfreiheit. Sie neige allerdings dazu, andere Meinungen nicht zu tolerieren, zum Beispiel die Ansichten von Zhang. Zhang sei überzeugt, dass bei aller berechtigten Kritik an China die Kommunisten viel für ihr Volk erreicht hätten. Dabei neige sie zu Zuspitzungen, über die sich Xu ärgere. »Das alles wäre nicht der Rede wert, wäre die Geschichte nicht von der *Berliner Zeitung* über *Spie-*

gel Online in das Feuilleton der *FAZ* gewandert – bis sich der Bundestag damit beschäftigte. Und eine Kampagne der chinesischen Staatspresse über die Ächtung der Meinungsfreiheit in Deutschland führte dazu, dass die deutsch-chinesischen Beziehungen belastet wurden.«

Dann brachte Sieren es auf den Punkt: »Zhang ist Opfer einer von Xu angestoßenen schlecht recherchierten Artikelserie geworden, die von deutschen Medien verbreitet wurde.« Ganz nebenbei erwähnt der Autor ein interessantes Detail: »Dass Xu sich auf die Stelle des Vorgesetzten (von Zhang) beworben hatte und nicht einmal in die engere Auswahl kam, macht den Fall nicht einfacher.« Jedenfalls gelang es der Exildichterin, »die freien Journalisten Sabine Pamperrien und Jan-Philipp Hein zu überzeugen, eine Artikelserie zu starten«. [15]

Zu meiner großen Genugtuung hat Sieren anschließend sämtliche Kritikpunkte an meinen Aussagen entkräftet. Entweder sei das »Ausgangszitat sinnentstellt« oder das sei auch »die Position des SPD-Außenministers und Vizekanzlers Frank-Walter Steinmeier«. Über meine meist kritisierte Äußerung über den Beitrag der KP Chinas zur Verwirklichung des Artikels 3 der Erklärung der Menschenrechte schrieb Sieren: »Auch über diese Aussage kann man diskutieren, sie ist jedoch mitnichten ›undemokratisch‹ und nicht einmal falsch.« Dann zitierte er meine kritischen Äußerungen über China und meinte: »Sollte Zhang heimlich der kommunistischen Partei angehören und ihre Aufgabe die Agitation in Deutschland sein, dann hat sie ihren Job schlecht gemacht.«

Sieren kritisierte auch die Politiker, die auf die Kampagne aufsprangen, und attestierte denen zutreffend, dass sich das Unbehagen über ein erstarktes China zu einer Hysterie steigere. Zu dieser Hysterie habe sogar der sonst so besonnene Bundestagspräsident Norbert Lammert (CDU) beigetragen. Er fordere eine sorgfältige Klärung der Causa Zhang. »Schließlich hat nicht nur der Sender, sondern auch ›Deutschland als Demokratie‹ einen ›guten Ruf zu verteidigen‹.«

An dieser Stelle musste ich schmunzeln. In den Augen meiner Kritiker habe ich nicht nur die deutschen Medien unterwandert, sondern auch den guten Ruf der deutschen Demokratie beschädigt. Die Gegenfrage ist erlaubt: Wie schwach und fragil sind denn die deutschen Medien und die deutsche Demokratie?

DIE ZEIT blieb die einzige überregionale Zeitung in Deutschland, die sich nicht an der Kampagne beteiligte.

Zwei Tage später, am 11. Oktober, folgte der fünfte offene Brief, diesmal ebenfalls zu meiner Unterstützung. Unterzeichnet wurde der neuerliche offene Brief von über hundert in Deutschland lebenden chinesischen Studenten und Akademikern. Angelehnt an die Bürgerbewegung aus der Ex-DDR, trug der Brief die Überschrift: *Wir sind das (Hörer) Volk*. Initiator Wang Wei war damals Senior Manager bei Deloitte, einer führenden Prüfungsgesellschaft.

Der Brief kritisierte die einseitige China-Berichterstattung der deutschen Medien: »Den Gipfel der medialen Exzesse stellt der *Spiegel*-Artikel *Prinzip Sandkorn* dar, der wohl ein einmaliges Exemplar der Lesermanipulation abgibt, dessen niveau- und verantwortungsloser Stil jedoch spiegelbildlich für viele China-Berichterstattungen in Deutschland geworden ist – auch und insbesondere in den turbulenten Monaten vor der Sommerolympiade 2008.« Der *Spiegel*-Artikel aus dem Jahr 2007 stellte die in Deutschland lebenden Chinesen unter Generalverdacht, für die Kommunistische Partei Chinas zu spionieren, und löste eine Protestwelle der Verdächtigten aus.[16] Nach weiteren Beispielen kam der Brief direkt auf meinen Fall: »Nur vor diesem Hintergrund dieser massiven Desinformation ist die ›Causa ZHANG Danhong‹ verzerrungsfrei zu interpretieren – jeder Deutungsversuch ihrer Aussagen ohne Einbeziehung dieses Kontextzusammenhangs ist zu kurz gegriffen und unfair, anders ist auch nicht zu erklären, warum eine bis dahin makellose wie ruhige Mitarbeiterin des Senders, die sich in jahrelanger Mitarbeit als seriöse Journalistin und Botschafterin der bundesrepublikanischen Wertideale bewährt hat, zuletzt in einer solchen Vehemenz gegen Zerrbilder und Vorurteile auftrat – auch wenn manche ihrer Aussagen, aus dem Zusammenhang gerissen und alleine für sich betrachtet, missverständlich klingen mögen. Aber selbst wenn eine dem ›Mainstream‹ gegensteuernde Chinesin nicht in das Bild eines ›Muster-Chinesen‹ passt, hat sie uns, dem chinesischen Hörervolk des Senders ›Deutsche Welle‹, weitgehend aus dem Herzen gesprochen!« Es ist so wunderbar, sich verstanden zu fühlen!

Erst vor Kurzem erzählte mir Wang Wei, dass die Idee des offenen Briefes von Xiu Haitao kam, dem damaligen Herausgeber und Chefredakteur der *Chinesischen Handelszeitung* in Deutschland. Xiu sagte zu Wang Wei: »Danhong steckt in Schwierigkeiten, wir müssen ihr helfen.« Xiu und seine Zeitung begleiteten mich während der ganzen Kampagne mit wohlwollender Aufmerksamkeit. Vor meiner Rückkehr nach China 2019 veranstaltete er für mich eine übers ganze Wochenende währende Abschiedsparty. Ein Jahr später starb er an Lungenkrebs.

Weitere offene Briefe und eine Kampagne ohne Ende

Zwei mich und die Deutsche Welle unterstützende Briefe konnten Xu Pei & Co. nicht auf sich beruhen lassen. Den sechsten offenen Brief unterschrieb Xu Pei höchstpersönlich, was mich annehmen lässt, dass sie hinter dieser Aktion steht, auch wenn die im ersten Kapitel erwähnte Tienchi Martin-Liao die Verfasserin ist. Von der Rhetorik und vom Schreiben versteht sie eindeutig mehr als Xu. Der Brief macht sich überdies des Etikettenschwindels schuldig. Die 32 Erstunterzeichner bezeichnen sich als chinesische Wissenschaftler und Journalisten. Tatsächlich lebt kein einziger von ihnen im Festland-China. »Exil-Dissidenten und Falun-Gong-Anhänger« wäre die passendere Bezeichnung.

Auch wenn die Unterzeichner zum selben Kreis gehören wie die des ersten offenen Briefes, ist dieser sechste Brief keine inhaltliche Wiederholung des ersten, sondern eine Antwort auf die China-Wissenschaftler, Publizisten und Politiker. Und er fällt mit der Tür ins Haus: »Verehrte Wissenschaftler, die Sie in einem Land leben, das die freiheitlichen Grundrechte verteidigt, wie kann es sein, dass Sie Partei für die Mächtigen ergreifen, wenn Sie zwischen den mächtigen Verfolgern und den machtlosen Opfern entscheiden müssen? Warum haben Sie sich entschlossen, die Rechte von Zhang Danhong zu verteidigen, die nichts weiter zu befürchten hat als den Verlust ihrer Funktion als stellvertretende Leiterin innerhalb der China-Redaktion der Deutschen Welle, wenn Sie sich andererseits noch nie für die Rechte der zu schweren Haftstrafen verurteilten Chen Guangcheng und Shi Tao eingesetzt haben?«[17] Chen Guangcheng war ein Menschenrechtsanwalt, Shi Tao ein Journalist. Beide wurden zu mehrjährigen Gefängnisstrafen verurteilt, sind aber inzwischen wieder frei.

Was als eine berechtigte Frage daherkommt, hat mehrere Haken. Die China-Wissenschaftler wenden sich an den Bundestag, um die Medienkampagne gegen mich und die Deutsche Welle zu kritisieren und dem offenen Brief des Autorenkreises mit offener Forderung nach Zensur zu widersprechen. Sie verteidigen meine Rechte, weil es ebenso ihre Rechte sind. Sind meine verletzt, sehen sie ihre zu Recht in Gefahr. Warum ergreifen sie in den Augen der Dissidenten Partei für die Mächtigen, wenn sie mich verteidigen? Dürfen sich nur Dissidenten an den Bundestag wenden, China-Wissenschaftler aber nicht? Und wenn ja, dürfen sie der Meinung der Dissidenten nicht widersprechen? Was ist das für ein Verständnis der Meinungsfreiheit? Sollen die Wissenschaftler nach jeder Verurteilung eines Menschenrechtsaktivisten in China einen offenen Brief verfassen? Und an wen sollen sie sich wenden? Der Bundestag wäre wohl der falsche Adressat. An die chinesische Regierung? Ein Brief voller Ungereimtheiten, nur rhetorisch gut verpackt.

Der Brief bestätigt meine Meinung von vielen chinesischen Dissidenten im Ausland. Sie agieren zwar gegen ein autoritäres Regime und werden von den westlichen Medien beklatscht oder manchmal gar hofiert. Aber was Demokratie und Meinungsfreiheit wirklich bedeuten, das haben viele noch nicht begriffen. Sie genießen ihre eigene Meinungsfreiheit und dulden keine Widerrede. Deshalb machen es sich die westlichen Medien zu einfach, wenn sie denken, dass jemand automatisch ein Demokrat ist, wenn er gegen die Kommunistische Partei Chinas ist. Eine gefährliche Denkfalle!

Ich habe vorhin vom Etikettenschwindel gesprochen, weil keiner der Unterzeichner ein in Festland-China lebender Wissenschaftler oder Journalist ist. Wahrscheinlich ist das den Dissidenten selber auch aufgefallen. Anfang November 2008 wurde der siebte und letzte offene Brief zur »Causa Zhang« organisiert, der wirklich von in Festland-China lebenden Dissidenten und Publizisten unterzeichnet wurde. Ich sage »organisiert«, weil ich davon überzeugt bin, dass die Dissidenten (allen voran Xu Pei) in Übersee dies initiiert haben, um die Kampagne weiter am Laufen zu halten. Denn es ist schon zu einem bekannten Muster geworden, dass immer dann, wenn die Flammen der Kampagne zu erlöschen schienen, ein neuer offener Brief aus dem Hut gezaubert wurde. Zu den 53 Erstunterzeichnern gehören in China wie im Ausland bekannte Namen wie Liu Xiaobo, ein späterer Friedensnobelpreisträger; Li Rui, der ehemalige politische Sekretär von Mao Zedong; Li Pu, der ehemalige Vizechef der *Xinhua*-Agentur; Hu Jiwei, ehemaliger Chef der *Volkszeitung*; Bao Tong, ein früheres Mitglied des Zentralkomitees der Kommunistischen Partei; und Ding Zilin, die als »Mutter des Tian'anmen-Platzes« bezeichnete Professorin an der Volksuniversität, die sich seit 1989 für die Entschädigung der Opfer auf dem Platz des Himmlischen Friedens einsetzte. Die meisten der Unterzeichner haben einmal oder mehrmals im Gefängnis gesessen. Die meisten von ihnen wurden auch einmal oder mehrmals von der Deutschen Welle interviewt.

Ihnen haben wir immer das größtmögliche Forum geboten und die größtmögliche Aufmerksamkeit geschenkt. Zwar waren weder ich noch das chinesische Programm der direkte Gegenstand ihres Briefes, sondern das Schreiben der China-Wissenschaftler aus Deutschland und Europa. Dennoch stellte dieser letzte offene Brief den größten Schlag für mich und die ganze China-Redaktion dar. Wir fühlten uns verraten. Inhaltlich war der Brief eine Wiederholung des letzten Briefes der Übersee-Dissidenten. Es wurden nur viel mehr Beispiele genannt als die von Chen Guangcheng und Shi Tao, die wegen ihres Bürgerrechtsengagements oder ihrer Meinung hinter Gittern sitzen. Die Unterzeichner bezeichnen die Unterstützung für mich als übertrieben und überflüssig und fragen die europäischen Wissenschaftler, warum sie sich nicht für die ganzen Gefängnisinsassen einsetzen.

Wer die Berichterstattung über die »Causa Zhang« verfolgt hat, dem kann nicht entgangen sein, dass das Autoren-Duo Hein und Pamperrien höchst selektiv mit den offenen Briefen umgegangen ist. Über jeden gegen mich und die Deutsche Welle gerichteten Brief wurde intensiv und in mehreren Beiträgen berichtet,[18] die zwei mich unterstützenden Briefe wurden weitgehend ignoriert. Der Brief der China-Wissenschaftler wurde ein paar Mal in ihren Berichten erwähnt, weil sich die zwei letzten Briefe darauf bezogen. Das Autoren-Duo hat seine Kampagne vom Magazin *FOCUS* und der *Berliner Zeitung* aus gestartet und nach und nach *Spiegel.de*, den *Kölner Stadt-Anzeiger* und die *Frankfurter Allgemeine Zeitung* erobert. Oft erschienen zwei inhaltlich fast identische Beiträge auf zwei unterschiedlichen Plattformen.

Gesinnungstest und Anhörung im Bundestag

Eigentlich dachte ich, nun sei alles ausgestanden, aber Ende November 2008 rief mich der Intendanzleiter Ansgar Burghof an. Er teilte mir mit, dass ich am nächsten Vormittag zu einem Bundestagsabgeordneten namens Stephan Eisel fahren müsse. Es handle sich um eine Art Gesinnungstest. Der Intendant werde mich begleiten. Ein halbes Jahr davor hätte ich gedacht, dass ich mich verhört hätte. Gesinnungstest? Was ist das? So etwas passiert doch nicht in Deutschland. Doch nach einigen Monaten der Kulturrevolution deutscher Prägung wunderte mich nichts mehr.

Direkt vor dem Büro des CDU-Abgeordneten Eisel erstreckt sich das Gewimmel auf dem Bonner Rathausplatz. Eine einmalige Lage für den Politiker, da er jederzeit mit den Bürgern in Kontakt treten kann, dachte ich. Aber ich komme doch aus Köln und gehöre nicht zu seinem Wahlkreis. Zudem herrscht in Deutschland die Pressefreiheit. Das Prinzip ‚staatsfern' wird von den Chefs gebetsmühlenartig wiederholt. Nun will mich ein Abgeordneter sprechen und nennt es »Gesinnungstest«. Habe ich etwas falsch verstanden oder ist das Deutsche-Welle-Gesetz nur ein Feigenblatt?

Als ich das Büro betrat, lächelte mich der Abgeordnete Eisel an, machte jedoch aus seiner Feindseligkeit mir gegenüber keinen Hehl. In meiner Erinnerung sagte er, dass er mich bereits im April 2008 auf einer Veranstaltung in Bonn gesehen habe, bei welcher der Sondergesandte des Dalai Lama mit einem China-Experten diskutiert habe. Ich hätte vom Publikum aus eine sehr kritische Frage an den Sondergesandten gestellt. Nach Meinung des Abgeordneten hätte ich so viele andere Fragen stellen können. Schon damals wollte er dem Intendanten Bettermann einen Brief schreiben und den fragen, was der für Mitarbeiter eingestellt habe.

Ich ließ die Podiumsdiskussion Revue passieren und grübelte, welche Frage den Herrn Abgeordneten erzürnt haben könnte. Dann erinnerte ich mich – ich hatte den Sondergesandten mit der Frage konfrontiert: »Dalai Lama behauptet, dass er keine Unabhängigkeit Tibets anstrebt. Die Unabhängigkeit steht aber in der Verfassung der Exilregierung der Tibeter. Wie erklären Sie diesen Widerspruch?« Das konnte er natürlich nicht erklären und wich bei der Antwort meiner Frage aus.

Seit wann geben Abgeordnete Journalisten Tipps, welche Fragen sie zu stellen hätten? Am liebsten wäre ich ein paar spottende Worte losgeworden, aber mir war bewusst, dass es sich um einen Gesinnungstest handelte. Also wog ich jedes Wort ab: »Aus dem Verständnis für meinen Beruf stelle ich jedem kritische Fragen. Hätte der chinesische Staatspräsident Hu Jintao auf dem Podium gesessen, hätte ich ebenso gehandelt.«

Abgeordneter Eisel gab zu, noch nie in China gewesen zu sein. Er habe jedoch seine Kanäle, sich über China zu informieren. Wenn das Geplänkel über den Sondergesandten des Dalai Lama eine Aufwärmübung war, kam nun Testfrage Nummer eins. Er wollte wissen, wie ich die Entwicklung Chinas in den letzten zwanzig bis dreißig Jahren sehe und ob es dort Fortschritte in Sachen Demokratie gebe. Ich wusste, welche Antwort er erwartete, konnte und wollte mich aber nicht verbiegen: »Die Demokratisierung in China kommt mir persönlich auch viel zu langsam voran. Aber es hat tatsächlich Fortschritte gegeben. Die Dorfvorsteher zum Beispiel werden direkt gewählt. Auch hat nicht mehr ein Einzelner das alleinige Sagen. Die Reformkräfte und die Konservativen innerhalb der Partei ringen miteinander und müssen einen Konsens erzielen. In gewisser Hinsicht ...«

Ich wollte sagen: »In gewisser Hinsicht ähnelt das dem linken und rechten Lager in einem westlichen Parlament.« Doch den Satz konnte ich nicht mehr zu Ende führen. Eisel unterbrach mich mit der Bemerkung, dass ich schon wieder anfinge, positiv über China zu reden! Wer sich nicht lautstark über China beklagt, gilt in den Augen des Abgeordneten wohl schon als ketzerisch. Am liebsten hätte ich aus Goethes *Götz von Berlichingen* zitiert: »Leck mich am A…«, und dann die Kündigung bei Bettermann eingereicht.

Doch ich entschied mich für das Große und Ganze und beantwortete weiter vorsichtig, aber mit Würde die Fragen des Politikers. Seinen Fragen entnahm ich, dass er sehr gut über das chinesische Programm der Deutschen Welle informiert war. Beispielsweise fragte er, wieso die Deutsche Welle eine Rubrik »China aus der Sicht der Hongkonger Presse« habe. Ich erklärte: »Seit Jahren treibt der Chefredakteur eine Lokalisierung der Programme voran. Die Fremdsprachen-Programme sind keine Übersetzung unserer deutschen Seite. Unsere Hörer und User sind nicht nur an Deutschland und Europa interessiert, sie wollen auch Informationen über China bekommen, die in China nicht erhältlich sind. Hongkong ist Festland-China viel näher als Deutschland. Dort ist die Sicht auf die Entwicklung in China eine andere als die deutsche. Außerdem gilt die Hongkonger Presse als frei.« Damals war das auch so, aber inzwischen hat sich vieles leider zum Negativen entwickelt.

Der Abgeordnete hat China nicht nur nie mit eigenen Augen gesehen, er sprach auch kein Wort Chinesisch. Woher nahm er den Mut, sich in Details des chinesischen Programms einzumischen? Das verriet er mit einer beiläufigen Bemerkung, dass er zwar meine Ansichten nicht teile, aber ich zumindest ein viel besseres Deutsch als die Dissidenten spreche. Die also fungierten als seine Informanten.

Zum Schluss meinte Eisel, dass er eigentlich gehofft habe, dass es sich um ein Missverständnis handle und dass er sich nach unserem Gespräch nicht mehr um das chinesische Programm kümmern müsse. Doch nun denke er, dass er verstärkt auf das

Programm schauen müsse. Das klang nach einer Drohung. Bettermann, der die ganze Zeit still neben mir saß, sagte in einem übertrieben unterwürfigen Ton, dass der Herr Abgeordnete jederzeit bei der Deutschen Welle willkommen sei, um sich mit den Kollegen der China-Redaktion auszutauschen. Für einen kurzen Moment dachte ich: Wer ist eigentlich Intendant der Deutschen Welle?

Ein für vierzig Minuten geplantes Gespräch hat ganze zwei Stunden gedauert. Es waren die dunkelsten Stunden der ganzen Kampagne. Hinter die parlamentarische Demokratie und die Meinungsfreiheit in Deutschland habe ich danach ein großes Fragezeichen gesetzt. Auf dem Weg zur Deutschen Welle fragte ich den Intendanten etwas kleinlaut: »Den Test habe ich wohl nicht bestanden, oder?«

Sanft legte Bettermann seine freie Hand (die andere Hand lag auf dem Lenkrad im Auto) auf mein Bein und zog sie gleich wieder zurück: Ich solle meinem Mann ausrichten, dass er mir nichts Böses wolle. Beschützen wolle er mich, so wie ein Vater seine Tochter beschützen möchte. Nein, ich hätte mich heute tapfer geschlagen. Was den Eisel betreffe, den könnten wir leider nicht ändern. Aber er habe ja zum Schluss versprochen, dass er sich nicht öffentlich über mich äußern werde. Das war sein Ziel und das hätten wir erreicht.

Wem auch immer ich später von diesem Gesinnungstest erzählte, keiner glaubte mir. »Nein, so etwas passiert nicht in Deutschland, höchstens in China.« »Bist du sicher, dass du nicht geträumt hast?«, waren die häufigsten Reaktionen. Es kann halt nicht sein, was nicht sein darf. Mir blieb nur ein kleiner Trost, dass Eisel bei der Bundestagswahl 2009 abgewählt wurde. So blieb auch die Deutsche Welle von seinen angedrohten Besuchen verschont.

Aber zunächst einmal folgte eine Anhörung im Bundestag zur Causa Zhang am 18. Dezember 2008 beim Fachausschuss Medien und Kultur. Der ehemalige Tagesschau-Redakteur Volker Bräutigam, der in zwei gut recherchierten Artikeln die Kampagne gegen die Deutsche Welle scharf kritisierte und deswegen vom Bundestag eingeladen wurde, hat für mich den ganzen Ablauf in einer vorliegenden Mail detailliert beschrieben, sodass ich beim Lesen das Gefühl hatte, live dabei zu sein.

Die Anhörung nannte sich »nichtöffentliches Fachgespräch«. Mit anderen Worten: Kein Publikum war zugelassen. Anwesend waren rund 25 Abgeordnete vom Fachausschuss Medien und Kultur, darunter Herta Däubler-Gmelin und Monika Griefahn von der SPD, Luc Jochimsen von der Linken, Stephan Eisel und Erika Steinbach von der CDU und Uschi Eid von den Grünen. Auch Intendant Bettermann und Rundfunkratsvorsitzender Valentin Schmidt waren dabei. Hans-Joachim Otto (FDP), Vorsitzender des Ausschusses für Kultur und Medien, leitete die Anhörung.

Zur Anhörung eingeladen wurden sechs Gäste, die mehr oder minder mit der »Causa Zhang« zu tun haben. Auf der Kritikerseite: Ines Geipel vom Autorenkreis der Republik, Peng Xiaoming (eben vorgestellt), Autor des dritten offenen Briefes Wei Jingsheng; auf der Unterstützerseite: Mitautor des offenen Briefes der China-Wissenschaftler Eberhard Sandschneider und Volker Bräutigam, Journalist und Funktionär der IG Medien. Und dann war noch Simon Spanswick, Chief Executive, Association for International Broadcasting dabei, um etwas Allgemeines über Auslandssender zu sagen.

Die Gäste wurden um Eingangserklärung gebeten. Geipel begann mit einer Erklärung, die laut der Schilderung von Bräutigam noch massivere Angriffe und Vorwürfe gegen die Deutsche Welle enthielt als der Autorenbrief, allerdings wiederum ohne konkrete Beispiele, ohne Belege und nur unter Berufung auf die chinesische Dissidentenschaft in Deutschland. Geipel griff wiederholt Intendant Bettermann an, und zwar in so überzogener Form, dass

Vorsitzender Otto sie mehrmals unterbrach und erinnerte, man befinde sich nicht auf einem Tribunal, sondern in einem Fachgespräch mit dem Bundestagsausschuss für Medien und Kultur, es gehe um Sachinformation und nicht um Anklage und Urteil.

Es gab zwar via Kopfhörer die Möglichkeit, die Vorträge übersetzt in den Sprachen Deutsch, Chinesisch und Englisch zu hören. Aber Peng Xiaoming tat sich selbst keinen Gefallen, als er in schlechtem und schlecht verständlichem Deutsch sein Klagelied über die angeblich einseitigen China-Programme der Deutschen Welle startete. Das zog so ins Unsägliche und nicht mehr überschaubare Detail, sodass kaum zu verstehen war, was er eigentlich wollte.

Sandschneider merkte kühl und sachlich an, dass sich die Debatte über die Deutsche Welle, wie sie derzeit geführt werde, ins Unbegreifliche übersteigert. Er wies darauf hin, dass ein einziges Zitat der Journalistin Zhang (Die Kommunistische Partei habe 400 Millionen aus der Armut befreit und dies sei die größte Leistung einer politischen Kraft zur Verwirklichung des Art. 3 der Erklärung der Allgemeinen Menschrechte) aus dem Zusammenhang gelöst zum Politikum gemacht worden sei und die Debatte ausgelöst habe, die im Grunde aber mit dem Besuch des Dalai Lama im Mai 2008 schon begonnen habe. Für sich genommen sei die Zhang-Erklärung eine Aussage, der man nicht widersprechen könne. Im Übrigen habe er darauf hinzuweisen, dass der offene Brief der China-Wissenschaftler von fast sämtlichen an Deutschlands Universitäten lehrenden Sinologen unterzeichnet sei und dass der die Kritik an der Deutschen Welle als unbegründet und nicht vertretbar bezeichne.

Volker Bräutigam zerpflückte die gegen die Deutsche Welle geführte Kampagne aus rundfunkrechtlicher Sicht und ging zuerst auf den Ursprung zurück: »Der öffentlich-rechtliche Rundfunk ist eine demokratische Errungenschaft der Nachkriegszeit.

Er musste unserem Land als Ersatz für den großdeutschen Nazi-Rundfunk von den Briten zunächst regelrecht verordnet werden, denn deutschen Wünschen entsprach er anfänglich nicht.« Konservative Kräfte versuchten wenige Jahre später, einen Staatsfunk einzurichten, verschleiert als bundeseigener Privatsender, das sogenannte Adenauer-Fernsehen. Das Vorhaben scheiterte aber am Bundesverfassungsgericht. Dieses Gericht habe seither in allen seinen Rundfunk-Urteilen festgestellt: Radio und Fernsehen in Deutschland sind staatsfern zu organisieren, nach dem öffentlichen Recht.

»Die Deutsche Welle wird zwar aus Steuermitteln finanziert und sendet fürs Ausland. Aber auch sie darf kein Staatssender sein, sondern muss ein öffentlich-rechtlicher Betrieb sein. Alle Rundfunkräte und der Intendant haben darüber zu wachen, dass der Sender seine Programmrichtlinien einhält ... Niemand sonst«, führte Bräutigam weiter aus. Beide hätten die erwähnte abwertende Kritik am chinesischen Programm geprüft und sie als unbegründet zurückgewiesen. Und diesen Befund hätten wir alle zu respektieren.

Sein Schlusssatz ist so einfach wie richtig: »Staatliche Einwirkung darf nicht sein. So ehrenwert die Motive dafür auch sein mögen.«

Wei Jingsheng berichtete nun von seinen Erfahrungen mit den US-Auslandsprogrammen für China und wie gut die doch seien, jedenfalls könne sich die Deutsche Welle daran ein Beispiel nehmen. Die Deutsche Welle sei nicht distanziert genug gegenüber dem Regime in Peking.

Die anschließende Fragerunde missriet weitestgehend zu einer Anhäufung von Gegenstatements. Vorsitzender Otto gab dem Rundfunkratsvorsitzenden Schmidt die Möglichkeit zu einer Stellungnahme. Schmidt erklärte zunächst, dass der Autorenbrief keinerlei konkrete Klagen enthielt und damit der Rundfunkrat vor die Aufgabe gestellt gewesen sei, eine höchst generell gehaltene Überprüfung der Chinaprogramme der vergangenen zwölf Monate zu veranlassen. Man habe zunächst 10 000 Online-Beiträge der Deutschen Welle gesichert und dann unter Bezugnahme auf die Klagethemen der Autoren eine Auswahl infrage kommender Teile von neutralen Übersetzungsbüros rückübersetzen lassen. Es habe sich trotz gewissenhafter Prüfung keine der Beschwerden als berechtigt herausgestellt, es habe keinerlei Anhaltspunkte für Fehler gegeben.

Uschi Eid von den Grünen versuchte, Bräutigams »Kampagnen«-Vorwurf gegen den Autorenkreis der Republik zurückzuweisen. Vielmehr hätte Bräutigam selbst Kampagnen gestartet – worauf sie ausführlich aus seinen Veröffentlichungen über die Falun Gong zitierte und sich beschwerte, er hätte sie und ihre Freunde und die Bundestagsabgeordneten als Marionetten der Falun Gong diffamiert.

Luc Jochimsen wollte von Wei Jingsheng konkret wissen, welche Aussagen der Deutschen Welle er für die Menschenrechtslage in China problematisch halte beziehungsweise in welcher Hinsicht sie dortige Verhältnisse falsch zeichneten. Und sie wolle wissen, wie oft und welche Programme der Deutschen Welle er im ablaufenden Jahr selbst gehört habe.

Wei antwortete wieder mit häufigen Querverweisen auf die Chinaprogramme der USA und gab erst auf eine Nachfrage von Luc Jochimsen zu, dass er die Deutsche Welle überhaupt nicht gehört habe, sondern nur mit seinen Freunden viel darüber gesprochen habe. Bräutigam bekam noch kurz die Gelegenheit, sich zu Eisel und Eid zu äußern. Er sagte, dass es sich sehr wohl um eine Kampagne handle, wenn man die Deutsche Welle von auswärtigen Kontrolleuren überwachen und unliebsame Mitarbeiter entfernen lassen wolle und sich zu diesem Zweck über die Medien an den Bundestag wende.

Zum Schluss sagte Otto, dass es doch erfreulich sei, dass niemand in der Runde daran etwas auszusetzen habe, dass die Menschenrechtslage in China dringend verbesserungswürdig sei. Ich beende den Bericht über diese Bundestagsanhörung zur »Causa Zhang« mit einem Zitat aus dem Eingangsstatement von Bräutigam: »Rechtlich gesehen hat unser Gespräch ebenso viel Relevanz wie eine Urlaubsplauderei übers Wetter.«

Goldwerte Rehabilitation und Schweigen des Intendanten

Einen Tag vor der Bundestagsanhörung bat Bettermann seinen Freund Ulrich Wickert, den Fall Zhang zu übernehmen. Der Intendant wollte so den Druck von sich nehmen und seinen guten Willen zeigen, den »Skandal« um meine Person und die China-Redaktion schonungslos aufklären zu lassen. Der heute 82-jährige Wickert war ehemaliger *Tagesthemen*-Moderator und galt als das Gewissen des deutschen Journalismus. In Tokio geboren, hat er Jahre seiner Kindheit der Tätigkeit seines Diplomaten-Vaters wegen in Shanghai verbracht. Danach, als Fernseh-Moderator, hat er China immer wieder besucht. Ein qualifizierterer China-Experte als Hein und Pamperrien ist er allemal. Nach seiner Pensionierung hat er sein detektivisches Talent durch drei Krimis unter Beweis gestellt. Einen geeigneteren Prüfer scheint es nicht zu geben.

»Wickert ging ans Werk – ähnlich wie der unermüdliche (Kommissar) Ricou, der schon in drei Thrillern die kniffligsten Fälle gelöst hat. Er studierte tagelang Akten, befragte Leute und beschäftigte sich mit den widersprüchlichsten Theorien. Mit dem Verweis auf diverse Spurenakten und Quellen legte er jetzt das Ergebnis seiner Ermittlungen vor«, berichtet die *Süddeutsche Zeitung* Ende März 2009.[19] Autor war Hans Leyendecker.

Das Fazit seiner Ermittlungen bedeutet einen hundertprozentigen Befreiungsschlag für mich und die China-Redaktion: »›Die Vorwürfe tendenziöser Berichterstattung gegen die journalistische Arbeit der chinesischen Redaktion bei der Deutschen Welle entbehren jeder Grundlage.‹ ... Der Intendant habe ›offenbar auf Grund des öffentlichen und politischen Drucks ... voreilig und nicht gerechtfertigt‹ Personalentscheidungen getroffen«, so die *Süddeutsche Zeitung*.

Der Bericht zeichnete den Verlauf der Kampagne nach, nahm die Kritikpunkte der Kampagnenmacher auseinander und schrieb: »Dass chinesische Staatsmedien wie die Nachrichtenagentur *Xinhua* die Affäre nutzten, um über die angeblich bedrohte Pressefreiheit in Deutschland zu berichten, mag dem Politikbetrieb in Berlin egal sein – Wickert ist es nicht: ›Es zeigt sich hier, wie in Zeiten einer gesteigerten Gefühlslage (Olympische Spiele, Fackellauf, Tibet-Unruhen) es ehrenwerten, meinungsstarken Personen, einigen Dissidenten, Vereinsträgern, Journalisten gelingt, vorschnelle Verurteilungen in den Medien zu platzieren und damit Politiker, die gern in der Öffentlichkeit wahrgenommen werden, zu unbedachten Äußerungen und Vorverurteilungen zu verführen.‹« Laut dem *SZ*-Bericht hat Wickert das Gutachten am 4. Februar 2009 bei der Deutschen Welle abgeliefert und dann nichts mehr vom Sender gehört. Auf Anfrage der *SZ* lobte Bettermann Wickerts »sehr gute Arbeit – toll«. Er wollte sie aber nicht veröffentlichen, »um die China-Debatte nicht neu aufleben zu lassen«. Ich vermute, dass Wickert es nicht dabei belassen wollte und deshalb mit Hans Leyendecker darüber ein Gespräch geführt hat.

Ulrich Wickert und Hans Leyendecker, zwei Lichtgestalten des deutschen Journalismus, haben mich freigesprochen. Eine Freundin von mir sagte: »Den Bericht kannst du in Gold einrahmen lassen und an die Wand hängen.«

Der Bericht war auf jeden Fall ein goldener Schlussstrich unter eine Kampagne, die fünf Monate gedauert hatte. Doch die Karawane war längst weitergezogen. Meine Rehabilitation hat niemanden mehr interessiert.

Bitterer Beigeschmack und Nachwehen der Kampagne

Während ich meine Stelle bei der Deutschen Welle behalten und nach der Kampagne in der Wirtschaftsredaktion einen Neuanfang starten konnte, verloren vier feste freie Mitarbeiter der China-Redaktion 2011 als Folge der Kampagne von 2008 ihre Arbeit. Mein Nachfolger in der China-Redaktion soll eine schwarze Liste von den Kollegen erstellt haben, die auf Redaktionskonferenzen 2008 mich offen unterstützt hatten. Alle vier sollen auf der Liste gestanden haben. Zwei von ihnen, Wang Fengbo und Zhu Hong, zogen vor Gericht. Beide sehen sich als Spätopfer der Kampagne gegen die Deutsche Welle 2008 und warfen der Deutschen Welle vor, dass sie aus diskriminierenden Gründen nicht weiterbeschäftigt worden seien. Beide gehörten im März 2011 zu den Unterzeichnern eines offenen Briefes, in dem sie der Redaktionsleitung Zensur vorwarfen.

Die Begründung der Deutschen Welle zur Beendigung der Rahmenverträge war für Insider abenteuerlich. So wurde im Falle von Wang Fengbo behauptet, dass er über zu geringe Erfahrungen mit Online-Journalismus verfüge. Dabei gehörte Wang zu den Gründungsmitgliedern des chinesischen Online-Teams der Deutschen Welle und galt unter den chinesischen Kollegen als einer der besten Autoren.

Wang und Zhu scheiterten auf beiden Instanzen. Die Begründung des Landesarbeitsgerichts in Köln, die Klage der beiden zurückzuweisen, mutet besonders bizarr an. Die Richterin verwies in der »Verhandlung auf das Gutachten von Ulrich Wickert, das die 2008 erhobenen Vorwürfe gegen die China-Redaktion als haltlos zurückgewiesen hatte. Dass sich die Deutsche Welle dieser Beurteilung angeschlossen habe, spreche gegen eine Diskriminierung aus weltanschaulichen Gründen.«[20] Hier hat die Richterin ihre Hausaufgaben nicht gemacht. Zwar hat die Deutsche Welle dem Wickert-Gutachten nicht widersprochen, ansonsten aber auf ganzer Linie vor den Kritikern kapituliert. Dass sie einen Zensor für die China-Redaktion installierte, war das deutlichste Zeichen.

Einen echten Skandal sehe ich in einer weiteren Ausführung der Richterin: »Für eine Nicht-Weiterbeschäftigung könne es ausreichen, dass der Sender als eine Anstalt des öffentlichen Rechts nur die Annahme hege, der betreffende Mitarbeiter sei Kommunist oder Anhänger des Nationalsozialismus.« Das muss man sich auf der Zunge zergehen lassen. Das bedeutet, dass der Arbeitgeber keinen Nachweis liefern muss, dass ein Mitarbeiter ein extremistisches Gedankengut hegt. Der Verdacht reicht aus, um ihn zu entlassen. Der Mitarbeiter müsste selber nachweisen, dass dies nicht der Fall ist. Also eine Beweisumkehr.

Einen anderen Skandal sehe ich in der Zensurpraxis der China-Redaktion nach der Kampagne 2008. Nie hätte ich es für möglich gehalten, dass die Deutsche Welle der Forderung des Autorenkreises der Republik nach einem externen »diktaturimmunen« Beobachter tatsächlich folgen würde. Der Zensor war Jörg-Meinhard Rudolph, Sinologe und Dozent am Ostasieninstitut der Hochschule Ludwigshafen am Rhein. Er durchforstete jeden Tag gegen Honorar alle Beiträge der chinesischen Seite der Deutschen Welle, um sie auf die Meinung hin zu überprüfen.

Einige seiner Kommentare waren allerdings beleidigend und sogar rassistisch. Eine typische Bemerkung war: »Dieses Thema soll kein Kollege behandeln, der auf dem Festland sozialisiert ist.« Mit anderen Worten: Diejenigen, die in Festland-China geboren und aufgewachsen sind, haben so viel Gift mit der kommunistischen Muttermilch aufgesaugt, dass aus ihnen niemals qualifizierte Journalisten werden können, die westlichen Standards entsprechen. Bei ihnen liegt quasi eine prochinesische Haltung im Blut. Nebenbei bemerkt: Die chinesischen Dissidenten sind allesamt in China geboren und groß geworden.

Das Ergebnis dieser Praxis: Es herrschte eine Atmosphäre der blanken Angst in der China-Redaktion, dass sich ein in den Augen von Rudolph falsches Wort negativ auf die berufliche Laufbahn der Kollegen auswirken könnte. Die vier erwähnten Kollegen wandten sich daraufhin an den Personalrat der Deutschen Welle. Der bestätigte den Vorwurf der Zensur. Aber statt die Zensur zu beenden, hat die China-Redaktion die Zusammenarbeit mit den vier Kollegen beendet. Und die schändliche Praxis der Zensur setzte sich fort. Sie fand erst ihr Ende, als Peter Limbourg 2014 als neuer Deutsche-Welle-Intendant antrat.

Noch etwas Skandalöses während der Kampagne wurde kaum thematisiert: die Sippenhaft. Bereits in ihrem ersten offenen Brief an den Bundestag haben die chinesischen Dissidenten die familiären Verbindungen der Mitarbeiter der China-Redaktion zum chinesischen Staat beleuchtet. Das löste bei mir eine Art Fremdschämen über das Niveau der Dissidenten aus. Die Sippenhaft war eine Praxis des feudalen Chinas und Nazi-Deutschlands. So etwas hat im Deutschland des 21. Jahrhunderts nichts mehr zu suchen, dachte ich. Doch ich irrte.

Am 27. Oktober 2008 wurde in der Sendung *Kultur heute* des *Deutschlandfunks* ein Beitrag mit der Überschrift ausgestrahlt: *Verdacht des Gefälligkeitsjournalismus – Berichterstattung der Deutschen Welle über China in der Kritik*. Autor war Frank Hessenland. Nachdem er ein paar Unterschiede zwischen der deutschen und der chinesischen Seite der Deutschen Welle dokumentiert hat – wobei er nicht zu wissen schien, dass die chinesische Seite nicht einfach nur die deutsche Seite übersetzen sollte –, übernahm Hessenland eins zu eins die Rechercheergebnisse der Dissidenten: Unter den Mitarbeitern der China-Redaktion sind die »Ehefrau des ersten Sekretärs der Botschaft der Volksrepublik, die Ehefrau eines Abteilungsleiters im chinesischen Außenministerium, die Tochter des stellvertretenden Vorsitzenden des Nationalrats zur Förderung des Handels und die Tochter des ehemaligen Kulturattachés der Botschaft«.[21]

Abgesehen davon, dass diese Liste mit Fehlern behaftet ist, was hat der Beruf der Vätergeneration mit uns zu tun? Völlig zu Recht beschwerte sich Erik Bettermann in einem vorliegenden Brief beim Intendanten des *Deutschlandfunks*. In meiner Erinnerung wurde der China-Redaktion über den Inhalt folgendermaßen in Kenntnis gesetzt: Herr Bettermann habe angeführt, dass es sehr als bedenklich sei, dass der DLF den familiären Hintergrund einiger Mitarbeiter und Mitarbeiterinnen der China-Redaktion der Deutschen Welle aufgreift und in undifferenzierter Form die Herkunft bzw. die Parteizugehörigkeit der Elterngeneration zur Beurteilung herangezogen würde. Er verwahre sich gegen solche Methoden, da es sich gerade in Deutschland verböte nach dem Prinzip der Sippenhaft Kinder für mögliche politische Verfehlungen ihrer Eltern haftbar zu machen.

Wie frei ist die Meinung in Deutschland?

Nachdem sich der Pulverrauch der Kampagne Ende 2008 verzogen hatte, nahm der Journalist Jens Berger im Onlinemagazin *Heise.de* das Theater unter die Lupe und stellte in einem Artikel die Frage: *Wie frei darf die freie Meinung sein?*[22] Presse- und Meinungsfreiheit scheinen nur dann wirksam zu sein, schreibt er, wenn sie der herrschenden Meinung entsprechen. Die herrschende Meinung über China war, dass es ein böses Land ist, in dem Menschenrechte mit Füßen getreten werden. Ein differenziertes Bild ist nicht erwünscht. Dass ich in der *Kontrovers*-Sendung des *Deutschlandfunks* die These vertrat, dass die Überwindung der Armut für 400 Millionen Chinesen eine der größten Menschenrechtsverbesserungen der jüngeren Zeit sei, ist für Jens Berger »der eigentliche Sinn einer Rundfunk-Diskussionssendung«. Aber für Journalisten der *Berliner Zeitung* und den »Chinakenner« Dieter Wiefelspütz »war so viel ›freie Meinung‹ nicht zu ertragen«.

Dass die Deutsche Welle 10 000 Online- und Hörfunkbeiträge des chinesischen Programms ins Deutsche zurückübersetzen ließ, veranlasst Jens Berger zum treffenden Kommentar: »Was dies die Steuerzahler kostet, darüber schweigen die Beteiligten.« Nachdem Berger die Kampagne hat Revue passieren lassen, schließt er: »Die mediale Posse hinterlässt ein flaues Gefühl im Magen. All zu leicht lassen sich Journalisten und Politiker von interessengetriebenen Exilanten für ihre Ziele einspannen ... Der Deutschen Welle ist vor allem vorzuwerfen, dass die sich nicht offensiv vor ihre Mitarbeiter gestellt und deren Recht auf freie Meinungsäußerung verteidigt hat. Die Meinung ist nur dann frei, wenn sie richtig ist.«

Jan-Philipp Hein, Sabine Pamperrien und Stephan Eisel wurden für dieses Buch um eine Stellungnahme gebeten. Keiner der drei hat auf diese Bitte reagiert.

Kapitel 3

Herden- und Haltungsjournalismus – wie die Meinung gelenkt wird

Täglich wird in den deutschen Medien eine neue Sau durchs Dorf getrieben. Was aber mit den alten »getriebenen Säuen« passiert, interessiert weder die Kampagnentreiber noch die Dorfbewohner (also das Publikum). Als ich dran war, bin ich einigermaßen glimpflich davongekommen. Bis auf die Anfangsphase, in der ich Sorgen um mich und vor allem um das Leben meiner Kinder hatte – insbesondere, als im *ZEIT*-Forum Todesdrohungen gegen mich gepostet wurden –, ging es mir nicht schlecht. Ich bezog ein Gehalt für leitende Angestellte, trug aber keinerlei Verantwortung mehr. Ich hatte mehr Zeit für meine Kinder. Nach Feierabend konnte ich endlich ganz abschalten. Man gewöhnt sich an alles, auch an tägliche Angriffe in den Medien. Wenn ich meinen Namen in den Zeitungen las, dachte ich manchmal, es handle sich um eine andere Person. Ich lebte nach der chinesischen Weisheit: Ein totes Schwein scheut kein kochendes Wasser. Doch die langfristigen Auswirkungen konnte ich vorerst nicht ahnen.

Drei Jahre »Hausarrest« – Folgen der Kampagne

Den *SZ*-Artikel von Hans Leyendecker, der Ende März 2009 erschien, las ich bereits als Redakteurin der Wirtschaftsredaktion, in die ich nach der »Causa Zhang« gewechselt war. Redaktionsleiter Karl Zawadzky sagte damals zu mir: »Nun muss sich Herr Bettermann bei Ihnen entschuldigen.« Sich für Fehlentscheidungen zu entschuldigen, ist in der deutschen Politik allerdings längst aus der Mode gekommen. Da ich in Erik Bettermann, dem Intendanten der Deutschen Welle, auch immer einen Politiker sah, erwartete ich nicht mal ein bedauerndes Wort. Und zu meiner alten Position in der China-Redaktion zurückzukehren, kam weder für die Deutsche-Welle-Leitung noch für mich persönlich infrage. Zu sehr war ich in der Wirtschaftsredaktion damit beschäftigt, meinen Horizont zu erweitern und Deutsch zu meiner ersten Arbeitssprache zu hieven. Ansonsten dachte ich, dass die Hausleitung mich nicht mehr wie eine Aussätzige behandeln würde, was konkret bedeutet, dass ich meine Karriere als China-Expertin fortsetzen könnte.

Aber ich irrte. Die Deutsche Welle hat mich nicht wieder auf die Liste der Regional-Experten gesetzt. Eine Konsequenz aus der »Causa Zhang« war, dass alle Mitarbeiter von nun an um die Erlaubnis der Intendanz bitten mussten, wenn sie an Podiumsdiskussionen teilnehmen oder eine Veranstaltung moderieren sollten. Wenn ich das tat, stieß ich immer auf Ablehnung mit der Begründung: Die »Causa Zhang« sei noch viel zu frisch. Darüber solle erst einmal Gras wachsen.

Aber es war rührend, wie Freunde versuchten, mir zu erneuten öffentlichen Auftritten zu verhelfen. Wie etwa Volkmar Hansen, seinerzeit der Direktor des Goethe-Museums in Düsseldorf. Im Sommer 2009 lud er mich anlässlich des 260. Geburtstages von Johann Wolfgang von Goethe zu einem Vortrag über die Goethe-Rezeption in China ein und schrieb einen ausführlichen Brief an den Intendanzleiter. Obwohl das Thema völlig unpolitisch war, wurde sein Ersuchen abgelehnt.

Wegen eines anderen Anliegens erhielt ich im Oktober 2009 eine E-Mail von Michael Münz, einem Kollegen von der Intendanz der Deutschen Welle:

»Liebe Frau Zhang,
wir haben die Anfrage eines Veranstalters erhalten, Sie für eine Konferenz als Vertreterin der Deutschen Welle zu entsenden. Ich habe mitgeteilt, dass wir Sie weiterhin nicht als Expertin vermitteln. Wir wollen verhindern, dass Sie erneut im Mittelpunkt einer medialen Aufmerksamkeit stehen. Der Intendant teilt die Auffassung, dass Sie öffentliche Auftritte nicht wahrnehmen sollten. Dies gilt auch für vermeintlich ›private‹ Auftritte. Nach den Ereignissen des vergangenen Jahres ist eine Trennung zwischen dienstlich und privat in Ihrem Fall kaum zu vermitteln. Vor diesem Hintergrund möchte ich Sie bitten, Anfragen, die direkt an Sie gehen, ebenfalls abzulehnen und an mich weiterzuleiten. Wir treten dann mit den entsprechenden Personen in Kontakt.«

Ich sollte also von mir aus ablehnen. Einmal schickte die Intendanz eine mit mir befreundete Kollegin zu mir. Sie bat mich, bei Anfragen direkt Nein zu sagen und den Ball nicht an die Intendanz zu schieben. Sie gab mir Tipps, dass ich beispielsweise sagen könnte, dass meine Tochter krank sei und ich die Einladung deshalb nicht annehmen könne. Den Gefallen tat ich der Deutschen Welle nicht und sagte immer den Anfragenden, sie sollen sich die Erlaubnis bei der Intendanz holen. Die Intendanz sollte ruhig immer wieder daran erinnert werden, dass es unanständig war, mir meine Meinungs- und Redefreiheit zu nehmen. Dieser Zustand eines weichen »Hausarrests« dauerte ganze drei Jahre.

Im September 2011 rief mich dann Jan Thies von der Redaktion *Talk in Hangar-7* bei *Servus TV* an: Er wolle mich zu einer Sendung zum Thema *China – mit Geldmacht zur Weltmacht?* einladen. Ein Wunsch, dem ich zu gern Folge leisten wollte. Aber ich verwies auch ihn auf mein Auftrittsverbot und riet ihm, es bei der Intendanz zu versuchen. Auf eine sehr ausführliche Mail zum Inhalt und Format der Sendung, dem Sender selbst und der ausdrücklichen Einladung meiner Person antwortete Michael Münz für die Intendanz ausweichend:

»Sehr geehrter Herr Thies,
vielen Dank für Ihre Anfrage. Gern unterstützen wir *Servus TV* mit einer Expertin/Experten zum Thema China. Eine Auswahl der in Frage kommenden Kolleginnen und Kollegen bei diesem Thema haben wir im Pressebereich eingestellt. Hier der direkte Link zu unseren Asien-Expertinnen und -Experten.«

An mich schrieb Münz:
»Eine Deutsche-Welle-Beteiligung an der Talkshow stellen wir grundsätzlich in Frage. Hintergrund ist, dass man auch Prof. Rudolph angefragt hat. Sollte sich die Teilnahme von Herrn Rudolph bestätigen, werden wir keine Deutsche-Welle-Mitarbeiter entsenden. Im Telefonat sagte mir der Redakteur von *Servus TV*, dass er sich von Ihrer und Prof. Rudolphs Teilnahme eine kontroverse Diskussion verspreche. Ich habe dies merkwürdig empfunden und auch entsprechend kommentiert. Auf die Frage, welche Antwort er von Ihnen kriegen würde, würde er Sie persönlich nach einer Teilnahme fragen, habe ich gesagt, dass Sie nicht wollen. Mein Hintergrund: Der Intendant hatte Ihnen damals öffentliche Auftritte untersagt. In unserem Telefonat hatte ich nicht den Eindruck, dass Sie dies in Frage stellen. Zumal Sie sagten, dass die Entscheidung über eine Teilnahme in der Intendanz falle. Über solche Entscheidungswege in der Deutschen Welle muss ich einen Externen aber nicht ausführlich informieren.

Zusammenfassend bitte ich Sie:

Sagen Sie *Servus TV* mit der Begründung ab, dass Sie nicht wollen.«

Professor Rudolph war jener freie Mitarbeiter, der im Auftrag der Deutschen Welle Sprachregelungen kontrollierte, also eigentlich ein Zensor. Über ein solches Schreiben konnte ich nur bitter lachen. Die Deutsche Welle schnitt mir auch drei Jahre nach der Kampagne die Redefreiheit ab, obwohl ich nachweislich keinen Fehler begangen hatte und die Deutsche Welle an der Eskalation der »Causa Zhang« eine gehörige Portion Mitverantwortung trug. Da die Hausleitung dies nicht offen kommunizieren konnte oder wollte, wollte sie mich zwingen, Unwahrheiten zu sagen. Das unlautere Spiel wollte ich diesmal nicht mehr mitspielen. Ich schrieb Münz folgende Mail:

»Heute Abend schrieb mir Herr Thies eine Mail und berichtete, dass laut Ihrer Aussage ich selber kein Interesse hätte, an der China-Sendung teilzunehmen. Dem ist aber nicht so. Ich habe Ihnen in unserem Gespräch deutlich signalisiert, dass ich fachlich, sprachlich und rhetorisch besser gerüstet bin als vor drei Jahren, dass es meiner Meinung nach an der Zeit ist, die Normalität wieder einkehren zu lassen. Jetzt wiederhole ich meinen Wunsch noch einmal, diese Sendung zum Anlass zu nehmen, um meinen ›Hausarrest‹ zu beenden.

Sie sagten mir am Telefon, dass Sie mich gerne bei einer Wirtschaftsdiskussion als Moderatorin empfehlen würden, aber als China-Expertin ..., da würden Sie noch paar Jahre Gras über dem Ganzen wachsen lassen. Nur, mein Wert für die deutsche Öffentlichkeit liegt in meiner China-Expertise. Wenn es um die Schuldenkrise oder sonst was geht, habe ich eine Reihe muttersprachlicher Kollegen, die das auf Deutsch viel besser machen würden. Außerdem möchte ich gerne wissen, was ›paar Jahre‹ bedeutet. Ich bitte die Intendanz, mir schriftlich zu geben, wie lange das Auftrittsverbot für mich noch gilt und warum.

Sie widersprachen ferner meinem Eindruck, dass die Affäre 2008 für die Außenwelt längst vergessen sei. Sie sagten, Pamperrien und Hein hätten sich nicht weiterentwickelt und dass ich weiter unter ihrer Beobachtung sei. Selbstverständlich würden die beiden eine sichere Einnahmequelle nicht einfach aus der Hand geben. Wenn die Hausleitung wartet, bis die beiden das Interesse an mir verlieren, dann könnte sie mir auch gleich einen lebenslänglichen Maulkorb verpassen. Nur würde ich gerne in diesem Fall eine schriftliche Begründung haben. Bei jeder Anfrage zu sagen, dass Frau Zhang selber kein Interesse hätte, finde ich nicht fair.

Ich glaube nicht, dass ich eine Gefahr für die Deutsche Welle darstelle. In der China-Redaktion sehe ich eher einen Risikofaktor, da sie mit ihrer Zensurpraxis den Ruf der gesamten Deutschen Welle schädigt.«

Gleichzeitig wandte ich mich an die Gewerkschaft ver.di, bei der ich damals noch Mitglied war. Nach einem ausführlichen Gespräch mit Rolf Kluge, dem stellvertretenden ver.di-Chef in Bonn, schrieb dieser folgenden Brief an den Intendanten:

»Mir war nicht bekannt, dass man Frau Zhang seit den Vorgängen in 2008 keinerlei Genehmigung mehr für Nebentätigkeiten, die mit öffentlichen Auftritten verbunden sind, erteilt hat. Selbst höchst unpolitische Tätigkeiten wie ein Vortrag *Goethe und China*, um die Prof. Dr. Volkmar Hansen von der Heinrich-Heine-Universität in Düsseldorf im Sommer 2009 bat, wurden ihr verweigert.

Der vermeintliche Wille der Deutschen Welle, Frau Zhang jegliche öffentlichen Auftritte zu verwehren, kann meines Erachtens keine Lösung sein. Falsche Auskünfte gegenüber Anfragenden (Frau Zhang hat kein Interesse an der Sendung) oder die Empfehlung einer Kollegin, die ihr im Auftrag der Intendanz ausrichten sollte, dass sie ja auch einen Grund finden könnte, um selber abzusagen, zum Beispiel ihre Tochter sei erkrankt, können nicht weiterhelfen. Anfragende stellen eigene Vermutungen an, sind verärgert und fragen zunehmend bei Absagen durch die Deutsche Welle direkt bei Frau Zhang nach.

Selbst wenn Frau Zhang – entgegen den Äußerungen von Herrn Wickert in dessen seinerzeitigen Stellungnahme – einen Fehler begangen hat, muss nach drei Jahren wieder Normalität erreicht werden können. Ich wäre Ihnen sehr verbunden, wenn Sie in dem in Kürze anberaumten Gespräch mit Frau Zhang einen Weg der Verständigung über ihre außerdienstlichen Nebentätigkeiten finden würden. Einen Streit über die Nebentätigkeiten halte ich jedenfalls wegen des öffentlichen Interesses für nicht gewinnbringend.«

Als ich kurz danach, im Oktober 2011, bei Intendant Bettermann im Büro saß, tat er sehr überrascht: Er wisse nicht, dass die Kollegen der Intendanz mich so behandelt hätten. Wenn Politiker oft auch hauptberuflich Schauspieler sind, dann ist Bettermann ein besonders vorzüglicher Schauspieler. Dass die Intendanz in meinem Fall alles mit dem Intendanten abgesprochen hat, haben mir die Kollegen immer wieder bestätigt. Ich tat dann so, ab nähme ich ihm die Verwunderung ab. Ich sagte, dass ich kein Interesse mehr an öffentlichen Auftritten in Deutschland habe, dafür aber gerne nebenberuflich Kolumnistin für chinesische Medien werden möchte. Das heißt, in dem Bereich, in dem die Deutsche Welle panische Angst hatte, trat ich einen Schritt zurück; dafür wollte ich in einem anderen Bereich mehr erreichen. Als fester Deutsche-Welle-Mitarbeiter darf man eigentlich kein Kolumnist für ein anderes Medium sein – wegen eines potenziellen Interessenkonflikts. Aber in einer anderen Sprache für Medien aus einem anderen Land schreiben? Zu meiner Überraschung sagte Bettermann sofort zu. Zum Zeitpunkt des Gesprächs hatte ich bereits ein Angebot von *Caixin*, einer renommierten Wirtschafts- und Finanzseite mit Sitz in Peking, in der Tasche, eine wöchentliche Kolumne über die Eurokrise zu verfassen. Andere Aufträge folgten. Jahre später schrieb ich das Buch *Von Karl dem Großen bis zum Euro – über den europäischen Einigungstraum* für den chinesischen Markt und es folgte ein weiteres Buch.

Der »Hausarrest« war zwar beendet, der Kampf für die Freiheit dagegen öffnete mir aber die Augen, dass meine Zukunft nicht mehr in Deutschland, sondern in China lag. Dort hatte mir die Affäre 2008 einen hohen Bekanntheitsgrad und viel Sympathie eingebracht. Ganz allmählich ebnete mir das Gespräch mit Bettermann den Weg zurück nach China. Soll ich den beiden Journalisten Sabine Pamperrien und Jan-Philipp Hein und der Falun-Gong-Anhängerin Xu Pei dafür dankbar sein?

Noch ein weitere Veränderung habe ich an mir beobachtet: Seit 2008 achtete ich besonders auf Medienkampagnen und verfolgte auch das Schicksal der Kampagnenopfer. Nicht alle haben so viel Glück wie ich.

Christopher Jahns – ein weiteres Kampagnenopfer

Christopher Jahns, Jahrgang 1969, war ein Überflieger in Business und Wissenschaft. Professor schon in seinen früheren Dreißigern, Fachmann für Lieferketten und Logistik. 2006 wurde er Rektor und später auch Geschäftsführer der privaten European Business School (EBS). Anfang 2009 wurde Jahns in das Forum der Young Global Leaders des Weltwirtschaftsforums in Davos gewählt.

2011 endete seine Karriere abrupt, weil gegen ihn Vorwürfe im Umgang mit Fördergeldern erhoben wurden. »Die Staatsanwaltschaft Wiesbaden prüft, ob sich Jahns der Untreue schuldig gemacht hat. Ihm wird vorgeworfen, nicht sauber genug zwischen seiner Tätigkeit als Hochschulleiter und privaten Geschäftsinteressen zu trennen. Mehrere Professoren der EBS hatten ihn zum Rücktritt aufgefordert«, berichtete die *FAZ* im März 2011.[1] Nach einem jahrelangen Verfahren haben sich die Vorwürfe als nicht haltbar erwiesen.

Laut einem Bericht der *Süddeutschen Zeitung* wurde Jahns Opfer seines eigenen Erfolgs und seiner zahlreichen Feinde. »Man bewarf sich reichlich mit Schmutz. ... Am Ende einer langen Kette von Intrigen aus der Professorenschaft, von Durchstechereien und mindestens zwei anonymen Strafanzeigen stand Christopher Jahns auf einmal unter Untreueverdacht«, schrieb die *Süddeutsche Zeitung* im Februar 2020.[2]

Bei der Aufzählung der *SZ* fehlen die Journalisten, die die Story der Untreue willfährig aufgriffen. Es wird schließlich nicht strafrechtlich verfolgt, über unbewiesene Dinge zu berichten. Zivilrechtlich zwar schon. Aber die Journalisten setzen offenbar auf ein chinesisches Sprichwort: Das Gesetz bestraft nicht die Masse. Das heißt: Je mehr dasselbe berichten, desto geringer wird das Risiko, vom Betroffenen belangt zu werden. Man könnte ja immer auf andere verweisen. Warum soll der Spruch »Schadenfreude ist die schönste Freude« nicht auch für Journalisten gelten? »Traf es nicht die Richtigen? Der EBS eilte schon immer der Ruf voraus, ein Ort für reiche Töchter und Söhne zu sein, für privilegierte Karrieristen, die später bei McKinsey landen und Konzernen den Stellenabbau organisieren. Und dann war dieser Präsident, der um die Welt fliegt und lieber beim Weltwirtschaftsforum unter den Mächtigen weilt, als sich um die Qualität der Lehre in Oestrich-Winkel zu kümmern. Der Professoren in Seminaren schuften lässt und mit einem undurchsichtigen Firmengeflecht im Rücken prestigeträchtige Projekte anstößt, für die vor allem er Ruhm und Ehre abbekommt«, schreibt die *Süddeutsche* weiter. Bei einem so erfolgreichen Mann kann doch nicht alles mit rechten Dingen zugegangen sein.

Beim Fall Christopher Jahns gehen Medienkampagne und Justizskandal Hand in Hand. Im Frühjahr 2011 klingelte die damalige

Wiesbadener Oberstaatsanwältin Gabriele Türmer bei Jahns. Sie hatte einen Haftbefehl in der Tasche. Festnahme wegen Verdunkelungsgefahr, schreibt die *SZ*. »Und obschon er tags darauf unter Auflagen entlassen wurde, war das Desaster nicht mehr aufzuhalten: *EBS-Präsident in Haft*, so stand das überall im Netz und in den Zeitungen. Der damalige Sprecher der Staatsanwaltschaft äußerte sich so, dass der Leser glaubte, Jahns wäre schon überführt. So etwas fängt man nicht wieder ein.« Die Medienkampagne geht jetzt erst richtig los. Auch das sonst als seriös geltende *Handelsblatt* beteiligt sich an der Vorverurteilung. *Der tiefe Fall des Moralapostels* lautet die Überschrift eines ausführlichen Berichts vom 5. April 2011. Im Teaser ist zu lesen: »Er war einer der wichtigsten Verfechter eines Eids für Manager, der Gier abzuschwören. Nun musste Christopher Jahns, der Präsident der European Business School, ausgerechnet wegen einer Untreue-Affäre zurücktreten.«[3] Besteht an seiner Schuld noch irgendein Zweifel?

Bis dahin dachte ich, dass die Justiz bis zur Klärung aller Vorwürfe der Verschwiegenheit verpflichtet sei. Schließlich gilt immer noch das Unschuldsprinzip. Doch der Wiesbadener Staatsanwalt scheint es eilig zu haben, den bösen Manager zu entlarven. So heißt es im Bericht: »Staatsanwalt Ferse sagte dem *Handelsblatt*, man könnte schon jetzt Anklage gegen Jahns erheben. Die Staatsanwaltschaft wolle aber noch weitere Unterlagen auswerten, die am Montag bei den Durchsuchungen mitgenommen wurden. Das könnte sich noch Wochen hinziehen. Und die Anklageschrift am Ende wesentlich umfangreicher sein, als sie es heute wäre.«

Gibt es in der ganzen Schar der Journalisten denn keinen einzigen, der den Staatsanwalt für die Vorverurteilungen kritisiert und sich bei der eigenen Berichterstattung zurückhält? Aber im Mainstream-Becken zu schwimmen, fühlt sich so warm an, außerdem macht eine investigative Recherche zu viel Arbeit. Das gibt ein Journalistenalltag nicht her. Die Folgen für das Kampagnenopfer scheinen dabei niemanden zu interessieren. Nach mehr als vierzig Verhandlungstagen brach Jahns im Gerichtssaal zusammen. Er verlor alles: seinen Job, seinen Status und schließlich seine Gesundheit. Er litt unter schwerer Depression, verbrachte fünfzig Tage in der Berliner Charité und musste sich einer jahrelangen Psychotherapie unterziehen. Während der Zeit seiner Verhandlungsunfähigkeit unterstellte ihm die *Bild*-Zeitung, die Depression vorzutäuschen. So berichtete sie im August 2014 mit der Überschrift: *Zu krank fürs Gericht, gesund genug zum Feiern.*[4]

Obwohl sich kein Vorwurf als berechtigt erwies, ließ die Staatsanwaltschaft nicht locker. Einen Vorschlag des Gerichts, das Verfahren gegen Auflage einzustellen, wies die Staatsanwaltschaft im Frühjahr 2016 zurück. Sie wartete, bis Jahns wieder verhandlungsfähig war, und nahm 2020 das Verfahren wieder auf. »Jahns Verteidiger Alfred Dierlamm findet deutliche Worte. ›Es handelt sich längst nur noch um eine strafprozessuale Geisterfahrt, die mit dem Rechtsstaat nicht mehr viel zu tun hat‹, sagt er. ›Offenbar geht es nur noch darum, Christopher Jahns zu kriminalisieren‹«, schließt die *Süddeutsche*.

Die Geschichte endete mit einem halben Happyend: Gegen die Zahlung von 30 000 Euro wurde das Verfahren eingestellt. Jahns hat sich ins Leben zurückgekämpft und unter anderem die Unternehmensgruppe XU gegründet. Nur die *BILD*-Zeitung muss ein letztes Mal nachtreten und schreibt: *Verfahren gegen Jahns: Ex-EBS-Chef kauft sich mit 30 000 Euro frei.*[5]

Als der *ARD*-Mann Ulrich Wickert 2008 über die Causa Zhang recherchiert hatte, sagte er zum *SZ*-Reporter Hans Leyendecker: »Der Einblick war niederschmetternd.«[6] Dieser Satz gilt wohl für alle Medienkampagnen, die aus dem Nichts entstehen können.

Kampagnenjournalismus – das Gegenteil vom Qualitätsjournalismus

Der Journalist Vasco Boenisch hat sich mit diesem immer weiter grassierenden Phänomen im deutschen Journalismus auseinandergesetzt und darüber ein Buch geschrieben: *Strategie Stimmungsmache.*[7] Darin beschreibt er den Kampagnenjournalismus als eine komplexe, von einflussreichen Massenmedien eingesetzte Kommunikationsstrategie. Diese beinhaltet bestimmte journalistische Verfahrensweisen gepaart mit einer taktischen Vorgehensweise.

Was bezweckt Kampagnenjournalismus? Das Wissensportal Sciodoo erklärt das so: »Kampagnenjournalismus geht über das pure Beobachten und Beschreiben einer Situation hinaus. Der Journalist ergreift Partei. Das Presseorgan, für das er schreibt, wird damit zum einflussnehmenden Kommunikator, dessen Berichterstattung einen direkt oder indirekt formulierten Aufruf an andere beinhaltet, auf eine bestimmte Weise zu handeln.«

Das klingt etwas abstrakt. Nehmen wir das Beispiel von Ulrike Guérot. Bis 2021 war sie eine angesehene Europa-Wissenschaftlerin. Sie leitete unter anderem die Programmgruppe Europa bei der Deutschen Gesellschaft für Auswärtige Politik in Berlin, unterrichtete als Professorin an der Universität für Weiterbildung Krems und der Goethe-Universität Frankfurt. Sie ist Autorin von zahlreichen Sachbüchern wie *Warum Europa eine Republik werden muss* und *Der neue Bürgerkrieg*. Im September 2021 wurde sie Professorin für Europapolitik an der Universität Bonn. Wegen ihrer klaren Standpunkte zur Corona-Politik und zum Ukraine-Krieg wurde sie öfter zu Talkshows eingeladen und einer breiten Öffentlichkeit bekannt. Ihre Ansichten sowohl zur Pandemie als auch zum Krieg in der Ukraine weichen vom Mainstream ab. Beispielsweise bezeichnete sie die Bundesregierung wegen eines rasch eingeführten Corona-Lockdowns, der innerhalb von 72 Stunden in Kraft treten soll, als »semi-autoritär«[8]. Über den Ukraine-Krieg schrieb sie, dass der Krieg »ein lang vorbereiteter amerikanischer Stellvertreterkrieg ist«.[9]

Es war eine Frage der Zeit, bis die Haltungsjournalisten auf sie aufmerksam wurden. So berichtete die *Berliner Morgenpost* im Oktober 2022 über die streitbare Professorin mit der Überschrift *Ulrike Guérot: Wo die Politologin ist, ist Provokation.*[10] Der lange Bericht enthält eine Reihe von wertenden Worten, wie zum Beispiel: »An ihren kontroversen, teils trügerischen und manchmal unseriösen oder falschen Antworten scheiden sich die Geister.« Der Autor des Berichts scheint zwischen richtigen und falschen Antworten genau unterscheiden zu können. Wie anmaßend!

Auch die als seriös geltende *Frankfurter Allgemeine Zeitung* veröffentlichte im Juni 2022 einen Bericht, dessen Parteilichkeit bereits in der Überschrift offensichtlich wird: *Wie Ulrike Guérot die Wirklichkeit verdreht.*[11] Plagiatsvorwürfe werden hier als Tatsache dargestellt. Im Teaser wird Guérot als »eine Ikone der Querdenkerszene« bezeichnet. Erinnern wir uns an die Definition des Kampagnenjournalismus: Die »Berichterstattung beinhaltet einen direkt oder indirekt formulierten Aufruf an andere, auf eine bestimmte Weise zu handeln«. Hier ist ein Aufruf an die User formuliert: Schenkt Guérot keinen Glauben. Sie ist eine Querdenkerin und hat ein »gestörtes Verhältnis zur Wahrheit«. Die Dauermedienkampagne gegen Guérot blieb nicht ohne Folgen. Im Februar 2023 trennte sich die Universität Bonn von ihrer Professorin.

Wenn jemand wie Guérot ein Dutzend Bücher und Hunderte Artikel verfasst hat, ist es wahrscheinlich nicht schwer, in ihren Schriften Fehler zu finden. Wen die Plagiatsjäger dabei besonders im Auge halten, hat Harry Nutt im Februar 2023 in einem Artikel in der *Berliner Zeitung* erläutert: »Die Umtriebe von Plagiatsjägern … sind stark an die Konjunkturen der Aufmerksamkeit für Politiker und Prominente geknüpft. Mit der gesellschaftlichen Fallhöhe steigt die Gefahr, mit einer Publikation ins Visier der selbsternannten Verteidiger des geistigen Eigentums anderer zu geraten.«[12]

Auch Guérot selber sieht einen Zusammenhang zwischen dem Ende ihrer Tätigkeit an der Universität Bonn und ihren Äußerungen zu Corona und Ukraine-Krieg: »Die Universität Bonn hat sich eine Woche nach Erscheinen meines Buches *Endspiel Europa* im Oktober 2022 öffentlich von mir distanziert, was ein sehr unüblicher Vorgang und einmalig in der deutschen Universitätsgeschichte ist. Im Februar 2023 wurde mir dann wegen vermeintlichem ›Plagiat‹ gekündigt, obgleich mir universitätsintern noch im Juli 2022 gesagt wurde, man habe die im Juni 2022 in der *FAZ* erhobenen Vorwürfe geprüft, das ›sei ja nicht viel‹ und bestenfalls eine Rüge wert«, schreibt sie mir in einem Interview. Verschiedene Autoren haben in einem Buch zum Thema *Der Fall Guérot*[13] versucht, den Fall kritisch zu beleuchten, und legen nahe, dass die »Plagiate« nur ein vorgeschobener Kündigungsgrund sind. Am 24. April 2024 hat das Arbeitsgericht Bonn die Kündigungsschutzklage von Ulrike Guérot in erster Instanz abgewiesen. Sie hat dagegen Berufung eingelegt. Die Verhandlung am Landesarbeitsgericht Köln dürfte im Frühjahr 2025 stattfinden.

Kampagnenjournalismus könnte man gleichsetzen mit medialen Hetzjagden, die eine Person als Ziel haben können oder auch ganze Gruppen oder Parteien. Die deutschen Mainstream-Medien haben in der politischen Parteienlandschaft immer ihren Lieblingsfeind: Einst waren es die Grünen, dann jahrelang die FDP, die inzwischen aber den Staffelstab an die AfD weitergeben durfte.

In Zeiten der medialen Kriegserklärung gegenüber der AfD kann man sich der vollen Aufmerksamkeit der Presse sicher sein, wenn man die Verachtung der rechten Partei öffentlich zur Schau stellt. Hier nur zwei von vielen Beispielen: Ende 2017 sorgte die »Tafel Sonneberg« für Aufsehen. Die von der Diakonie betriebene Tafel im thüringischen Städtchen Sonneberg hat eine

Spende des AfD-Bundestagsabgeordneten Anton Friesen in Höhe von 100 Euro zurückgewiesen und diese Entscheidung in einem Schreiben begründet. »›Das Menschenbild von Diakonie und Kirche ist mit dem der AfD nicht vereinbar und wir möchten uns klar davon abgrenzen.‹ Die Spende wurde in bar zurückgeschickt.«[14] Wer hat bis dato von Sonneberg mit weniger als 20 000 Einwohnern gehört? Aber mit diesem »Virtue Signaling«, der Unterscheidung von guten und schlechten Spenden, hat es das Städtchen in die Schlagzeilen geschafft.

Ebenfalls Ende 2017 erklärte Peter Fischer, der Präsident von Eintracht Frankfurt, der *Frankfurter Allgemeinen Zeitung,* es könne niemand bei Eintracht Vereinsmitglied sein, der die AfD wähle.[15] Vom *Deutschlandfunk* bis zur *Welt,* die Medien feierten Fischer als einen antirassistischen Helden. Seitdem sitzt er in Fernsehstudios, hält auf Demonstrationen Reden, die über Phrasen in einer Vulgärsprache nicht hinausgehen.[16] Trotzdem wird er als Vorbild im Kampf gegen rechts zelebriert. *Eintracht-Präsident Fischer macht vor, wie es richtig geht,* titelte die *Frankfurter Rundschau* im August 2020.[17] Kein einziger Journalist hat thematisiert, ob die Entscheidung von Fischer, keine AfD-Wähler aufzunehmen, problematisch sei. Denn das Wahlverhalten ist reine Privatsache und Wahlen sind übrigens auch geheim, wie es in der Verfassung garantiert ist. Man muss die AfD nicht mögen, aber die Aufgabe der Presse ist es nicht, Kampagnen zu führen oder gar in Wahlkabinen herumzuschnüffeln, sondern den Leser zu informieren.

Der Journalist schlüpft hier, wie so oft, in die Rolle eines Volkserziehers. Durch so eine einseitige und tendenziöse Berichterstattung soll das Volk wissen, dass die AfD eine böse, unwählbare Partei sei. Die Wirkung fällt dabei allerdings oft kläglich aus. Es kann gut sein, dass die Journalisten die AfD erst hochgeschrieben haben. Hier geht es mir nicht darum, eine Partei wie die AfD, die sich immer weiter nach rechts radikalisiert, in Schutz zu nehmen, sondern um das Recht der Leser, ungefilterte und sachliche Informationen zu bekommen. Ein Urteil können sie sich selber bilden.

Jeder, der Journalist werden möchte, lernt: Als Journalist ist man der Wahrheit verpflichtet, nichts anderem als der Wahrheit. Die Kriterien für einen Qualitätsjournalismus formuliert die Deutsche Journalistenakademie so:

»Wahrhaftigkeit; Sorgfalt bei Recherche und Dokumentation; Sachlichkeit bei der Berichterstattung; Unparteilichkeit im Konfliktfall; Argumentation statt Meinungsinflation; Ausgewogenheit, Unabhängigkeit und Unbestechlichkeit; Vertraulichkeit.«[18]

Kampagnenjournalismus aber zielt darauf, die öffentliche Meinung in eine Richtung zu lenken. Die Journalisten ergreifen offen Partei für eine Seite, selektieren die Informationen und picken nur den ihrer Argumentation nützlichen Teil heraus. Sie schlüpfen dabei in die Rolle des Erziehers, des Warners und des Entlarvenden. Mit Wahrhaftigkeit, Sachlichkeit, Unparteilichkeit, Ausgewogenheit und Unabhängigkeit hat der Kampagnenjournalismus nichts mehr zu tun, deshalb ist er das Gegenteil vom Qualitätsjournalismus. Und ein Grund für den schlechten Ruf der Presse.

Herdenjournalismus – mit dem Strom schwimmen ist am sichersten

»Nur tote Fische schwimmen mit dem Strom.« Das erste Mal, als ich den Spruch hörte, war 2008, mitten in der Affäre »Causa Zhang«. Ein Kollege versuchte, mir damit Respekt zu zollen, Trost zu spenden und Mut zuzusprechen, das Theater durchzustehen. Darin liegt tatsächlich ein unausgesprochener Appell, sich seine eigene Meinung zu bilden, sie auch zu artikulieren und sich gegebenenfalls gegen den Mainstream zu positionieren, also gegen den Strom zu schwimmen. Doch das ist leichter gesagt als getan und in der Realität oft waghalsig. Aber wenn sich immer weniger Journalisten trauen, aus der Reihe zu tanzen und nahezu alle Mainstream-Journalisten ähnlich berichten und kommentieren, das ist Herdenjournalismus.

Im Herdenjournalismus wird nicht nur der Korridor für die Meinungsfreiheit verengt, darunter leidet auch die Themenauswahl – wie am Beispiel China oft zu erkennen ist. Wenn ein chinesischer Menschenrechtsaktivist oder Bürgerrechtsanwalt verhaftet oder zu Gefängnisstrafe verurteilt wird, kann man sicher sein, dass alle überregionalen Medien in Deutschland darüber berichten. Wer das nicht tut, steht unter Rechtfertigungsdruck. Das führt zu einer Reflexreaktion der Redakteure, das zu einem Muss-Thema zu erklären. Andere chinabezogene Themen fallen dann dahinter zurück, selbst wenn sie in der Relevanz-Skala weit höher stehen.

Zum Herdenjournalismus gehört noch ein drittes Phänomen: Immer mehr Journalisten steigen ohne gründliche Recherche auf dasselbe Thema ein. Ich greife noch mal meinen eigenen Fall auf. Im Laufe der Kampagne beteiligten sich immer mehr Journalisten an der Diffamierung meiner Person und des China-Programms der Deutschen Welle und übernahmen die einseitige Darstellung des Autorenduos Hein/Pamperrien als Fakten. Auch im Falle von Christopher Jahns sprangen immer mehr Journalisten auf den Zug, obwohl sich die Vorwürfe gar nicht erwiesen haben. Im Falle von Ulrike Guérot wiederholt sich das Muster. Nach zwei oder drei Berichten der Empörung über ihre Aussagen stimmen immer mehr Journalisten in den Chor ihrer Kritiker ein. Und während die Universität Bonn die Plagiatsvorwürfe gegen Guérot noch überprüfte, bescheinigte ihr die *Frankfurter Allgemeine Zeitung* bereits »ein gestörtes Verhältnis zur Wahrheit«.[19] Warum verhalten sich Journalisten so unprofessionell, ja gar unverantwortlich? Sie tun es meist nicht aus Bosheit, sondern weil sie damit ihre richtige Haltung zeigen wollen. Sie pflegen das, was man »Haltungsjournalismus« nennt.

Haltungsjournalismus – im Namen der Haltung ist (fast) alles erlaubt

Ein bekanntes chinesisches Sprichwort lautet: Eine helle Haut lässt hundert Unvollkommenheiten vergessen. Das können sich deutsche Frauen, die ins Sonnenstudio gehen, um sich bräunen zu lassen, nicht vorstellen. Im Reich der Mitte aber gilt helle Haut immer noch als vornehm und schön und rückt die Unvollkommenheiten wie eine zu flache Nase oder zu kleine Augen in den Hintergrund. An dieses Sprichwort erinnert mich der Haltungsjournalismus, der ebenfalls nach dem Motto arbeitet: Solange die Haltung stimmt, ist alles andere zweitrangig.

Jeder Journalist weiß, was eine gute Haltung ausmacht: Die Grünen loben – hui, die AfD für einen Gesetzvorschlag lobend erwähnen – pfui; Willkommenskultur hochhalten – hui, Probleme der Migration ansprechen – pfui; China für alles Mögliche anprangern – hui, Fortschritte in der chinesischen Gesellschaft würdigen – pfui.

Haltungsjournalismus beginnt schon bei der Themenauswahl. Denn Themen, die nicht ins Weltbild der Mainstream-Journalisten passen, fallen einfach weg. So wurden 2016 Umfragen, die Donald Trump als künftigen Präsidenten der USA prognostizierten, auf vielen deutschen Redaktionskonferenzen als unerheblich oder gar als Verschwörungstheorie abgetan. Es wurden auch Umfragen, welche die Befürworter des Brexits in Großbritannien vorne sahen, ignoriert. Umfragen mit einem gegenteiligen Ergebnis hingegen wurden euphorisch aufgenommen und in den Zeitungen als stabiler, sicherer Trend vermeldet.

Haltungsjournalismus zeigt sich auch in der Auswahl der Interviewpartner. Als ich noch in der Wirtschaftsredaktion der Deutschen Welle arbeitete, gab es die lobenswerte Regel, dass in einem Hintergrundbeitrag grundsätzlich zwei Experten interviewt werden, im Idealfall zwei mit gegensätzlichen Meinungen, damit eine Sache von zwei Seiten beleuchtet wird. Das galt aber nicht immer.

Beispielsweise vertritt Marcel Fratzscher, Direktor des Deutschen Instituts für Wirtschaftsforschung (DIW) in Berlin, eine eindeutig linke Position, die gut ins Weltbild der Leitmedien passt. Allerdings liegt er mit seinen Prognosen sehr oft daneben. Meine Erfahrung war aber, dass ein Beitrag mit ihm als alleinigem O-Ton-Geber akzeptiert wurde, wenn die Zeit knapp wurde. Aber bei Hans-Werner Sinn, der oft unbequeme Wahrheiten ausspricht, musste eine zweite Meinung eingeholt werden. Und der streitbare Ökonom Max Otte, der kurz vor der Bundestagswahl 2017 bekannt gab, seine Stimme der AfD zu geben, fiel als Experte bei allen Sendern durch. Wird seine Expertise durch sein Wahlverhalten geschmälert?

In der letzten Amtszeit von Angela Merkel stellte die AfD die größte Fraktion unter den Oppositionsparteien im Bundestag, viel größer als die Grünen. Gefühlt waren allerdings die Grünen fast in jeder Talkshow vertreten, die AfD hingegen so gut wie nie. Und wenn mal ein AfD-Politiker mitdiskutieren durfte, hagelte es danach immer Kritik aus den Printmedien: Wieso bietet die *ARD* den Rechtsextremen eine Plattform? Dabei ist die AfD nicht verboten und damit eine demokratisch legitimierte Partei. Sie verdient eine faire Behandlung und Berichterstattung.

Ein wichtiges Merkmal des Haltungsjournalismus besteht darin, dass die Grenze zwischen Bericht und Kommentar verwischt wird. Ein Bericht sollte die sieben W-Fragen klären: wer, wann, wo, was, wie, warum und welche Folgen? Dabei soll die Sprache präzise und sachlich sein. Ein Kommentar hingegen ist ein Meinungstext, der auf ein aktuelles Ereignis eingeht und eine persönliche Stellungnahme des Autors darstellt. Sprachlich kann ein Kommentar gerne pointiert sein.

In der heutigen medialen Realität in Deutschland aber nisten sich immer mehr kommentierende Elemente in die Berichte ein.

Viele Journalisten können es nicht lassen, ihre Meinung einzubringen, um bewusst oder unbewusst den Volkserzieher zu spielen. Erkennbar ist das etwa an dem folgenden Text der Deutschen Welle aus dem Jahr 2016 – das Beispiel wird hier aufgeführt, nicht weil es dort besonders heftig zugeht, sondern weil ich mich als ehemalige Deutsche-Welle-Mitarbeiterin besonders intensiv mit unserer eigenen Internetseite auseinandergesetzt hatte.

Es geht um Sigmar Gabriel, damals Bundeswirtschaftsminister und SPD-Chef. Gabriel schlug Ende 2016 vor, das Kindergeld für EU-Ausländer nur auf dem Niveau des Heimatlandes auszuzahlen, wenn das Kind nicht in Deutschland lebt. Ein für mein Empfinden legitimes Anliegen. Anderer Ansicht aber war der Autor des Berichts, der die Überschrift trug: *SPD-Chef Gabriel fordert Kürzung des Kindergeldes für EU-Ausländer.*[20] Das trifft durchaus den Kern seiner Forderung. Aber bereits der Untertitel zeigt die Meinung des Autors: *Wenn es um das Niveau geht.* Es zielt vordergründig auf das Niveau der Lebenshaltungskosten in einem anderen EU-Land, gleichzeitig ist es ein Sprachspiel, bei dem mit dem Finger auf das Niveau des SPD-Politikers gezeigt wird. Im Teaser wedelt der moralische Zeigefinger weiter: »Dass Ausländer die deutschen Sozialsysteme ›missbrauchen‹, gehört zur Alltagspropaganda der Rechtspopulisten. Der SPD-Vorsitzende Sigmar Gabriel sieht in der großen Koalition Handlungsbedarf.«

Hört, hört, Gabriel macht sich mit den Rechtspopulisten gemein! Dass das Wort »missbrauchen« mit Anführungszeichen versehen wird, zeigt: Es passt nicht ins Weltbild des Autors, dass Ausländer irgendetwas missbrauchen könnten. Ausländer gehören geschützt und nicht kritisiert. Eine leichte Ironie in Richtung Gabriel zieht sich durch den gesamten Text, zum Beispiel »Gabriel sieht sich da herausgefordert«, »Gabriel mühte sich, ein Horrorszenario des Missbrauchs zu zeichnen«, »Der Vizekanzler gibt sich da kämpferisch«. Der Leser soll den Eindruck bekommen, dass Gabriel aus einer Mücke einen Elefanten macht und mit dem Ansprechen des Problems (wo es doch gar keines gibt) nur versucht, am rechten Rand zu fischen.

Gabriel selbst wurde mit dem Satz zitiert: »Freizügigkeit dürfe ›nicht missbraucht werden, um in Sozialsysteme einzuwandern‹.« Kann man sich heute vorstellen, einen solchen Satz überhaupt noch aus dem Munde eines SPD-Politikers zu hören? Wohl kaum. Das ist doch AfD-Sprechart oder bestenfalls die Position von CDU-Fraktionschef Friedrich Merz. Letztlich hat sich der Haltungsjournalismus in den letzten Jahren verstärkt und dabei seine Wirkung auf Politiker nicht verfehlt.

Das beste Beispiel für den Haltungsjournalismus allerdings ist der Skandal um den ehemaligen *Spiegel*-Reporter Claas Relotius. Kurz vor Weihnachten 2018 musste *Spiegel Online* – das Medium, das bei der Skandalisierung anderer Personen nie zimperlich war – einen hauseigenen Skandal einräumen: »Ein Reporter des *SPIEGEL* hat in großem Umfang eigene Geschichten manipuliert. Durch interne Hinweise und Recherchen erhärtete sich in den vergangenen Tagen der Verdacht gegen Claas Relotius – der inzwischen Fälschungen zugegeben und das Haus verlassen hat«, schreibt Ulrich Fichtner im *Spiegel*.[21] Da war der Skandal gerade aufgeflogen.

Claas Relotius war kein unbedeutender Journalist, er hatte etliche Medienpreise gewonnen. Er galt als Star-Reporter und als der Stolz des Hauses *Spiegel*. Jahrelang ist weder der Redaktion noch den Jurys aufgefallen, dass an seinen Geschichten irgendetwas nicht stimmen konnte.

»Er bedient sich aus Bildern, aus Facebook-Posts, YouTube-Videos, er fleddert alte Zeitungen, entlegene Blogs, und aus den Teilen und Splittern und Fetzen und Krümeln erschafft er seine Kreaturen wie ein kleiner verspielter Gott ... Neil Becker aus Fergus Falls, Nadim und Khalid in Kirkuk, Ahmed und Alin aus Aleppo,

Mohammed Bwasir aus Guantanamo sind keine Menschen aus Fleisch und Blut, sie leben nur auf dem Papier, und ihr Schöpfer heißt Claas Relotius. Manchmal lässt er sie singen, manchmal weinen, manchmal beten. Und wenn es ihm gefällt, wie in ›Jaegers Grenze‹, dann lässt er seine Hauptfigur auch einmal schießen, mit einem Sturmgewehr, mit scharfer Munition, in die Nacht hinein, einfach so, und weil es an den Schluss seines Märchens gerade so gut passte«, heißt es in Fichtners Bericht.

Woher nahm Relotius die Frechheit, frei erfundene Geschichten als Reportagen zu verkaufen? Und woher stammte seine Gewissheit, dass er damit durchkommt? Weil er wusste, dass seine sorgfältig aufbereiteten und fabelhaft erzählten Geschichten genau ins Weltbild und in die Vorstellungen der Redakteure passten. Zum Beispiel, dass Trump-Wähler dumme Hinterwäldler und syrische Flüchtlinge mutige Kämpfer gegen das Assad-Regime sind. Wenn die deutschen Durchschnitts-Redakteure solche Geschichten lesen, wird die Echtheit meist keine Sekunde angezweifelt und die Beiträge werden mit Freude angenommen. Mit anderen Worten, die Haltung, die durch die Reportagen von Relotius durchschimmerte, stimmte mit den Wertvorstellungen seiner Redakteure hundertprozentig überein. Denn solange die Haltung stimmt, ist alles andere zweitrangig.

Cursor-Journalismus – wissen, wo der Cursor steht

Für den Philosophen Richard David Precht und den Soziologen Harald Welzer hat das Links-Rechts-Muster sowohl bei den Parteien als auch im Journalismus längst ausgedient. Alle tummeln sich in der unscharf definierten Mitte. Da ist der Schwarm. Dazu muss man gehören. Wer davon abweicht, wird erbittert bekämpft. Die beiden Autoren nennen es »Cursor-Journalismus«. Das ist eine Art Rückversicherung innerhalb der Zunft. Journalisten richten sich danach aus, was die medialen Kollegen meinen und denken.

»Wo gerade alle mit ihrem Cursor stehen, da ist man selbst am besten auch, und zwar sowohl thematisch wie auch in der eigenen Positionierung. Interessant ist, dass dieser Cursor nicht nur die Themen vorgibt, sondern er ist zugleich der Cursor des gefühlten Anstands. Auch die Moral ist da, wo der Cursor ist«, sagt Richard David Precht zum *Börsenblatt*.[22] Eine zunehmende Moralisierung in der Berichterstattung ist die Folge. Wähnt man sich auf der Seite der Moral, ist die andere Seite unmoralisch und verdient nur Verachtung.

Schaut man genauer hin, ändert der Cursor ständig die Position. Als Journalist muss man auf der Hut sein, um keine Kursänderung zu verpassen. So sprang der Cursor während der Pandemie zwischen der Zustimmung für eine allgemeine Impfpflicht und der Position gegen eine solche Pflicht hin und her. Interessant ist, dass die Cursor-Bewegung genau den Zickzack-Kurs der Bundesregierung in dieser Frage nachvollzieht. Ein typischer Fall für die Mediokratie.

Mediokratie – Einheitsfront zwischen Politik und Leitmedien

Der Begriff »Mediokratie« stammt von dem Politik- und Medienwissenschaftler Thomas Meyer, der darüber das gleichnamige Buch geschrieben hat, mit dem provokanten Untertitel *Die Kolonisierung der Politik durch die Medien* (Suhrkamp, 2001). Meyer hat darin untersucht, wie die Eigenlogik der Politik von der Eigenlogik der modernen Massenmedien verändert wird. Politiker müssen, wollen sie erfolgreich sein, sich wie Medienstars der Medienlogik unterwerfen, um in der Öffentlichkeit wahrgenommen zu werden, schreibt er.

Ein gutes Beispiel bietet das sogenannte Kanzlerduell. Bei der im Fernsehen vor der Bundestagswahl übertragenen Debatte wird oft mehr Wert auf die Äußerlichkeiten gelegt als auf den Inhalt. Die Beteiligten müssen der Dramaturgie der Medien strengstens folgen. Politik ist zu einer reinen Inszenierung geworden.

Politiker fällen aber auch manchmal Entscheidungen nur aufgrund von fadenscheinigen Medienberichten. Ein Beispiel ist der Umgang der Innenministerin Nancy Faeser mit dem ehemaligen Chef des Bundesamts für Sicherheit in der Informationstechnik (BSI), Arne Schönbohm. Jan Böhmermann, Satiriker bei der *ZDF*-Sendung *Royale,* bezeichnete im Oktober 2022 den BSI-Präsidenten als »Cyber-Clown« und unterstellte ihm Kontakte zu russischen Geheimdiensten.[23] Wenige Tage später wurde Schönbohm seines Amtes enthoben. Die Innenministerin traf also eine wichtige Personalentscheidung aufgrund einer Satire-Sendung! Gegenüber *Welt TV* bezeichnet August Hanning, ehemaliger Präsident des Bundesnachrichtendiensts, das Ganze als einen »hochproblematischen Vorgang«: »Es ist nicht ungewöhnlich, dass gegen Spitzenbeamte Vorwürfe erhoben werden. Es ist dann die Aufgabe des Bundesinnenministeriums, diese Vorwürfe zu überprüfen. Je nach dem, wie die Prüfung ausfällt, stellt man entweder die Vorwürfe ab oder man muss personellen Wechsel in Betracht ziehen. Hier hat man den Eindruck, dass die Vorwürfe nicht wirklich überprüft worden sind, sondern dass aufgrund einer weniger seriösen Quelle, nämlich Herrn Böhmermann, hier beamtenrechtliche Maßnahmen ergriffen worden sind ohne ausreichende Prüfung.«[24]

Knapp ein Jahr danach, im September 2023, stellte *FOCUS online* eine Chronologie zum Fall Schönbohm zusammen. Demnach telefonierte Staatssekretärin Juliane Seifert bereits im Frühjahr 2022 zweimal mit Böhmermann. »Beide betonen, dass der Name Schöhnbohm kein Thema in den Gesprächen gewesen sei. Schönbohms Anwalt Christian Winterhoff hegt da ›gehörige Zweifel‹«.[25] Sollte der Zweifel des Rechtsanwalts berechtigt sein, dann hätte Faeser den Satiriker als Werkzeug benutzt, um Schönbohm zu schädigen.

Laut der Chronologie geht die Geschichte noch weiter. Um ihre vorschnelle Personalentscheidung zu rechtfertigen, soll die Ministerin laut einem internen Vermerk das Bundesamt für Verfassungsschutz beauftragt haben, belastendes Material gegen Schönbohm zusammenzutragen. Wenn das stimmt, wäre das ein Missbrauch des Verfassungsschutzes.

Im Dezember 2023 berichtete die *Bild*-Zeitung, dass Faeser 20 000 Euro Schmerzensgeld an Schönbohm für das Unterlassen juristischer Schritte gegen seine Versetzung gezahlt haben soll.[26]

Die Berichterstattung endet hier. Das Ganze hinterlässt einen schalen Beigeschmack. Hat Faeser die Medien benutzt, um einen unliebsamen Beamten loszuwerden? Haben die Medien den Fall nicht weiter verfolgt, um eine linke Politikerin nicht aus dem Amt zu jagen? Und selbst wenn die Staatssekretärin in den Telefonaten mit Böhmermann nicht Schönbohm thematisiert hätte, warum haben sie überhaupt miteinander telefoniert? Gilt die Staatsferne der Medien ab und zu nicht?

Nichts veranschaulicht die Mediokratie besser als eine Folge der Satire-Sendung *Die Anstalt* vom 29. April 2014.[27]

In dieser Folge zeigt der Kabarettist Claus von Wagner eine Erklärtafel mit einer Reihe von Logos: Münchner Sicherheitskonferenz, The German Marshall Fund of the United States, Atlantische Initiative, Bundesakademie für Sicherheitspolitik, Atlantik-Brücke und so weiter. All die Organisationen hätten laut von Wagner auf sicherheitspolitische Fragen immer dieselben Antworten: mehr Rüstung. Das seien sozusagen Nato-Versteher. In diesen Vereinigungen treffen sich Militärs, Wirtschaftsbosse und Politiker in diskreter Atmosphäre.

Unter der Tafel von diesen Organisationen sehen die Zuschauer Portraitfotos von diversen Journalisten, darunter Stefan Kornelius, Ressortleiter bei der *Süddeutschen Zeitung*, Josef Joffe, damals einer der Herausgeber der Wochenzeitung *DIE ZEIT*, und Günther Nonnenmacher, damals noch Herausgeber der *FAZ*.

Dann zieht Claus von Wagner eine dunkle Folie von der Tafel ab und macht die darunterliegenden Verbindungslinien zwischen Organisationen oben und Journalisten unten sichtbar. Sein Partner Max Uthoff will das nicht glauben: »Na gut, die sind ja nur da, um zu recherchieren!« Von Wagner antwortete: »Nein, die recherchieren da nicht, die sind da Mitglieder, Beiräte, Vorstände.«

Nach weiteren Details über Joffe sowie auch über Jochen Bittner, einen Redakteur der *ZEIT*, SZ-Journalist Kornelius, *Bild*-Chefredakteur Kai Diekmann und die US-freundlichen Unternehmensgrundsätze des Axel-Springer-Verlags ist Uthoff überzeugt: »Aber dann sind ja alle diese Zeitungen nur so etwas wie die Lokalausgaben der Nato-Pressestelle!«

Die Anstalt war meine Lieblingssendung und diese Folge (die dritte überhaupt) verfolgte ich selbstverständlich zu Hause auf der Couch. Dabei kam ich aber aus dem Staunen nicht mehr heraus. Und dann schlug folgendes Detail wie eine Bombe in meinem Wohnzimmer ein: Bittner, Politredakteur der *ZEIT*, hatte an einer neuen, militärfreundlicheren Außenpolitik-Strategie für Deutschland mitgearbeitet, »Seite an Seite mit Bundestagsabgeordneten, Ministerialbeamten und Vertretern von Think Tanks, auf Einladung des German Marshall Fund of the United States und der regierungsnahen Stiftung Wissenschaft und Politik. Und nachdem der deutsche Bundespräsident Joachim Gauck auf der Münchner Sicherheitskonferenz eine vielbeachtete Rede über diese neue Strategie gehalten hatte, schrieb Bittner wohlwollend über die Rede und deren Entstehungsgeschichte, ohne seine Mitwirkung dabei zu erwähnen«, erzählt von Wagner. Uthoff hegt noch die letzte

Hoffnung: »Er wird doch wohl den Anstand besessen haben, sein Schreiben für Gauck zu trennen von seinem Schreiben für die *ZEIT*?« Von Wagner antwortet auf seine trockene Art: »Das wär' schön.«

An dieser Stelle ist mir die Kinnlade heruntergefallen. Das muss man sich auf der Zunge zergehen lassen: Ein Journalist schreibt zusammen mit Politikern und regierungsnahen Wissenschaftlern ein Papier. Teile davon werden vom Bundespräsidenten, der Verteidigungsministerin und dem Außenminister auf der Münchner Sicherheitskonferenz übernommen. Und der Journalist berichtet darüber, lobt das Papier und feiert den außenpolitischen Kurswechsel als eine Sensation. Zugespitzt formuliert, man berichtet über sich selber und der Leser hat keine Ahnung von den ganzen Hintergründen.

Eine eindeutige Schieflage – der linksgrüne Mainstream

»Eine Befragung unter 150 Volontären des öffentlich-rechtlichen Rundfunks kam zu einem bemerkenswerten Ergebnis: Demnach würden fast 60 Prozent der Volontäre die Grünen wählen, 25 Prozent die Linken. Bei den Nachwuchsjournalisten würde die Union an der Fünf-Prozent-Hürde scheitern«, berichtete die *Welt* im Juni 2021.[28] Die große Mehrheit der Journalisten – die Zahlen variieren, mal sind es zwei Drittel, mal sind es siebzig bis achtzig Prozent – stehe nach eigenen Angaben links der Mitte, bestätigt auch Kommunikationsexperte Christian Hoffmann. »Dass Menschen, die politisch links der Mitte stehen, im Prinzip zufriedener sind mit dem, was in den Medien geboten wird, als Menschen, die politisch rechts der Mitte stehen«, ist ein zusätzliches Indiz für diese These, sagt Hoffmann im Interview mit MEDIEN360G Anfang 2023.[29]

Dass ein Berufsfeld so etwas wie eine politische Verschiebung gegenüber der Bevölkerung habe, sei völlig normal, meint Hoffmann: »Zum Beispiel das Berufsfeld der Polizisten oder der Soldaten ist im Durchschnitt eher konservativ.« Da kämen mehrere Einflussfaktoren zusammen, beispielsweise die Verdienstaussichten, der Akademisierungsgrad oder die Urbanisierung. Die deutschen Journalisten waren hingegen schon immer eher links geprägt und dieser Trend habe sich verstärkt, meint Hoffmann: »Es hat sich in den letzten Jahren eine sehr starke Akademisierung durchgesetzt. In der Regel studieren Journalisten Sozial- oder Geisteswissenschaft. In der Regel sind sie in städtische, urbane, kosmopolitische Milieus eingebunden.«

Zwar ist eine gänzlich objektive Berichterstattung utopisch. Aber viele grün eingestellte Journalisten machen aus ihrer Sympathie für ihre Lieblingspartei gar keinen Hehl. Das beste Beispiel ist Tina Hassel, Chefin *des ARD*-Hauptstadtstudios. Legendär sind ihre enthusiastischen Tweets über den Grünen-Parteitag 2018: »Frische #grüne Doppelspitze lässt Aufbruchsstimmung nicht nur in Frankreich spüren. #Habeck und #Baerbock werden wahrgenommen! #Verantwortung kann auch Spaß machen und nicht nur Bürde sein. Wichtiges Signal in diesen Zeiten!«[30]

Journalisten sind auch Menschen und haben Emotionen. Und wenn sie diese Emotionen zeigen, ist das an sich nichts Schlimmes. Schlimm ist aber die Uneinsichtigkeit. Dem Branchenmagazin *Meedia* gab Hassel zu Protokoll: »Was unsere Einschätzung vom Grünen-Parteitag angeht, gibt es eine große Übereinstimmung anderer Zeitungskollegen vor Ort – von *SZ* über *ZEIT* bis zur *Welt*, die sich nun an die Spitze der Kritik gestellt hat. Gerade in Zeiten von zunehmender Politikverdrossenheit halten wir es für legitim, auch positiv zu würdigen, wenn einer Partei ein Führungs- und Generationswechsel souverän gelingt.«[31] Tina Hassel, das ist klar, ist nicht mehr zu helfen.

Hassel ist längst nicht die Einzige, die ihre politische Einstellung bei der Arbeit durchsickern lässt. Sie ist nur ein sehr prominentes Beispiel. Wenn sich Gesinnungs- und Haltungsjournalismus zur parteilichen Berichterstattung gesellen, dann muss es niemanden wundern, wenn eine eindeutige Schieflage in der Medienberichterstattung entsteht.

Die große Sympathie der Journalisten mit den Grünen und den anderen linken Parteien hat ihren Preis. Durch die Mediokratie wird die Politik in die Zange genommen. Nicht nur in der Flüchtlingskrise, auch in anderen Feldern werden die politischen Entscheidungsträger getrieben, sich dem Zeitgeist anzupassen, wie beispielsweise bei der Wehrpflicht oder der Energiepolitik.

Das hat dazu geführt, dass die Union unter Angela Merkel stark nach links gedriftet ist und kaum noch als konservativ bezeichnet werden kann. Auch die FDP wird immer woker. Da aber die Hälfte der deutschen Bevölkerung mit dem Zeitgeist nicht mithalten kann und durch die Medien nicht umerzogen werden will, bekommt die AfD immer mehr Zulauf. Die Polit- und Medienelite wundert sich darüber. In gewisser Hinsicht hat Merkel die AfD großgezogen. Und die Ampel macht sie immer mächtiger.

Dass die Mehrheit der Journalisten links der Mitte steht, zeigt auch die ungleiche Behandlung der Politiker durch die Leitmedien. Während die linke *Süddeutsche Zeitung* Wochen vor der Landtagswahl in Bayern (Oktober 2023) eine Kampagne gegen Hubert Aiwanger, den Vorsitzenden der Freien Wähler, wegen einer Jugendsünde lostrat, um ihn zu Fall zu bringen und den Grünen zur Macht zu verhelfen, wird den Jugendsünden von Grünen- und SPD-Politikern großzügig verziehen. Müsste der 52-jährige Aiwanger für einen unappetitlichen Jugendscherz im Alter von 17 Jahren zurücktreten, dann hätte beispielsweise Joschka Fischer niemals Außenminister werden dürfen. Jeder andere Wirtschaftsminister wäre wegen der Vetternwirtschaft im eigenen Hause unter dem medialen Druck längst zurückgetreten, der grüne Minister Habeck wird nur milde gerügt. Die lange Pech- und Pannenserie der grünen Außenministerin Annalena Baerbock wird von den Leitmedien nicht nur kaum behandelt, die Außenministerin wird von den Medien auch noch frenetisch gefeiert: Endlich spricht eine Politikerin Klartext.

Ja, sie spricht Klartext. Im September 2023 hat sie in einem Interview mit dem amerikanischen Nachrichtensender *Fox News* eher nebenbei den chinesischen Staatspräsidenten Xi Jinping als Diktator bezeichnet und das auch noch ohne Not – sie sprach über den Ukraine-Krieg und nicht über China. Damit hat sie eine schwere Krise in den bilateralen Beziehungen zwischen Deutschland und China ausgelöst. Klartext reden soll jeder Politiker, nur nicht der oberste Diplomat eines Landes. Seine Aufgabe besteht darin, auch mit Ländern, die andere Werte als Deutschland haben, zu kooperieren, um Lösungen für globale Probleme zu finden.

Von manchen Medien wurde sie für diesen Fauxpas nicht nur nicht kritisiert, sie wurde sogar in den Himmel gehoben. Auf dem Internetportal *thepioneer.de*, das dem früheren *SPIEGEL*- und *Handelsblatt*-Journalisten Gabor Steingart gehört, ist folgende Lobeshymne zu lesen: »Vielleicht hat eine neue Stunde geschlagen. Eine, in der Wahrheiten nicht erst ausgesprochen werden, nachdem ein Land ein anderes überfällt. Eine, in der nicht einer trügerischen Harmonie wegen, auch nicht handelspolitischer Interessen wegen, beide Augen zugedrückt werden. Eine, in der der Anspruch einer wertebasierten Außenpolitik eben jene Werte auch checkt und dann in aller Klarheit benennt, was ist. Vielleicht ist dies eine Zeit, in der alte diplomatische Codes und Regeln nachjustiert und verändert werden.«[32]

Geht's noch? Da hat Baerbock ohne jede Notwendigkeit den wichtigsten Handelspartner Deutschlands verärgert, und Alev Dogan von *The Pioneer* erkennt darin eine Revolution für die Diplomatie? Diese Zeilen triefen übrigens von Arroganz, als sei Deutschland die Hüterin aller Werte und Richterin darüber, welches Land gegen welche Werte verstößt. Eine solche Haltung setzt auch voraus, dass Deutschland selber alles richtig macht. Es könnte allerdings gut sein, dass viele grüne Politiker und ihre Stellvertreter in den Medien tatsächlich so denken. Auch eine Art von Größenwahn.

Lügen- oder Lückenpresse?

»Lügenpresse«, das Unwort des Jahres 2015, geistert weiter durch die Republik. Gefühlt kommt der Vorwurf aus dem rechten Lager, vor allem aus dem Umfeld der PEGIDA, die für Patriotische Europäer gegen die Islamisierung des Abendlandes steht und eine rechtsextreme Organisation ist. Deswegen war ich erstaunt, als mir das Buch *Lügen die Medien?*[33] von Jens Wernicke in die Hände kam. Wernicke ist gewiss nicht als PEGIDA-Anhänger bekannt. Im Links-Rechts-Denkmuster lässt er sich eher im linken Lager verorten. Die provokante Frage »Lügen die Medien?« hat er an 24 Journalisten und Wissenschaftler in seinem Buch gestellt. Aus diesen Interviews ist das gleichnamige Buch entstanden. Für meine Kolumnenserie *Mein Deutschland,* die von 2015 bis 2019 auf der Internetseite der Deutschen Welle erschienen ist, rief ich den Autor an und fragte ihn, ob er glaube, dass die Medien lügen: »In der Summe klar ja – auch wenn es Etliches zu differenzieren gibt«, sagte er mir im Gespräch.

Der Politikwissenschaftler und Sachbuchautor Ulrich Teusch, einer der 24, die Wernicke um einen Beitrag gebeten hat, wehrt sich allerdings gegen den Begriff: »Der Begriff ›Lügenpresse‹ unterstellt dem einzelnen Journalisten ein Fehlverhalten, und weil angeblich sehr viele Journalisten nicht adäquat arbeiten, entsteht daraus ein Massenphänomen, die ›Lügenpresse‹ eben. Das ist mir zu simpel«, sagte Teusch in diesem Buch.

Auch ich konnte das so nicht stehen lassen. Ich nehme für mich in Anspruch, in meiner beruflichen Laufbahn nie gelogen zu haben. Und ich kenne jede Menge Journalisten, für die ich die Hand ins Feuer legen würde, dass auch sie nie die Unwahrheit verbreitet haben, zumindest nicht bewusst.

»Nie bewusst die Unwahrheit verbreitet«, ich habe so vorsichtig formuliert, weil es immer wieder vorgekommen ist, dass Journalisten Lügen verbreitet haben, aber nicht absichtlich, sondern weil sie es nicht besser wussten. Das gilt zum Beispiel für die bereits erwähnte »Brutkastenlüge« aus dem Ersten Golfkrieg.

»Insbesondere zu Kriegszeiten vernachlässigen die Medien ihre Recherchepflicht«, erklärte mir Wernicke in dem Gespräch. Das Problem ist nur, dass nicht jeder Zeitungsverlag oder Fernsehsender die Ressourcen hat, um solche Lügen zu entlarven. Hier muss man kritisch anmerken, dass die *ARD* beispielsweise nicht unter Ressourcenmangel leidet und dennoch nichts zur zeitnahen Klarstellung beigetragen hat. »Leider haben die Medien auch nicht daraus gelernt, dass nicht überprüfbare Aussagen mit Vorsicht zu genießen sind. Und das Muster hat sich seither in jedem Krieg wiederholt.«[34]

Dass die Wahrheit immer das erste Opfer im Krieg ist – ein Zitat, das auf den griechischen Dichter Aischylos zurückgehen soll – , hat mit der menschlichen Vorliebe für ein Feindbild zu tun. So ist für die Masse der Journalisten in der Ukraine-Krise ausschließlich Wladimir Putin der Böse, während im Syrien-Krieg Bashar al-Assad der Schurke ist. Alles, was nicht diesem Schema entspricht, droht nur das Publikum zu verwirren und wird von den Medien deswegen gerne übersehen. »Das Massaker von Odessa hätte Stoff für mehrere *ARD*-Brennpunkte und *ZDF*-Spezials geboten. Stattdessen wurde es mehr oder weniger unter den Teppich gekehrt, weil es nicht ins Narrativ passte.« (Ulrich Teusch) Anfang Mai 2014 waren in der Schwarzmeer-Metropole mindestens 42 prorussische Demonstranten ums Leben gekommen, nachdem ukrainische Nationalisten das Gewerkschaftshaus in Brand gesteckt hatten, in dem sie Zuflucht gesucht hatten.

Was hier beschrieben wird, ist weder Lügen noch die bewusste Verbreitung von Unwahrheiten, sondern das Weglassen von bestimmten Fakten. Teusch bezeichnet diese Praxis als Lückenjournalismus: »Es gibt im englischen Sprachraum ein Bonmot – übersetzt: Nachrichten sind Dinge, von denen jemand nicht möchte, dass sie gedruckt werden. Alles andere ist Werbung.« Der Spruch wird oft George Orwell zugeschrieben, stammt aber wahrscheinlich von einem weniger bekannten amerikanischen Journalisten. Wenn man sich die Nachrichten unter diesem Gesichtspunkt ansieht, wird manches klar. Teusch führt weiter aus: »Warum wird selbstverständlich darüber berichtet, wenn die Bundesregierung neue Kita-Plätze schafft? Und warum fällt so manche brisante Wikileaks-Enthüllung durchs Raster? Es gibt Personen, Institutionen und Organisationen, die ein Interesse daran haben, dass wir bestimmte Sachen erfahren – und andere nicht. Oft ist das, was wir erfahren, einfach Werbung, PR, Propaganda. Echte Nachrichten haben es hingegen schwer.«[35]

Ulrich Tilgner, langjähriger Nahost-Korrespondent des *ZDF*, meidet das Wort »Lügen«. »Die Medien lügen nicht – sie verkürzen, unterschlagen, verdrehen und verfälschen«, erklärt es Tilgner in *Lügen die Medien?*, dem Buch von Wernicke. Dann ist es eigentlich müßig, zwischen Lügen und Lücken zu unterscheiden. In ihrer Wirkung läuft beides auf dasselbe hinaus – ein verzerrtes Bild der Wirklichkeit.

Ich fragte Wernicke auch, warum sich so wenige Journalisten trauen, gegen den Strom zu schwimmen. »Jeder orientiert sich am anderen, keiner will aus der Reihe fallen, alle wollen dazugehören«, erklärte mir Wernicke die Einförmigkeit des Mainstream-Journalismus. Das hat auch damit zu tun, »dass Journalisten in der Regel keine Revolutionäre sind, sondern Väter oder Mütter, die ihrer Arbeit nachgehen, ihr Brot verdienen und nicht sehr anecken oder auffallen wollen«.[36]

Copy and paste: So werden Nachrichten erstellt

Wir leben in einer Zeit des Fast Food. Das gilt auch für den Journalismus. Viele Leser begnügen sich mit der Schlagzeile oder überfliegen höchstens den Teaser im Internet. Deswegen wird von Redakteuren erwartet, alles Wichtige in die Überschrift oder den Teaser zu verpacken. Dabei soll die Überschrift ein Eyecatcher sein. »Euro vor dem Aus?« klingt doch viel spannender als »Schuldenkrise belastet den Euro«, auch wenn die letztere der Wahrheit näher kommt. In Deutschland nennt man das Sensationsjournalismus, in China werden solche Autoren als »Partei der Überschriften« bezeichnet. Das führt oft dazu, dass sich der Leser nach der Lektüre des Artikels fragt: Was hat das Ganze mit der Überschrift zu tun?

Um höhere Klickzahlen zu generieren, geben sich manche kommerziellen oder politischen Internetseiten nicht mehr mit Eyecatchern zufrieden, sie produzieren einfach Fake News: *Papst unterstützt Donald Trump im Wahlkampf*, *Merkel will zwölf Millionen Migranten nach Deutschland holen* oder *13-jähriges russisch-deutsches Mädchen von Migranten vergewaltigt*, sind einige dieser bekanntesten und erfolgreichsten Fake News der letzten Jahre. Die letzte Geschichte hat die deutsch-russischen Beziehungen eine Zeit lang schwer belastet.[37] Aber selbst seriöse Nachrichtenportale können gelegentlich der Versuchung nicht widerstehen, Fake News zu verbreiten. Das ist nicht unbedingt Absicht der Journalisten, aber der Redaktionsalltag öffnet Falschmeldungen Tür und Tor.

Bei der Deutschen Welle wird, wie in den meisten seriösen Redaktionen, nach dem Zwei-Quellen-Prinzip gearbeitet. Das heißt, über ein Ereignis wird nur berichtet, wenn zwei Nachrichtenagenturen dasselbe behaupten. Dabei stützen sich Medienhäuser hauptsächlich auf vier Agenturen: *dpa* (Deutsche Presseagentur), *Reuters, AFP* (Agence France-Presse) und *ap* (Associated Press). Aber wer garantiert, dass die Agenturen nicht voneinander abschreiben, ohne das offenzulegen? So wurde der chinesische Reformpolitiker Deng Xiaoping in den 1990er-Jahren mehrmals für tot erklärt, als er noch quicklebendig war. Jedes Mal löste die Todesnachricht ein Erdbeben an den Finanzmärkten aus.

Solche peinlichen Momente gehören allerdings eher zu den Ausnahmefällen. Man kann getrost davon ausgehen, dass in den weltweiten Korrespondentennetzen der Agenturen geschulte und seriöse Journalisten am Werk sind. Gleichzeitig birgt diese Quellenkonstellation aber auch Probleme: Da sich kleine Medienunternehmen immer weniger eigene Korrespondenten im Ausland leisten können, sind sie auf die Informationen der oben genannten Agenturen angewiesen. Manche deutschen Zeitungsredaktionen haben nicht einmal die finanziellen Ressourcen, in allen Bundesländern ein Büro zu halten. So kommt es immer öfter vor, dass in den Zeitungen keine Autorenberichte, sondern einfach *dpa*-Meldungen gedruckt werden. Darunter leidet besonders die Berichterstattung aus der Hauptstadt. Hier wird *dpa* oft als die einzige Quelle genutzt. Welche Themen aufgegriffen und welche O-Töne der Politiker verwendet werden, entscheidet dann einzig und allein die *dpa*.

Die Deutsche Welle unterhält natürlich eine ansehnliche Mannschaft in Berlin, die auch eigene Berichte schreibt und nicht nur Agenturen übernimmt. Aber wenn es um Nachrichten geht, können wir niemals so schnell sein wie die Agenturen. So sitzen die Nachrichtenredakteure in der Bonner Zentrale am Bildschirm, lesen die neuesten Schlagzeilen, sieben sie nach der Wichtigkeit für unsere Zielgruppe aus und fangen an zu schreiben, sobald zwei Agenturen berichtet haben. Wenn der Redakteur über dieses Thema zufällig gut informiert ist, fügt er noch Hintergrundinformationen hinzu. Ansonsten wird nach der Copy-and-paste-Methode zusammengebastelt.

Da die Wirtschaftsredaktion für die Wirtschaftsmeldungen zuständig ist, hatte ich die Ehre, mit dieser Methode unzählige Meldungen geschrieben zu haben. Als Autor wird dann ein Kürzel unserer Namen verwendet und die Agenturquellen werden dazu noch in Klammern angegeben. Denn für die Abschreiberei unsere vollständigen Namen anzugeben, dafür würden wir uns zu sehr schämen. Ein ehemaliger Kollege sagte mir einmal halb im Scherz, halb im Ernst: »Bringen wir den Affen die paar Handgriffe bei, dann können sie uns problemlos ersetzen.«

Stichtage – stereotype Berichterstattung

Die Medien lieben die Berichterstattung zu Stichtagen und Jubiläen. Das liegt wahrscheinlich daran, dass die das einzig Planbare im Medienbetrieb darstellen. Keiner kann voraussagen, was morgen passiert. Aber Stichtag ist Stichtag, daran ändert sich nichts. Jeder Redaktionsplaner hat ein paar Stichtage im Kopf oder zumindest im Kalender: Internationaler Frauentag (8. März), Equal Pay Day (15. März), Internationaler Tag der Pressefreiheit (3. Mai), Internationaler Tag gegen Homo-, Bi-, Inter- und Transphobie (17. Mai), Weltumwelttag (5. Juni), Internationaler Tag der indigenen Bevölkerung (9. August), Gendertag (der zweite Donnerstag im November), Tag der Menschenrechte (10. Dezember). Diese Stichtage wurden meist von den Vereinten Nationen ins Leben gerufen. Wenn die UN schon nicht in der Lage sind, für Frieden und Ordnung in der Welt zu sorgen, können sie sich wenigstens ein paar symbolische Stichtage ausdenken, um Mitgliedsstaaten und

UN-Institutionen die Gelegenheit zu geben, ein paar warme und wohlfühlende Statements abzugeben.

So erklärte der Rat der Europäischen Union am 9. August 2021: »Am Internationalen Tag der indigenen Bevölkerungen der Welt würdigen wir die Widerstandsfähigkeit und die Kreativität indigener Völker in der ganzen Welt. Dieses Jahr schließen wir uns der Forderung der Vereinten Nationen nach einem neuen Sozialpakt an, der besagt, dass niemand zurückgelassen wird.«[38] Lauter wohlklingende, aber leider auch hohle Worte, die niemandem wehtun, aber auch niemandem weiterhelfen.

Die Medien greifen solche Stichtage nur allzu gerne auf, da sie bequem vorher planbar sind und helfen, ereignisarme Tage zu überbrücken. Außerdem sind die meisten Stichtage dem Zeitgeist angepasst und da können sich Journalisten in ihrem moralischen Eifer überbieten, ob es nun faktisch korrekt ist oder nicht.

Nehmen wir den Equal Pay Day, an dem an die ungleiche Bezahlung von Mann und Frau erinnert wird. Inzwischen wird er in Europa sogar zweimal begangen: am eigentlichen Equal Pay Day am 15. März und noch einmal am Gendertag. So gab das Statistische Bundesamt im März 2024 bekannt, dass in Deutschland Frauen rund ein Fünftel weniger als Männer verdienten. Gemessen am durchschnittlichen Bruttostundenverdient der Männer liege der Gender Pay Gap 2023 bei 18 Prozent. Damit bleibe Deutschland eines der EU-Schlusslichter.[39] Auf solche Meldungen stürzen sich die Agenturen mit hundertprozentiger Sicherheit. Schließlich geht es um die Gleichberechtigung zwischen Mann und Frau, eines der wichtigsten Themen in der heutigen Zeit. Und es passt zum Stichtag.

Dabei sind solche Zahlen mit Vorsicht zu genießen. Da es in erster Linie immer noch die Frauen sind, die sich um Familie und Kinder kümmern, ergreifen sie oft Berufe, bei denen sie halbtags tätig sein können, wie etwa Zahnarzthelferin. Und eine Zahnarzthelferin verdient nun mal weniger als ein Arzt. Das hat mit der ungleichen Bezahlung nichts zu tun, sondern mit geschlechtsspezifischer Berufswahl. Wenn man Vergleiche anstellt, dann müsste man das Einkommen von Männern und Frauen im selben Beruf und in selber Position vergleichen.

Ich erinnere mich an meine Zeit in der Wirtschaftsredaktion der Deutschen Welle, wo wir an diesen beiden Stichtagen solche Meldungen immer wieder unterbringen mussten. Obwohl die Kollegen jedes Mal murrten: »Das ist wie Äpfel mit Birnen vergleichen.« Wenn aber alle Medien dasselbe melden, entsteht der Eindruck, dass Frauen für dieselbe Arbeit weniger Geld bekommen. Aber das ist oft nicht der Fall. Als Fake News kann man das allerdings auch nicht bezeichnen. Es ist nicht explizit gesagt, dass Frauen für dieselbe Tätigkeit weniger mit nach Hause bringen. Was ist das dann? Irreführung des Publikums oder einfach Propaganda?

Ungefähr eine Woche vor einem Stichtag beginnen die Redaktionen mit der Planung. Tag der Pressefreiheit? Bestellen wir ein paar Länderberichte, wo Pressefreiheit noch Mangelware ist, zum Beispiel China. Selbstkritik? Nicht nötig, in Deutschland herrscht ja die volle Pressefreiheit. Weltumwelttag? Nennen wir ein paar negative Beispiele, am besten China, schließlich ist das Land der weltgrößte Umweltverschmutzer. Tag der Menschenrechte? Erst recht China, wo die Menschenrechte mit Füßen getreten werden. So bleibt China immer das Negativbeispiel, selbst wenn sich überhaupt nichts Neues ereignet hat.

Einmal hat mir eine deutsche China-Korrespondentin gesagt, dass sie solche bestellten Beiträge zu Stichtagen hasst, weil nur alter Stoff aufgewärmt wird und das böse Land China als Stereotyp mal wieder angeprangert wird. Das ist übrigens auch der Heinrich-Böll-Stiftung aufgefallen. In einer Studie der Stiftung über die China-Berichterstattung in den deutschen Medien aus dem Jahr 2008 heißt es: »Die Auslassung von oder der Fokus auf einige

Themenbereiche tragen zur Ausformung von Nationenbildern bei, die Rückwirkungen auf den gesellschaftlichen Umgang mit einer anderen Nation haben können.«[40] Es bestehe zudem die Gefahr, dass durch eine einseitige Ausbildung von Diskursmustern Feindbilder erzeugt werden, die das gegenseitige Verständnis füreinander erschweren und auf eine Konfrontation in den bilateralen Beziehungen hinauslaufen.

»Ich lasse meine Geschichte doch nicht kaputtrecherchieren«

Dieser Spruch kursiert unter Journalisten, und das ist nur halber Scherz, aber auch halber Ernst. Reporter haben oft bereits eine vorgefertigte Meinung, bevor sie einer Geschichte nachgehen. Dieser Arroganz liegt das Selbstbewusstsein zugrunde, dass keiner Recherche bedarf, wer die Wahrheit gepachtet hat.

Beispielsweise kenne ich eine deutsche Sinologin, die im Sommer 2008 für einen deutschen Fernsehsender in Peking dolmetschte. Als sie wieder in Bonn war, erzählte sie mir folgende Anekdote:

Um die Luftqualität vor den Olympischen Spielen zu verbessern, ergriff die Pekinger Stadtregierung eine ungewöhnliche Maßnahme: Jeden Tag wird nur die Hälfte der Autos auf die Straße gelassen. Das heißt: An einem Tag dürfen nur die Autos bewegt werden, deren Kennzeichen mit einer geraden Zahl enden; am nächsten Tag kommen die Autos dran, an deren Kennzeichen eine ungerade Zahl am Ende steht. Mit anderen Worten: Der Autobesitzer muss jeden zweiten Tag sein Gefährt in der Garage lassen. Die deutschen Fernsehkollegen gingen davon aus, dass die Pekinger Bürger vor Wut kochen müssten. Mit dieser vorgefertigten Meinung zogen sie los und führten Straßeninterviews. Wider

Erwartung zeigten die Chinesen Verständnis für die Maßnahme, um die Olympischen Spiele zu unterstützen. Die Reporter gaben so schnell nicht auf. Wenn hundert Bürger dafür sind, finden sie bestimmt den hundert und ersten, der mit der Einschränkung unzufrieden ist. Nach langem Suchen und Fragen ist es dem Team letztendlich gelungen, einen Chinesen ausfindig zu machen, dem diese Regelung zu blöd war. Dieser wertvolle O-Ton wurde dann zur Mainstream-Meinung der Pekinger Bürger erklärt. Das hat mit dem seriösen Journalismus nichts mehr zu tun, fand die Sinologin. Das ist pure Manipulation.

Von Manipulation bis zu Fake News ist eine qualitative Steigerung, vor der gleichwohl nicht mal die Öffentlich-Rechtlichen zurückschrecken. Hören wir die Aussage von Katrin Seibold, einer ehemaligen *ZDF*-Mitarbeiterin, deren erste journalistische Station das *ZDF*-Studio in New York war. In der Sendung *Viertel nach acht* bei *Bild-TV* sagte sie im Februar 2022:

»Kurz vor dem Irak-Krieg bekam der damalige Korrespondent Udo van Kampen eine Nachricht aus Mainz: Wir haben eine Meldung über Giftgasalarm in New York. Wir haben recherchiert und keine Belege gefunden. Aber die Zentrale vom *ZDF* brauchte einen Beitrag für die Aktualität. Wir sind in die Korrespondenten-Wohnung gefahren. Der Kameramann hat den herausgeklingelten Nachbarn gefilmt, wie der, auf Geheiß des Korrespondenten, die Fenster abgedichtet hat. Dann wurde ich mit einem Kamerateam zu einem Laden geschickt, wo Gasmasken zu sehen waren, mit dem Auftrag, möglichst auch Leute zu finden, die sagen: ›Ich habe Panik vor einem Giftgasangriff.‹ Ich habe keine Leute gefunden. Das war ein gähnend leerer Laden mit einer Schaufensterpuppe mit Giftgasmasken, die wir brav gedreht haben. Dann habe ich einen Anruf von einer Producerin bekommen, dass wir doch einen Laden gefunden haben, wo wir O-Töne bekommen haben, die sagen, ja, wir haben Angst vor einem Giftgasangriff in New York. Dieses Filmmaterial haben wir zu einem Beitrag zusammengeschnitten. Der wurde Mitte Februar 2003 vom *ZDF* in einer aktuellen Sendung ausgestrahlt. Das findet man immer noch im Archiv.«[41]

Katrin Seibolds Mitarbeit beim *ZDF* endete im Februar 2022, nachdem ihr Honorarrahmenvertrag nicht verlängert wurde. Bei der Mitteilung an Seibold machte das *ZDF* keinen Hehl daraus, weswegen die Zusammenarbeit mit der Journalistin beendet wurde: »Redaktionssitzungen wurden immer wieder für Kritik am System genutzt, die bei KollegInnen erhebliche Störgefühle auslöst. Das Vertrauensverhältnis ist durch Ihr Verhalten so nachhaltig beschädigt, dass die Beschäftigung nach dem Ablauf des Honorarzeitvertrages für uns nicht mehr vorstellbar ist«, erzählte Seibold in der oben erwähnten Sendung.

Feste freie Mitarbeiter – Zwang zur Meinungsloyalität?

Der Fall Seibold ist ein klassisches Beispiel dafür, welche Auswirkung es haben kann, auf welchem Platz in der Rundfunkhierarchie sich ein Journalist befindet. Ich hatte 1990 das große Glück, eine Planstelle bei der Deutschen Welle ergattert zu haben. Eine solche Stelle ist eine Beschäftigungs- und Einkommensgarantie. Wer im Besitz einer Planstelle beim öffentlich-rechtlichen Rundfunk ist, wird nach zehn Jahren Beschäftigung unkündbar. Es sei denn, man klaut einen Computer oder taucht mehrfach zu spät und sturzbetrunken zur Sendung auf. 2008 saß ich bereits 18 Jahre lang auf einer Planstelle und genoss einen hohen Kündigungsschutz, weswegen der damalige Intendant Erik Bettermann der Forderung von konservativen Politikern, mich zu entlassen, nicht gefolgt war.

Auf der Pyramide der Privilegien sitzen die Planstelleninhaber ganz oben. Darunter sind sozialversicherungspflichtige Mitarbeiter mit einem Zeitvertrag. Dann folgen die Kollegen, die wie Katrin Seibold einen Honorarrahmenvertrag unterschrieben haben. Als feste Freie werden sie innerhalb der Journalistenzunft bezeichnet. Honorarrahmenverträge werden in der Regel mit einer Befristung von ein oder zwei Jahren versehen. Das Honorar unterliegt für den Arbeitgeber weder der Lohnsteuer- noch der Sozialversicherungspflicht. Das Fußvolk der Pyramide bilden die freien Autoren, die nach Sendeminuten abgerechnet werden.

Auf der Seite des *Mitteldeutschen Rundfunks* wird der Honorarrahmenvertrag so erklärt:

»Der erste Honorarrahmenvertrag fühlt sich vielleicht wie ein Ritterschlag an – endlich gehört man richtig dazu. Letztlich sagt er aber nur eines aus: Die Freie ist keine Feste und soll das auch nie werden. Insofern hat die Freie keinen Vorteil von einem Rahmenvertrag. Kernidee: Sollte mal ein Arbeitsgericht feststellen, dass die Freie eigentlich doch eine Feste war, sorgt der Rahmenvertrag dafür, dass das Gericht von einem befristeten Arbeitsverhältnis ausgehen kann – sodass jemand, der sich erfolgreich eingeklagt hat, nach kurzer Zeit wieder draußen sein könnte. Deswegen ist die Laufzeit begrenzt und der Vertrag muss einen Befristungsgrund haben … Einen Vorteil hat der Rahmenvertrag immerhin: Er ist die Voraussetzung, dass die Mitarbeiterin mehr als 72 Tage arbeiten kann.«

Bei der Deutschen Welle und anderen öffentlich-rechtlichen Sendern werden feste Freie oft genauso eingesetzt wie die Festen – das sind Kollegen mit einer Planstelle oder einem festen zeitlich begrenzten Vertrag –, sprich, sie arbeiten fünf Tage die Woche und werden auch für Wochenenddienste eingeteilt. Mit anderen Worten: Eigentlich sind sie Feste, genießen nur nicht den hohen Kündigungsschutz wie die Festen. Der Sender wird Kollegen mit einem Honorarrahmenvertrag schnell und unkompliziert los, wie der Fall meiner vier ehemaligen Kollegen aus der China-Redaktion der Deutschen Welle zeigt und wie der Fall Katrin Seibold es noch einmal unter Beweis stellt. Dabei spielt die lange Betriebszugehörigkeit keine Rolle.

Wegen dieses Umstands halten sich die festen Freien in der Regel sowohl mit der hausinternen Kritik als auch mit vom Mainstream abweichenden Meinungen bei ihrer Berichterstattung oder ihren Kommentaren zurück. Lieber schreibt man einen Kommentar, der so ähnlich und so langweilig ist wie bei anderen Kollegen, als mit einem meinungsstarken Text negativ aufzufallen. Und wer hausintern aufmüpfig wird, läuft Gefahr, vom Arbeitgeber vor die Tür gesetzt zu werden.

Mit einem Honorarrahmenvertrag werden die Journalisten nicht nur arbeitsrechtlich nicht genügend geschützt, sie werden auch meinungsmäßig gefügiger gemacht. Und so ist es kein Wunder, dass bei den Öffentlich-Rechtlichen im Laufe der letzten Jahrzehnte die Zahl der Festangestellten gesunken ist, während die Zahl der Journalisten mit einem Honorarrahmenvertrag stetig ansteigt. In manchen Redaktionen sind die festen Freien bereits in der Überzahl.

Wer kann sich eine freie Meinung leisten?

Katrin Seibold, aber auch meine Kollegen aus der China-Redaktion sind Beispiele dafür, wie schnell feste freie Mitarbeiter ihren Rahmenvertrag verlieren, wenn sie für den Arbeitgeber ungemütlich werden. Hähne werden geköpft, um Affen zu warnen – lautet ein chinesisches Sprichwort. Die genannten Kollegen wurden nicht nur rausgeschmissen, weil der Chef sie nicht leiden konnte. Sie dienten auch als warnendes Beispiel für die übrigen Kollegen, nicht unangenehm aufzufallen.

Da die Stellung der festen Freien nicht abgesichert ist, darf man getrost annehmen, dass sie sich in ihrer Meinungsäußerung eingeschränkt fühlen. Und die »losen« Freien, die das Fußvolk der Pyramide der Privilegien bilden, sind noch vorsichtiger, denn sie leben von den Beiträgen, die sie der Redaktion anbieten. Sie merken schnell, welche Themen willkommen sind und welche nicht. Schon aus Überlebenstrieb schlagen sie die nicht gern gesehenen Themen nicht zweimal vor.

Und die Journalisten, die im Besitz eines befristeten festen Vertrages sind, wollen ihren Vertrag nach dem Ablauf verlängert sehen und verhalten sich meist dementsprechend, um den Arbeitgeber nicht zu verprellen.

Mit anderen Worten: Die einzige Gruppe der Journalisten, die sich wirklich eine freie, vom Mainstream abweichende Meinung leisten kann, ist die der festen Mitarbeiter mit einem unbefristeten Vertrag oder eben mit einer Planstelle, wie ich sie bei der Deutschen Welle hatte. Ihnen kann so schnell nichts passieren. Eine unliebsame Meinungsäußerung kann zwar, wie in meinem Fall, eine Medienkampagne provozieren, aber eine Entlassung wäre kaum möglich. Nicht entlassen zu werden, ist aber für die meisten Kollegen nicht ambitioniert genug, sie wollen Karriere machen. Das wiederum würde sie in dasselbe Hamsterrad stecken, in dem sich auch die anderen, weniger privilegierten Kollegen befinden. Schön mit dem Strom schwimmen, nicht anecken, keine negative Schlagzeile erzeugen, um Stufe für Stufe die Karriereleiter nach oben zu klettern.

Das schränkt den Kreis derer, die es sich leisten können, kein Blatt vor den Mund zu nehmen, nochmal stark ein, und zwar auf die festangestellten Journalisten, die auf die Karriere pfeifen. Nach 2008 zähle ich mich selber dazu. Als ich 2015 eine eigene Kolumne bekam, machte ich von meiner größeren Beinfreiheit auch heftig Gebrauch. Ich wollte nicht im Chor der Willkommenskultur mitsingen. Stattdessen brachte ich meine Sorge um die Sicherheit und finanzielle Belastbarkeit des Staates zum Ausdruck.

Die meisten der übrig gebliebenen konservativen Journalisten im Hause der Deutschen Welle, die ebenso wie ich fest eingestellt und frei von Karrieregedanken waren und meine Sorgen teilten, blieben dennoch still. Ein mit mir befreundeter Kollege sagte mir: »Wenn alle so enthusiastisch sind, will man doch kein Spielverderber sein.« Dieser Kollege traute sich irgendwann doch, seine Meinung kundzutun. Dann hieß es über den Flurfunk: »XY schreibt jetzt rechte Kommentare.« Es ist nicht jedermanns Sache, solche Ausgrenzung auszuhalten.

Außerhalb der Pyramide schweben allerdings noch etliche freie, meist konservative Geister, die die User und Leser mit ihren spitzen und witzigen Kommentaren erfreuen. Ich nenne hier zwei Namen:

Rainer Meyer, der mit Künstlername Don Alphonso heißt. Jahrelang las ich mit Genuss seine Tweets und seinen Blog *Stützen der Gesellschaft* auf *faz.net,* wo er sich mit der eingebildeten Oberschicht aus Bayern befasste. Und er kann es nicht lassen, zu aktueller Politik seinen Senf dazuzugeben. Und damit geriet er unter Beschuss von Stefan Niggemeier, der die Seite *uebermedien.de* betreibt, eine Art Abrechnungsstelle mit Andersdenkenden. Niggemeiers Kritik hat oft direkte Folgen für die Betroffenen, so auch für Don Alphonso. Die *FAZ* beendete 2018 zwei seiner Blogs, nachdem sich Stefan Niggemeier an ihm abgearbeitet hatte. Das hat Niggemeier selber zugegeben:

»Wir haben Don Alphonso auf dem Gewissen. Es lohnt sich nicht, drumherum zu reden, die Beweislage ist erdrückend.«[42]

Niggemeier dokumentierte auf Twitter einen Text von *uebermedien.de,* der drei Tweets von Don Alphonso zusammengestellt hat, mit dem Kommentar: »Don Alphonso fotografiert jetzt für @faznet Schwarze im Görlitzer Park. #Berlin«

In den Tweets schreibt Don Alphonso unter anderem: »4 sehr nasse Afrikaner bei 3 Grad, die seit einer halben Stunde auf Kunden warten. Sie zittern am untersten Ende der Mafia frustriert für den Versuch der Refugee-Welcome-Grünen, die deutsche Drogenpolitik gescheitert wirken zu lassen.«

Dass der Görlitzer Park Deutschlands größter Drogenhandelsplatz ist, ist nun mal Fakt. Dass die Drogendealer mehrheitlich (wenn nicht sogar ausschließlich) Afrikaner sind, ist ebenfalls nicht abzustreiten. Wo liegt dann das Problem, die Szene zu fotografieren? Es muss Niggemeier geärgert haben, dass Don Alphonso in dem Tweet Kritik an der Flüchtlingspolitik hat anklingen lassen. Das ist Grund genug, um ihn beim Auftraggeber *faz.net* zu verpetzen, indem Niggemeier bei seinem Tweet @faznet schrieb. Die *FAZ* hat natürlich einen anderen Grund für das Ende der Zusammenarbeit mit Don Alphonso gefunden, nämlich, um neuen Angeboten Platz zu machen. Es ist unklar, ob Niggemeiers Kritik direkt mit der Reaktion von *FAZ* zu tun hat, aber dass seine Kritik Druck auf die Arbeitgeber ausübt, ist gut möglich.

Das andere Beispiel ist der Schriftsteller und Kolumnist Harald Martenstein bei der Wochenzeitung *DIE ZEIT* und nun auch der *Welt*. Viele Jahre war er auch Kolumnist beim Berliner *Tagesspiegel*. Martenstein neigt dazu, bei gesellschaftlich relevanten Feldern vom Mainstream abzuweichen und Themen anzufassen, die den meisten Journalisten zu heikel sind. So hat er sich Anfang Februar 2022 in einer Kolumne für *Tagesspiegel* mit dem Phänomen der Corona-Demonstranten auseinandergesetzt, die mit Judensternen und der Aufschrift »ungeimpft« auf die Straße gehen. Es sei anmaßend, verharmlosend und für Holocaust-Überlebende schwer auszuhalten, aber »sicher nicht antisemitisch«, da sich die Demonstranten mit den Juden als Opfern identifizierten, meint Martenstein.

Nach heftiger Kritik distanzierte sich die Redaktion zuerst vom eigenen Kolumnisten und löschte den Text wenige Tage später. In der Begründung heißt es, dass man nach intensiver Auseinandersetzung zu dem Schluss gekommen sei, dass die Kolumne so nicht hätte veröffentlicht werden sollen. »Wir verzichten auf Provokationen um der Provokation willen und vermeiden Graubereiche, die zu Missverständnissen einladen oder verleiten.«[43]

Dem Wort »Graubereich« hat sich Benedict Neff mit einem Kommentar in der *Neuen Zürcher Zeitung* gewidmet: »Die Behauptung, dass die demonstrative Zweckentfremdung des Judensterns nicht zwingend antisemitisch sei, stellt wohl genau so einen Graubereich dar. In diese Zone scheint die Zeitung keine Gedankenarbeit mehr investieren zu wollen, weil zu gefährlich.« Neff zitierte Ralph Lewin, den ehemaligen Präsidenten des Schweizerischen israelitischen Gemeindebundes, mit der Aussage, dass die Aktion der Demonstranten vor allem dumm sei, aber nicht zwingend antisemitisch. Neff schreibt weiter: »Die Wortmeldungen von Martenstein und Lewin regen zum Denken an. Möglicherweise ist der Fall nicht so eindeutig ... Ist die Verwendung eines Judensterns antisemitisch oder ›nur‹ eine Verharmlosung des Holocausts, und was ist genau der Unterschied?« Und genau diese Differenzierung sei von der Redaktion beim *Tagesspiegel* nicht erwünscht. »Die Debatte wird da abgeklemmt, wo das mediale Schwarz-Weiß-Schema zu versagen droht.« In der Stellungnahme sieht Neff nicht weniger als »eine Absage an den Journalismus«.

Die Geschichte endete damit, dass Martenstein das Handtuch warf und den *Tagesspiegel* verließ. Wenn die Meinung eines solch bekannten Kolumnisten nicht von der eigenen Redaktion ausgehalten wird, was machen dann die jungen, nicht so bekannten Journalisten? Sie versuchen erst gar nicht anzuecken.

Kapitel 4

Sensible Themen und verängstigte Meinung

Vor zehn Jahren hörte Erik Bettermann als Intendant der Deutschen Welle auf; seit 2014 hat Peter Limbourg den Posten inne. Zu meiner großen Überraschung schien der neue Amtsinhaber geneigt zu sein, das Fehlverhalten seines Vorgängers wiedergutzumachen. Wir einigen uns auf eine Kolumne, der ich – wie bereits erwähnt – den Titel *Mein Deutschland* gab. Es soll eine Art Außensicht auf Deutschland werden. Chefredakteur Alexander Kudascheff war begeistert und sprach mir sein volles Vertrauen aus. Ich hatte völlige Freiheit bei der Themenauswahl.

Meine neue wöchentliche Kolumne startete im Mai 2015. Im allerersten Text schilderte ich den krassen Kontrast zwischen dem deutschen Abitur und der chinesischen Hochschulaufnahmeprüfung.[1] Im Teaser schrieb ich: »Meine Tochter hat gerade in Köln ihr Abitur gemacht. Wie anders war das doch bei mir in China. In den vergangenen Monaten habe ich neue Begriffe gelernt wie ›chillen‹, ›Mottowoche‹ oder ›auf Lücke lernen‹.«

Die Kolumne wurde ein voller Erfolg. Ich hütete und pflegte sie wie mein eigenes Baby. Es soll sich gesund und prächtig entwickeln. Harald Martenstein beschrieb den Job eines Kolumnisten einmal so: »eine bestimmte Tonlage zu entwickeln, einen Sound wie in der Musik sozusagen, der einem als Autor nahe genug ist, um ihn wöchentlich oder monatlich reproduzieren zu können«.[2] Auch ich fand langsam meinen eignen Sound: ein leichter Humor mit einem chinesischen Touch. So verglich ich die deutsche Mentalität, alle großen und kleinen Risiken versichern zu lassen, mit der chinesischen Psyche: »Das Pech haben immer die anderen.« Auch der Kontrast zwischen dem chinesischen Kollektivismus und dem deutschen Individualismus war eine Kolumne wert. Es hätte ewig so leicht und locker weitergehen können, wenn nicht die Flüchtlingskrise dazwischen gekommen wäre.

Flüchtlingskrise – ein Chor der Willkommenskultur

Am 1. Oktober 1949 rief Mao Zedong, der Führer der Kommunistischen Partei Chinas, vor dem Tor des Platzes des Himmlischen Friedens in Peking die Volksrepublik China aus. Seine Kernbotschaft: »Das chinesische Volk hat sich erhoben. Wir werden nie wieder eine gedemütigte Nation sein!« 300 000 Menschen jubelten ihm zu. An diese Szene musste ich denken, als ich im September 2015 im Fernsehen sah, wie viele Menschen am Münchner Hauptbahnhof die ankommenden Flüchtlinge beklatschten und einige davon sogar die deutsche Nationalhymne anstimmten. »Das deutsche Volk hat sich erhoben«, war für mich die zentrale Botschaft. »Wir werden nie wieder eine Nation von Nazis sein!«

»Vergangenheitsbewältigung durch Flüchtlingshilfe« – das war mein erster Gedanke. Die Parteien im Bundestag stellten sich geschlossen auf die Seite des Guten. Die Bundeskanzlerin machte die Grenzen auf, die SPD folgte, die Linken und die Grünen forderten noch mehr. Von der Willkommensstimmung haben sich auch die meisten Journalisten anstecken lassen. Tenor der Berichterstattung: Flüchtlinge sind ein Geschenk für Deutschland. In Erinnerung geblieben ist mir ein Kommentar von Sabine Rückert, der stellvertretenden Chefredakteurin der Wochenzeitung *DIE ZEIT*. Der Kommentar trug die Überschrift: *Freunde gesucht*. Im Artikel hieß es: »Die Flüchtlinge sind ein Glück für Deutschland. Wir müssen es erkennen und gegen Widersacher verteidigen.«[3] Wer nicht ihrer Meinung war, ist also ein Widersacher.

Klingt sehr nach Totalitarismus, oder? Tatsächlich wurde jeder der Ausländerfeindlichkeit und des Rechtsextremismus bezichtigt, der in der Anfangszeit Kritik an der Grenzöffnung übte. Ich erkannte meine eigene Zunft nicht wieder. Zwar sah ich die Leitmedien schon immer kritisch, aber dass nun alle Journalisten ehrenamtliche Sprecher von Angela Merkel und gleichzeitig freiwillige Volkserzieher geworden sind, das hätte ich mir nicht erträumen können.

Mitten in diesem Hurra-Journalismus kam ich mir wie eine Spielverderberin vor. Nicht, dass ich die Willkommenskultur rundum ablehnen würde. Nein, ich war sehr gerührt über das weite Herz der Deutschen. Ich thematisierte in meiner Kolumne sogar den deutschen Gemeinsinn und den chinesischen Familiensinn.[4] Ich erzählte von meiner Kollegin Monika Lohmüller, die nach der Pensionierung bei der Bonner Tafel ehrenamtlich tätig war; und von meinem Hausarzt Hans-Olaf Pieper, der für German Doctors zweimal in Asien im Einsatz war.

Dann kam ich auf das Grundsätzliche zu sprechen: »Die Hilfsbereitschaft der Deutschen kommt während der Flüchtlingskrise besonders zum Tragen. Ohne die Hunderttausenden ehrenamtlichen Helfer wäre die Aufnahme von rund einer Million Flüchtlingen in einem Jahr schlicht undenkbar. Ich muss zugeben, dass mich der deutsche Gemeinsinn zuerst überrascht hat. Jeder Chinese, der sich hierher verirrt hat, wundert sich über die klaren finanziellen Grenzen unter Freunden, ja sogar innerhalb der Familie. Wenn man getrennte Kassen selbst in der Ehe akzeptiert, wie kann man sich dann für Wildfremde aufopfern? Das kann man, denn das eine ist die Überzeugung, dass jeder auch die finanzielle Verantwortung für sich selbst trägt, das andere ist der Sinn für das Gemeinwesen«, schrieb ich.

Ich war zwar gerührt, aber nicht euphorisch, denn ich war auch ernsthaft besorgt. Mich plagte die Sorge um die Sicherheit Deutschlands und um die Belastbarkeit der Sozialsysteme. Dass die Flüchtlinge mehrheitlich aus Kulturen stammen, deren Frauenbild mit den deutschen Werten nicht kompatibel ist, bereitete mir als Mutter von zwei Töchtern ebenfalls Kopfschmerzen. Deshalb verbot ich meinen beiden Mädchen, in der Silvesternacht 2015/2016 in die Kölner Innenstadt zu fahren. Eine weise Entscheidung, wie sich sehr bald herausstellte.

Aber das Thema ließ mich nicht mehr los. Ich musste meine Sorge und meinen Unmut in meiner Kolumne artikulieren. Weil ich wusste, dass ich mich damit auf dünnes Eis begebe, fasste ich das Problem zuerst nur zaghaft an. Im Februar 2016 veröffentlichte ich einen Text mit dem Titel *Falsch verstandene Rücksichtnahme*. Ich thematisierte den Ideenwettbewerb der Gutmenschen, etwa die Forderung, manche deutschen Sitten aufzugeben, damit sich die Flüchtlinge in Deutschland nicht fremd fühlen. Auf solchen Streichlisten standen beispielsweise der Sankt Martins-Tag oder Weihnachtsmarkt. Nicht, dass sie nicht mehr stattfinden sollen, aber anders sollen sie heißen. Ein Professor machte sich sogar für eine neue Schulform stark, bei der Englisch die gemeinsame Schulsprache sein soll. So würden sich deutsche und arabische Kinder einander quasi auf Augenhöhe begegnen. Als Migrantin durfte ich immerhin schreiben: »Wenn ich in ein fremdes Land gehe, rechne ich nicht damit, dass es genauso abläuft wie in meiner Heimat. Wenn ich bleiben darf, habe ich eine Bringschuld. Ich muss die Sprache des Gastlandes lernen und die Regeln beachten.«[5] Was banal und selbstverständlich klingt, galt in jenen Tagen als mutig.

Von hohen Klickzahlen und den positiven Kommentaren der User ermutigt, traute ich mich immer mehr, meinen Unmut von der Seele zu schreiben. Ein erster Durchbruch war ein Text im Dezember 2016, der erschien, nachdem die Freiburger Studentin Maria L. von einem angeblich 17-jährigen Flüchtling aus Afghanistan vergewaltigt und getötet worden war. »Dieses ›Wenn du gegen die Flüchtlingspolitik bist, bist du ein Nazi‹-Denkmuster verhindert eine sachliche Diskussion über die Aufnahmepraxis hierzulande, die jeden akzeptiert, auch wenn er offensichtlich gar keinen Asylgrund hat, aus keinem Kriegsgebiet stammt und den deutschen Staat betrügt.«[6]

Ich erzählte auch von der Erfahrung einer Freundin, die in einem Flüchtlingsheim arbeitete. Laut ihrer Aussage hatten sich viele Bewohner dort eine falsche Identität zugelegt. Einmal wurde eine ganze Busladung voller unbegleiteter Minderjähriger zum Jugendamt geschickt und wieder zurückgebracht, weil nach näherer Untersuchung kein einziger unter 18 war. »Sie sagt, dass besonders Afghanen gerne ihr Alter nach unten drücken, weil ihr Antrag, bleiben zu dürfen, anders als bei den Syrern eine deutlich geringere Erfolgschance hat. Sie werden dann aber im Falle der Ablehnung bei Minderjährigkeit nicht abgeschoben. Ich fürchte, dass nicht einmal dem mutmaßlichen Mörder von Freiburg eine Abschiebung bevorsteht, falls seine Schuld bewiesen wird – weil er angeblich erst 17 ist«, schrieb ich weiter. Ich wagte sogar die These, »dass seine Identität nicht verfälschen muss, wer in Deutschland wirklich Schutz sucht«.

Dieser und andere Texte rund um das Thema Flüchtlinge brachten mir allerdings immer mehr Kritik von innen und außen ein. Kollegen warfen mir vor, gegen die Afghanen zu hetzen. Ein grüner Anhänger forderte von der Intendanz eine Stellungnahme, warum die Deutsche Welle eine Rechtsextreme beschäftige. Ich wusste von der politischen Neigung dieses externen Kritikers, weil er zufällig ein guter Freund meines damaligen Ehemannes war. Statt einfach zu erwidern, dass die Äußerungen von Frau Zhang von der Meinungsfreiheit gedeckt seien, schrieb der für Kommentare zuständige Kollege eine sehr ausführliche, aber mich in allen Punkten unterstützende Antwort an den Kritiker. Dafür bin ich ihm dankbar.

Alles in allem habe ich während der Flüchtlingskrise die Rolle einer kritischen Beobachterin eingenommen. Lobeshymnen an die Politik anzustimmen, ist nicht die Aufgabe von Journalisten. Für so etwas haben die Regierung und die Ministerien ihre eigenen Pressestellen. Lieber habe ich auf einen Kommentar verzichtet, als einen Null-acht-fünfzehn-Text zu verfassen, der Hunderten von anderen Kommentaren zum Verwechseln ähnlich wäre. Zudem dachte ich, dass mein Blick als Migrantin der Flüchtlingsdebatte ein nützlicher sein könnte. Zeitweise bildete ich mir ein, dass ich als chinesischstämmige Journalistin in dieser Frage mehr Beinfreiheit hätte als die Biodeutschen. Doch ich irrte wieder.

Nach der Bundestagswahl 2017, die ein »Weiter so« favorisierte, war ich sehr frustriert und schrieb im meiner ersten Kolumne im Jahr 2018: »Ob wir es zugeben wollen oder nicht: Dass Weihnachtsmärkte und Bahnhofsvorplätze von Polizisten mit Maschinenpistolen im Anschlag geschützt werden müssen, ist eine Folge der Politik der offenen Grenzen. Ein funktionierender Staat würde zuerst an dieser Stelle ansetzen, so wie es auch die weit überwiegende Mehrheit der Deutschen wünscht. Das mindeste wären Grenzkontrollen, die diesen Namen auch verdienen. Aus der *Welt am Sonntag* erfahren wir, dass 2017 mehr als 2 000 Migranten illegal aus Skandinavien nach Deutschland eingereist sind. Die Dunkelziffer dürfte noch viel höher sein. Das liegt daran, dass viele gar nicht von der Bundespolizei ›aufgegriffen‹ wurden oder sich später bei einer Länderpolizei gemeldet haben. Mit anderen Worten: Im Jahr vier der sogenannten ›Flüchtlingskrise‹ dürfen immer noch alle von allen Seiten unbehelligt nach Deutschland hereinspazieren. Können Sie bei offener Haustür schlafen? Ich nicht. Aber vielleicht bin ich auch nur ein verängstigter Einzelfall.«[7]

Mir ist zu Ohren gekommen, dass die damalige Deutsche-Welle-Chefredakteurin Ines Pohl, die auf den liberalen Alexander Kudascheff folgte, wegen meiner Aussage: »Können Sie bei offener Tür schlafen? Ich nicht«, meinte, ich schreibe polemisch. Im Frühjahr 2018 traute ich mich noch einmal, das heiße Eisen anzufassen; und verbrannte mich dabei vollends. Der für Kommentare zuständige Kollege richtete mir aus, dass ich meine Kolumne verlieren würde, sollte ich noch einmal Angela Merkel wegen der Flüchtlingspolitik kritisieren. Die Warnung habe ich verstanden. Im darauffolgenden China-Urlaub traf ich die Entscheidung, keine politischen Kommentare mehr zu schreiben und reichte zugleich innerlich meine Kündigung ein.

Ines Pohl wurde mit diesen Aussagen konfrontiert. Sie hat sich nicht geäußert. Der für Kommentare zuständige Kollege widersprach dieser Schilderung.

Laut einer im Juli 2017 veröffentlichten Studie von Michael Haller, dem wissenschaftlichen Direktor des Europäischen Instituts für Journalismus- und Kommunikationsforschung, über die Flüchtlingskrise in den Medien glich die Berichterstattung über die Flüchtlingskrise eher einer Podiumsdiskussion mit Führungspolitikern. Authentische und vor Ort recherchierte Berichte machten demnach nur sechs Prozent der Berichterstattung aus. »Bis zum Spätherbst 2015 greift kaum ein Kommentar die Sorgen, Ängste und auch Widerstände eines wachsenden Teils der Bevölkerung auf. Wenn doch, dann in belehrendem oder auch verächtlichem Ton«, heißt es in der Studie, die die Otto-Brenner-Stiftung in Auftrag gegeben hatte.[8]

»Selbst im Januar 2016 im Anschluss an das Silvesternachtdrama finden diejenigen keine Würdigung, die sich um die Betroffenen kümmerten oder kümmern sollten: Vertreter kirchlicher Organisationen, Akteure der sozialen Einrichtungen wie auch Experten und Fachleute.« Es zeige sich auf der strukturellen Ebene sogar das Paradox, dass die Kommentatoren umso intensiver mit den bundespolitischen Wortführern interagieren würden, je handgreiflicher die Konflikte auf den Straßen deutscher Städte und Gemeinden tobten.

Auch bei Reportagen oder Nachrichtenbeiträgen dominierte die »große Politik«: »Die Untersuchung zur Frage, wer alles in den berichtenden Texten zur Sprache kommt, ergab, dass in der Kategorie der relevanten Akteure und Sprecher zwei von drei Nennungen zur institutionellen Politik zählen. Mit knapp neun Prozent weit abgeschlagen, gleichwohl zweitgrößte Gruppe, sind Vertreter der Judikative (Polizei, Strafverfolger, Gerichte, Anwälte), also jene, die sich von Berufs wegen mit Rechtsverstößen befassen. Die eigentlichen Hauptakteure – die Helfergruppen, Einrichtungen, freie Träger und Initianten, die sich, viele freiwillig, in erster Linie um Flüchtlinge kümmerten – stellen nur rund 3,5 Prozent aller relevanten Personen, die in den redaktionellen Beiträgen genannt werden. Fachleute und Experten, die über akute Problemfelder (wie den Umgang mit Fremdenhass, ethische Besonderheiten, Ehe- und Familienrecht in islamischen Gesellschaften, Verhältnis zwischen Sunniten und Schiiten) Auskunft geben könnten, kommen praktisch nicht vor (1:100). Die Hauptbetroffenen (Flüchtlinge, Asylsuchende, Migranten) bewegen sich bei vier Prozent (das heißt eine Nennung auf 25 andere)«, heißt es in der Studie weiter.

Zusammengefasst kann man sagen, dass die führenden Tageszeitungen, *Welt*, *SZ* und *FAZ*, zusammen mit den Spitzenpolitikern eine Art Helikopterperspektive eingenommen haben. Ihr Fokus lag weniger auf dem konkreten Geschehen, sondern darauf, wie die politische Elite darauf reagiert. Mediokratie eben!

Manche von Ihnen wenden vielleicht ein, dass die Studie aus dem Jahr 2017 stammt und dass es sich bei den besprochenen Texten um Berichte und Kommentare aus den Jahren 2015 und 2016 handelt. Vielleicht haben die Medien ja in der Zwischenzeit dazugelernt und alles hat sich zum Besseren gewendet. Könnte das sein?

Ich möchte anhand eines Beispiels von 2022 zeigen, dass diese Kritik immer noch ihre Berechtigung hat. Am 5. Dezember 2022 wurden zwei Mädchen in Illerkirchberg, Baden-Württemberg, auf dem Schulweg von einem Flüchtling aus Eritrea niedergestochen. Das eine, nur 14 Jahre alt, ist im Krankenhaus gestorben, das andere schwebte lange in Lebensgefahr. Zwei junge Leben wurden einfach so zerstört, von einem Flüchtling, der nicht in Deutschland hätte sein sollen. Aber im Jahr acht der Flüchtlingskrise ist die Auseinandersetzung mit der fatalen Asylpolitik immer noch tabu. Stattdessen berichteten Medien nach solch einer schrecklichen Tat, über, ja was denn sonst, über die Reaktionen der Politiker.

Vor allem widmeten sie sich der für die Asylpolitik zuständigen Innenministerin Nancy Faeser: »›Die furchtbaren Nachrichten aus Illerkirchberg erschüttern mich. Ich trauere um das getötete Mädchen und hoffe inständig, dass das verletzte Mädchen gesund wird. Meine Gedanken sind in diesen Stunden bei ihren Familien. Die Polizei ermittelt mit Hochdruck alle Hintergründe‹«, zitiert die *Südwest Presse* Faeser.[9] Vom Täter war keine Silbe. Ich konnte mir einen Kommentar auf Twitter nicht verkneifen: »Das übliche Blabla. Beim nächsten ähnlichen Fall ändern Sie einfach den Tatort. Schon ist der Pflicht-Betroffenheitstweet fertig.«

Stellvertretend für die Mainstream-Journalisten hier ein weiterer Tweet von Georg Restle: »Eine Straftat, so widerlich wie deren politische Instrumentalisierung.« Seiner Meinung nach darf man also um das getötete Mädchen trauern, aber nicht nach der Herkunft des Täters fragen. Denn wer das tut, stellt Flüchtlinge unter Generalverdacht und ist auf derselben moralischen Stufe wie der Mörder eines Kindes. In seinem nächsten Tweet geht Restle noch einen Schritt weiter: »Wer um das Mädchen und seine Angehörigen nicht trauert, ist kein Mensch. Aber ich würde einen Mörder, dessen Motive wir noch nicht kennen, auch nicht mit Mördern gleichsetzen, die aus Rassismus morden.« Was für ein Motiv kann der Mörder eigentlich gehabt haben, das Restle nicht so verurteilenswert findet? Frauenhass? Gibt es schlechte und weniger schlechte Mörder?

Wer denkt, dass die Presse weniger ideologisch gefärbt ist als die Öffentlich-Rechtlichen, wird etwa bei einem Kommentar auf der Webseite *inFranken.de* eines Besseren belehrt. Dort heißt es: »Wer nach der Herkunft des Täters fragt, schert sich einen Dreck um das Opfer.«[10] Warum wollen Politiker und Medien die Herkunft des Täters nicht thematisieren? Weil das die elementaren Schwachstellen der deutschen Asylpolitik offenlegt und die verantwortlichen Politiker an den Pranger stellt.

Nehmen wir den mutmaßlichen Täter von Illerkirchberg. Er kommt aus Eritrea, einem nordafrikanischen Land. Dort herrscht kein Krieg. Dennoch hat Deutschland in den vergangenen Jahren Zehntausende Eritreer aufgenommen, sodass sich in Deutschland die größte Diaspora für Eritreer außerhalb Afrikas gebildet hat. Ein oft genannter Fluchtgrund ist der »entbehrungsreiche Wehrdienst« in dem Land. Wenn dieser Grund anerkannt wird, könnten alle Männer im Wehrdienstalter in Deutschland Zuflucht finden. Ich habe immer die Meinung vertreten, dass eine nationale Politik keinen Asylgrund darstellen darf, wie etwa die lange praktizierte Ein-Kind-Politik in China. Viele Chinesen haben diese Politik als Fluchtgrund genannt und im Westen Asyl bekommen! Sosehr ich ihnen das gönne, so fahrlässig ist das von den westlichen Ländern, denn das würde bedeuten, dass alle Chinesinnen im Gebäralter im Westen Asyl beantragen könnten. Haben die Länder überhaupt so viel Platz?

Ob ein Fluchtgrund in Deutschland anerkannt wird oder nicht, ist eigentlich irrelevant. Wer es bis nach Deutschland geschafft hat, darf in der Regel auch bleiben. So wurden zwar nur fünf Prozent der Eritreer als Asylant anerkannt, aber die restlichen 95 Prozent sind immer noch in Deutschland. Deutschland als Einwanderungsland, das dringend Fachkräfte braucht, sucht sich die Einwanderer nicht selber aus, sondern nimmt einfach alle auf, die es bis an die deutschen Grenzen geschafft haben. Dabei spielt es keine Rolle, ob sie die Anforderungen des deutschen Arbeitsmarktes erfüllen oder ob sie aus einer Kultur oder Religion kommen, deren Werte mit den vorherrschenden Werten in Deutschland nicht kompatibel sind.

Diese Asylpolitik basiert auf der Ideologie der Gleichheit, dass alle die gleiche Chance haben sollen, in Deutschland zu leben; dass alle den Willen haben, sich zu integrieren. Dass es solche und solche gibt, die Fleißigen und die Faulen, die Friedlichen und die Gewalttätigen, das passt nicht in das Weltbild der deutschen Idealisten und wird deshalb von ihnen konsequent ausgeblendet. Wer offen ausspricht, dass das hohe Niveau des deutschen Sozialstaates gerade die Faulen anzieht, ist für die Politik und Medien ein Rassist und ein Nazi.

Journalisten sind keine Helden. Sie sind auf ihr Einkommen als Redakteure angewiesen. Sie kennen ihren Betrieb und wissen um die Tabuthemen. Die Kritik an der Asylpolitik gehört dazu. Wer kann es ihnen übel nehmen, wenn sie lieber den Mund halten oder einfach einen Mainstream-Kommentar schreiben, der niemandem wehtut. Es ist zwar kein journalistisches Glanzstück, birgt aber auch nicht die Gefahr, in die rechte Schublade einsortiert zu werden.

Das heißt: Die Politiker und die Mainstream-Journalisten bleiben für zwei Tage betroffen, verurteilen die barbarische Tat. Dann verfolgen und bejubeln sie weiter die Politik, die genau für solche Verbrechen verantwortlich gemacht werden muss.

Lang, lang ist es her, als die Medien noch die vierte Gewalt darstellten und den Regierenden auf den Finger schauten. Spätestens seit der Flüchtlingskrise 2015 haben die deutschen Medien allerdings die vierte Gewalt aus der Hand gegeben. Bundeskanzlerin

Angela Merkel hat ihre Politik der Grenzöffnung und der Aufnahme aller dermaßen moralisiert, dass jeder, der sich traute, ihre Flüchtlingspolitik zu kritisieren, als ein herzloser, rechter, ausländerfeindlicher Populist dasteht. Wer will das schon sein? Zumal viele linksgrüne Journalisten, die nun ihren Traum von einer Welt verwirklicht sahen, selber Aktivisten geworden sind. »Einen guten Journalisten erkennt man daran, dass er sich nicht gemein macht mit einer Sache – auch nicht mit einer guten Sache.« Dieser Ratschlag vom langjährigen Tagesschausprecher Hans Joachim Friedrichs wurde in jenen Tagen von vielen Mainstream-Journalisten über Bord geworfen. Die Frage ist: Wenn Journalisten Aktivisten geworden sind, kann man von ihnen noch eine objektive Berichterstattung erwarten?

Dabei ist gerade das Migrationsthema sehr komplex. Und ein paar Aspekte werden in den deutschen Leitmedien immer noch tabuisiert: illegale Migration, Einwanderung in die Sozialsysteme oder Abschiebung. Auch im Jahr 2023 ist eine offene Debatte darüber kaum möglich. So konstatiert *The Pioneer*: »Es gibt gute Gründe, die Migrationsdebatte nüchtern, präzise und zielgerichtet zu führen. Offene Grenzen, ein großzügiger Sozialstaat und die Verweigerung der Regierung, über die Wirkung von beidem auf die illegale Migration zu sprechen, führen das Land dahin, wo es nicht hinmöchte: in die ökonomische und politische Überforderung.«[11]

Warum weigern sich die Mitglieder der Regierung, über die Wirkung von Sozialstaat und offenen Grenzen auf die illegale Migration zu sprechen? Die Ideologie der Regierenden spielt sicherlich eine Rolle, aber nur eine geringere. Vielmehr liegt es daran, dass die Leitmedien solche Debatten im Keim ersticken. Erinnern wir uns daran, was für eine Empörungswelle Markus Söder 2018 mit seinem »Asyltourismus« ausgelöst hat. Ähnliche Erfahrung hat auch Friedrich Merz gemacht. In der Flüchtlingsfrage gibt es nur zwei Pole. Entweder man ist für die Willkommenspolitik oder man ist ein Rechtsextremist. Eine Zwischenposition ist kaum möglich. Und wer will schon Rechtsextremist sein?

Corona – im Gleichschritt mit der Regierung

Während der Corona-Pandemie, die 2020 die Welt heimsuchte, hat sich das Muster der Helikopterperspektive wiederholt. Die Mainzer Forschungsgruppe um den Kommunikationswissenschaftler Marcus Maurer hat die Covid-19-Berichterstattung von elf Leitmedien zwischen dem 1. Januar 2000 und dem 30. April 2021 untersucht. Im Einzelnen waren das sieben Online-Nachrichtenangebote, nämlich *faz.de, sueddeutsche.de, welt.de, bild.de, spiegel.de, focus.de* und *t-online.de*, sowie vier Fernsehnachrichten-Formate *Tagesschau/ARD, heute/ZDF, RTL aktuell* und *ARD Extra*.

Die Forscher kommen zum Befund, dass »über den gesamten Untersuchungszeitraum hinweg politische Akteure die mediale Berichterstattung über die Pandemie dominiert haben (insgesamt 47 Prozent der genannten Akteure). Wissenschaftler kamen in den Beiträgen deutlich seltener, aber noch immer relativ häufig vor (19 Prozent), wobei wir den Begriff ›Wissenschaftler‹ hier zunächst sehr weit fassen und auch Ärzte und andere Vertreter des Gesundheitswesens einbeziehen. Im Zeitverlauf zeigt sich zudem, dass die Dominanz politischer Akteure während aller Pandemiewellen und insbesondere gegen Ende des Untersuchungszeitraums zugenommen hat. Relativ selten kamen dagegen Betroffene in der Berichterstattung vor, also Menschen, die selbst oder deren Angehörige an Covid erkrankt oder gestorben sind (1,2 Prozent). (...) Ähnlich selten wurden auch Corona-Skeptiker in den Medien erwähnt (1,6 Prozent). Der gelegentlich geäußerte Vorwurf, diese seien in der Berichterstattung der Leitmedien überproportional zu Wort gekommen, bestätigt sich folglich nicht.«[12]

Der Medienjournalist Timo Rieg hat in einem Artikel die Berichterstattung über die Corona-Pandemie als »Desinfektionsjournalismus« bezeichnet. Darin kritisiert er »eine fast gespenstisch einheitliche Berichterstattung, welche die Krisenstrategie der Bundesregierung weitgehend kritiklos transportiert und sich so zu Systemjournalismus macht«.[13] Dabei würden Ansichten mit Tatsachen verwechselt. Der Lockdown beispielsweise erschien den meisten Journalisten »so logisch, so alternativlos, so faktisch richtig, dass sie nicht einmal der ersten auf der Hand liegenden Recherchefrage nachgegangen sind, nämlich: Welche Folgen könnte das haben?«, schreibt Rieg weiter. Die Liste der Nebenwirkungen sei so lang und vielfältig, dass demokratische Verantwortung für die geplanten Wirkungen nur übernehmen könnte, wer alle Aspekte kenne. Darüber zu informieren, wäre die Aufgabe des Journalismus.

Die Frage der Kosten des Lockdowns, die zu stellen sich die Journalisten nicht trauen, hat ein Politiker gestellt: Boris Palmer. Der Bürgermeister von Tübingen, lange grün, nun parteilos, hatte schon früh Zweifel am Lockdown geäußert. In einem Interview mit der *taz* im April 2020 hatte er zu bedenken gegeben, dass auch der wirtschaftliche Niedergang Tausende Armutsopfer fordert.[14] Von China aus kann ich das nur bestätigen. Wie viele haben sich in China das Leben genommen, die durch den Lockdown ihre Arbeit verloren und das Darlehen nicht mehr zurückzahlen konnten? Darunter waren auch Unternehmer, die ihre Fabriken schließen mussten und vor dem finanziellen Ruin standen.

Wenige Tage nach dieser »Provokation« schaltete Palmer im *Sat1-Frühstücksfernsehen* einen Gang höher. Dort sagte er: »Ich sag es Ihnen mal ganz brutal: Wir retten in Deutschland möglicherweise Menschen, die in einem halben Jahr sowieso tot wären.«[15] Diese Aussage klingt sehr hart, birgt aber einen Korn der Wahrheit. So gehört beispielsweise die schwerkranke Mutter meiner besten Freundin in China zu den ersten Toten nach dem Ende der

Null-Covid-Politik Ende 2022. Mit Tränen in den Augen sagte mir meine Freundin: »Eine Fortsetzung des Lockdowns hätte meine Mutter wahrscheinlich noch ein halbes Jahr länger am Leben gehalten. Aber dann wäre die Wirtschaft in China gänzlich ruiniert.« Ein chinesisches Sprichwort besagt, dass hinter groben Worten oft die Wahrheit steckt. Aber grobe Worte verkraftet die deutsche Gesellschaft nicht mehr. »Palmer demontiert sich mit seinen menschenverachtenden Äußerungen selbst – und steht nun endgültig im Abseits«, berichtete die *taz*.[16] Laut dem Bericht betreibe ein Politiker »Selbstdemontage«, wenn er Kritik an den beschlossenen Maßnahmen ausübe.

In einem ähnlich diffamierenden Ton wurde über normale Bürger berichtet, die ihren Unmut öffentlich kundtaten. Medienjournalist Rieg bezeichnet die Berichterstattung über die erste Berliner Großdemonstration gegen die Corona-Politik als »Meilenstein für Einseitigkeit und Verzerrung«. »In keinem Medium, das er beobachtet hat, konnte er auch nur das Bemühen ausmachen, Positionen der klar zu Gegnern der eigenen Meinung erklärten Demonstranten zu vermitteln«, sagte er der *Berliner Zeitung*.[17]

So wie ein Skeptiker der Asylpolitik sofort mit dem Etikett »Ausländerfeind« oder »Rechtsextremist« versehen wird, wird ein Kritiker der Corona-Maßnahmen zum Corona-Leugner, Verschwörungstheoretiker oder Querdenker erklärt. In einem Kommentar für den *Deutschlandfunk* schreibt Rieg Anfang 2023: »Als Querdenker zu gelten, war mal eine Auszeichnung. Seit der Pandemie ist es ein Stigma, schön zu sehen an populären Verballhornungen wie ›Leerdenker‹ oder ›Querpfosten‹.«[18]

Der Autor findet es nicht nur unfair, dies habe auch zu einer Diskursverengung geführt, »mit hohem Konformitätsdruck und dem Zwang zum Schwarz-Weiß-Denken. Selbst Virologen und Epidemiologen wurden in Gut und Böse eingeteilt: in ›Team Vorsicht‹ und ›den Querdenkern zumindest nahestehend‹.«

Man musste noch nicht mal Kritiker der Corona-Maßnahmen sein, um etikettiert und diffamiert zu werden. Es reichte schon aus, wenn man sich weigerte, sich impfen zu lassen. Wenn man bedenkt, dass die Testzeit für den neuen Impfstoff sehr kurz war und Nebenwirkungen erst nach und nach bekannt wurden, war es mehr als verständlich, wenn manche einen solchen Eingriff in den eigenen Körper ablehnten. Statt auf ihr Bedenken einzugehen, überboten sich die Leitmedien auch im Falle der Impfung im blinden Gehorsam gegenüber der Regierung und in der Diskriminierung und Ausgrenzung der Andersdenkenden. Hier drei Überschriften aus dem Jahr 2021: *Keine Rücksicht auf die Rücksichtslosen* (*Stern*),[19] *Eine Diskriminierung von Ungeimpften ist ethisch gerechtfertigt* (*DIE ZEIT*),[20] *Wer sich nicht an eine Impfpflicht hält, darf nicht mit einer Geldstrafe davonkommen* (*Handelsblatt*).[21]

Die Ausgrenzung und Diskriminierung von Ungeimpften in Deutschland habe ich von China aus mit großem Entsetzen beobachtet. Selbst im Reich der Mitte, das angeblich die striktesten Corona-Maßnahmen ergriffen hatte, wurde zu keinem Zeitpunkt über eine allgemeine Impfpflicht diskutiert – Impfpflicht gab es nur für bestimmte Berufsgruppen. Und die Ungeimpften wurden nicht durch Maßnahmen wie 2G oder 3G aus dem gesellschaftlichen Leben ausgeschlossen.

Der deutschlandweit bekannte Virologe Alexander Kekulé wurde Ende 2021 von der Uni Halle suspendiert, seine Klage dagegen ist gescheitert. Kurz zuvor hatte Kekulé der *Welt* gesagt: »Geimpfte glauben, sie seien sicher. Man hat sie falsch informiert.«[22] Dass die Impfung nicht vor einer Ansteckung schützt, wissen wir heute alle. Aber damals war die Äußerung ein Affront gegen die Regierung und die Leitmedien. Der Ökonom Stefan Homburg sieht deshalb einen Zusammenhang zwischen der Suspendierung und der Impfkritik von Kekulé. Homburg twitterte: »Eine Suspendierung ist bei gravierenden Verstößen wie etwa sexuellem Missbrauch mit

Wiederholungsgefahr denkbar, aber nicht wegen Verletzung einer Lehrverpflichtung. Ähnlich wie bei Angestellten wäre hier eine Abmahnung angemessen, verbunden mit der Auflage, versäumte Lehre nachzuholen. Meiner Ansicht nach handelt es sich um ein politisches Verfahren. An Herrn Kollegen Kekulé soll ein weiteres Exempel statuiert werden, damit bei künftigen ›Pandemien‹ niemand Kritik äußert, insbesondere keine Impfkritik.«[23]

Homburg ist nicht der Einzige, der in der Impfkritik und der Suspendierung von Kekulé einen Zusammenhang sieht. Der ehemalige *ZDF*-Moderator und Buchautor Peter Hahne sagte es noch deutlicher. In seinem Buch *Das Maß ist voll – In Krisenzeiten hilft keine Volksverdummung* schreibt er: »Der prominente Virologe Alexander Kekulé warf den Unternehmen mangelnde Forschung vor: Sie wollten zunächst ihr altes Zeug loswerden, von dem längst erwiesen war, wie wenig es nützt. ›*Immunisierung*‹, jubelte die Schlagzeile der *FAZ*. Aus einem Jahr Schutz wurden zehn Monate, dann acht und schließlich ein halbes Jahr. Die ›Zehn kleinen Maximalpigmentierten‹ lassen grüßen ...Und der böse Kritiker Kekulé wurde ›weggesäubert‹, ebenso wie ein bayerischer Gesundheitsamts-Leiter und ein bayrischer Ethikrat-Professor. Kritiker mundtot machen: eine Verschwörungstheorie? Nein, bittere Realität!«[24]

Hahne nannte noch weitere Beispiele: »Der harmlose Boris Reitschuster flog aus der Bundespressekonferenz, der harmlose Podcast *Indubio* der Achse des Guten aus YouTube. Ganz nebenbei wurde damit auch ein Henryk M. Broder, der seine halbe Familie in den Konzentrationslagern verloren hat, in seiner Wirkung stark eingeschränkt. In der Corona-Politik bricht ein totalitärer ›moralischer‹ Rigorismus sich Bahn, der alles wegfegen möchte, was es an demokratischen Freiheiten in diesem Land gibt.«

Wie eng der Meinungskorridor während der Pandemie war, zeigt die *Hart aber fair*-Sendung vom 15. November 2021 im *WDR* sehr anschaulich. Für dieses Buch habe ich mir die Sendung *Nur ja kein Zwang: Ist unsere Politik beim Impfen zu feige?* noch einmal in Gänze angeschaut. Dabei musste die Philosophin Svenja Flaßpöhler, die sich als die Einzige in der Runde klar gegen die Einführung einer allgemeinen Impfpflicht positioniert hatte, gegen fünf (vier Gäste plus Moderator Frank Plasberg) argumentieren. Immer wieder wurde sie in die Ecke gedrängt und ihr wurde alles Mögliche unterstellt. Am nächsten Tag fielen die Leitmedien über sie her.

Was hat sie Schlimmes gesagt? Ihr erstes Statement zitiere ich an dieser Stelle vollständig: »Zunächst mal halte ich es für fatal und falsch, Menschen zu kriminalisieren, die von ihrem Recht Gebrauch machen, Eingriffe in ihren Körper abzulehnen. Zweitens finde ich es hochproblematisch, dass man politisches Versagen, das darin besteht, dass man Impfzentren geschlossen hat, dass man Tests kostenpflichtig gemacht hat, dass man es nicht geschafft hat, den Pflegesektor so umzubauen, dass nicht reihenweise Leute kündigen, was dazu geführt hat, dass wir 4000 Intensivbetten weniger haben, dieses politische Versagen wird jetzt in einem Akt grandioser Komplexitätsreduktion und Projektion übertragen auf die Menschen, die von ihrem Recht Gebrauch machen, sich nicht impfen zu lassen. Und ich wehre mich auch dagegen, dass man die Ungeimpften hinstellt als ein unterschiedsloses, dummes Kollektiv. Es gibt doch sehr unterschiedliche Motive, warum Menschen sich nicht impfen lassen wollen. Stellen wir uns einen Menschen vor, der gesund ist, der vielleicht aber sehr schlechte Erfahrungen gemacht hat mit anderen Impfungen, vielleicht auch in seinem Umfeld, und der jetzt für sich abwägt: Will ich mich jetzt impfen lassen und möglicherweise eine Herz-Muskel-Erkrankung als Nebenwirkung in Kauf nehmen? Oder gehe ich das Risiko ein, als gesunder Mensch diese Krankheit zu durchlaufen? Das ist eine Abwägungsfrage. Und das ist nicht gegen die eigene Vernunft, sondern man nennt das Selbstbestimmung. Und solange wir keine Impfpflicht haben, und ich bin absolut dagegen, dass wir eine haben, muss man dieses Recht auf Selbstbestimmung akzeptieren. Und man kann Leute nicht dafür, dass sie es nutzen, wie kleine Kinder im Stubenarrest wegsperren oder kriminalisieren. Und noch ein Satz zu der Pockengeschichte. Es ist doch so, dass die Pocken durch die Impfung bekämpft wurden, in dem Sinne, dass sie verschwunden sind. Das ist aber bei diesem Virus, mit dem wir zu tun haben, das sagt selbst das RKI, gar nicht möglich. Das wird nicht verschwinden. Und das ist auch nicht so wie bei der Masernimpfung, dass, wenn Sie sich impfen lassen, dann kriegen Sie ganz sicher dieses Virus nicht. Nein, das ist doch alles gar nicht gegeben. Sie sind trotzdem ansteckend, Sie können selber krank werden, Sie können andere anstecken. Sie können auch auf der Intensivstation landen. Wie wollen Sie denn auf so einer Datenbasis eine Impfpflicht durchsetzen?«[25]

Und heute wissen wir alle, dass sie mit jedem Satz Recht hat. Aber in der damaligen aufgeheizten Stimmung gab es in den öffentlichen Debatten für eine solch rationale Stimme keinen Platz. Erschwerend kommt hinzu, dass die Leitmedien gar nicht durchgehend für eine allgemeine Impfpflicht waren. »So war es ungezählten Journalisten möglich, im Sommer 2021 gegen eine allgemeine Impfpflicht zu sein, im Herbst und Winter 2021 fast sämtlich dafür und im Frühjahr 2022 fast sämtlich wieder dagegen – stets verbunden mit dem Drang, politisch, so gut es geht, zu intervenieren und jeden bloßzustellen, der als zwischenzeitliche Out-group nicht in Chor und Marschtakt lief«, schreiben Richard David Precht und Harald Welzer in ihrem Buch *Die vierte Gewalt*.[26] Cursor-Journalismus par excellence.

Ukraine-Krieg – Journalisten machen Politik

Verhielt sich der Cursor während der Pandemie noch ziemlich zappelig, so bleibt er im Ukraine-Krieg recht stabil. Und das führt dazu, dass der Meinungskorridor noch einmal verengt wird und Debatten im Keim erstickt werden. Und das liegt daran, dass das Narrativ ganz einfach ist: Putin ist der Diktator und Aggressor; Kriegsverbrechen gehen nur von der russischen Seite aus, die »Schergen« folgen ganz einfach »dem Barbarismus der russischen Zerbombungsmoral«, ist in einem *FAZ*-Gastbeitrag aus dem Juli 2022 zu lesen;[27] Aggression muss mit militärischer Stärke bekämpft werden; wer die Ukraine mit Waffen unterstützt, verteidigt Europa und die Demokratie; Waffen für die Ukraine sind nicht nur Gebot der Stunde, sondern »Pflicht christlicher Nächstenliebe«, wird Annette Kurschus, Ratsvorsitzende der Evangelischen Kirche, in der *Westfalenpost* zitiert.[28]

Selten ist die Eintracht zwischen den Leitmedien, der Politik und gar der Kirche so deutlich zu beobachten wie nach dem Ausbruch des Ukraine-Krieges.

Und da kam die damals 79-jährige Feministin Alice Schwarzer Ende April 2022 mit einem offenen Brief an Bundeskanzler Olaf Scholz daher und zerstörte diese Harmonie. Der Brief ist an sich harmlos und in einem sehr milden Ton verfasst. Die Urheberin verurteilt »die russische Aggression als Bruch der Grundnorm des Völkerrechts« und teilt die Überzeugung, »dass es eine prinzipielle politisch-moralische Pflicht gibt, vor aggressiver Gewalt nicht ohne Gegenwehr zurückzuweichen«.[29] Schwarzer warnt aber vor einer möglichen Eskalation mit atomarem Risiko durch Lieferung schwerer Waffen an die Ukraine und damit verbundenen Kosten an Menschenleben nicht nur, aber vor allem unter der ukrainischen Zivilbevölkerung. Zu den 28 Erstunterzeichnern gehören die bereits erwähnte streitbare Philosophin Svenja Flaßpöhler, der Politikwissenschaftler Wolfgang Merkel, der Musiker Reinhard Mey, der Kabarettist Dieter Nuhr und der Schriftsteller Martin Walser.

»Während binnen kurzer Zeit 300 000 weitere Bürger den Brief unterzeichneten, wurden die Urheber von den Leitmedien mit Häme und Aggressivität angegangen. So kommentierte die *taz*: »Auch Sie haben dieser Tage bestimmt ein paar hämische Bemerkungen gehört oder gelesen, wonach sich irgendwelche Hanselinnen und Hanseln für keine Unterschrift unter ein hingerotztes Pamphlet zu schade seien. Fix-fix hätten sie sich beim Überfliegen der Briefe zum Angriff Russlands auf die Ukraine eine Meinung gebildet und sich namentlich daruntersetzen lassen. Zur Belohnung dürften sie fortan in Talkshows über Panzer, Atombomben und Embargos mitreden.«[30] Die Verachtung für die vom Mainstream oder vom Cursor abweichende Meinung trieft aus jeder Zeile des Kommentars.

Warum diese Aggression? Nach Precht und Welzer berge die konzertierte Übernahme des Regierungs-Narrativs durch sämtliche Leitmedien das Dilemma, »dass sie nun nicht mehr in der Lage sind, die Position eines Dritten gegenüber den Angegriffenen und den Angreifern einzunehmen; jene Position, die auf bestmögliche Weise dazu geeignet ist, objektiv über das Geschehen und seine Deutungsmöglichkeiten zu berichten«, schreiben Precht und Welzer in *Die vierte Gewalt*. Entsprechend aggressiv falle dann die Antwort auf jede und jeden aus, die den Versuch machten, die Position des Dritten einzunehmen.

Und auch hier wieder wurden sämtliche hier bereits beschriebenen Werkzeuge und Methoden aus dem Giftschrank des Journalismus geholt, um jede abweichende Meinung flugs niederzuschreiben.

Lückenpresse: Für die Medien beginnt der Ukraine-Krieg am 24. Februar 2022. Was ist 2014 geschehen? Wie ist es zur Revolution auf dem Maidan-Platz gekommen? Hat die NATO auch

Fehler gemacht? Warum hat US-Präsident Joe Biden Ende 2021 Gespräche mit Putin verweigert? Was war die Ukraine vor der russischen Invasion für ein Land? Darüber liest man in den deutschen Leitmedien kaum noch. Verständlich, denn jede Aufarbeitung der Geschichte könnte das Narrativ »Ukraine gut, Russland böse« stören. Nichts darf ansatzweise so gedeutet werden, dass Putin rationale Gründe haben könnte, einen Krieg vom Zaun zu brechen.

Kampagnenjournalismus: Die Berichterstattung über den offenen Brief von Alice Schwarzer kann man getrost als eine Kampagne bezeichnen. Das Gleiche gilt über die später von Alice Schwarzer und Sarah Wagenknecht initiierte Friedensbewegung. Dazu gehört auch, nicht zu vergessen, die Kampagne gegen Altkanzler Gerhard Schröder, der sich weigerte, Putin öffentlich zu verurteilen.

Haltungsjournalismus: Die Berichterstattung über den Ukraine-Krieg lässt jede Neutralität und Objektivität vermissen. So werden die ukrainischen Soldaten als Helden gefeiert, während die russischen Soldaten als Mörder, Soldateska oder Schergen bezeichnet werden. Sogar für die Hasstiraden des ehemaligen ukrainischen Botschafters in Deutschland Andrij Melnyk auf Twitter zeigen die Leitmedien Verständnis, da sein Volk ja gerade so leide.

Herden- oder Cursor-Journalismus: Da diesmal der Cursor nicht wackelt, fällt es den Leitmedien-Journalisten nicht schwer, ihn zu fixieren. Kann man sich in dieser Atmosphäre vorstellen, dass sich irgendein Chefredakteur oder Kommentator traut, das sichere Terrain des Cursors zu verlassen?

Es stellt sich allerdings die Frage, ob die deutsche Bevölkerung geschlossen hinter der Einheitsmeinung der Politik (bis auf die AfD und die Linke) und der Leitmedien steht. Mitnichten. In der Frage der Lieferung von schweren Waffen an die Ukraine sind die Deutschen gespalten. Der *ARD*-Deutschlandtrend kam auf ein Patt von 45 Prozent Zustimmung und 45 Prozent Ablehnung, mit zehn

Prozent Unentschiedenen.[31] Mit anderen Worten: Die Deutschen sind in dieser Frage nicht nur gespalten, die Befürworter machen nicht mal die Mehrheit aus.

Indem aber die andere Meinung nicht veröffentlicht wird, wird suggeriert, dass die Unterstützung der Lieferung von Offensivwaffen an die Ukraine die allgemeine öffentliche Meinung ist. Indem die Journalisten die öffentliche Meinung manipulieren, erhöhen sie den Druck auf die Politik, jeder Aufforderung der ukrainischen Regierung nachzukommen. Die Kölner Medienwissenschaftlerin Marlis Prinzing warnt schon früh vor einem »Kriegsaktivismus« der Medien. In einem Gastbeitrag für *meedia.de* schreibt sie: »Manche Journalistinnen und Journalisten machen sich in Talkrunden freiwillig zum Sprachrohr der ukrainischen Politik, stehen stramm zum ›Ja‹ für die Lieferung schwerer Waffen an die Ukraine und verharmlosen die atomare Eskalationsgefahr auch, um damit ein Argument zur Zurückhaltung bei solchen Lieferungen zu entkräften.

Beispielsweise warf *Spiegel*-Journalistin Melanie Amann in der Sendung von *Maybrit Illner* am 28. April 2022 dem Bundeskanzler Olaf Scholz vor, er jage den Menschen Angst vor einem Atomkrieg ein und verzögere damit, dass sie die wachsende militärische Unterstützung für die Ukraine billigen.«[32] Prinzing schlussfolgert: »Die Grenzen hin zum Kriegsaktivismus und zum Vernachlässigen der eigentlichen Rolle von Journalismus erscheinen fließend.« Ihrer Meinung nach sollte Journalismus »Bedenken aufgreifen, einordnen, fragen – beispielsweise danach, was mit den gelieferten Waffen geschieht, wenn der Krieg endet – und auch Dilemmata zur Diskussion stellen, zum Beispiel dass Waffenlieferungen zwar die Selbstverteidigungskraft der Ukraine stärken, aber den Krieg verlängern«. Das ist zwar wünschenswert, aber in der heutigen Konstellation des deutschen Journalismus kaum noch vorstellbar.

Die Vielfalt der Geschlechter – keine Widerrede erlaubt

Im Frühjahr 2018 habe ich mich in einer Kolumne mit der frühkindlichen Beschäftigung mit der Vielfalt der Geschlechter auseinandergesetzt.[33] Anlass meiner Kolumne war eine 140-seitige Broschüre, die der Berliner Senat den Erzieherinnen in den Kindergärten ans Herz gelegt hat. »Darin geht es um Jungen, die ihren Penis abschneiden wollen; um Kinder, die über Penis und Scheide verfügen wollen; um geschlechtsflexible und geschlechtsneutrale Kleinkinder.« Ich habe nichts gegen die Vielfalt und Flexibilität der Geschlechter, fand nur das kleinkindliche Alter etwas unpassend für dieses Thema.

In meinem Text verglich ich das verklemmte China meiner Kindheit mit dem woken Deutschland von heute: »Bis zu meinem zehnten Lebensjahr hatte ich geglaubt, dass ich von meinen Eltern in einer Mülltonne gefunden wurde ... In der Schule habe ich zwar Textaufgaben bis zum Exzess gelöst, aber immer noch kein Lehrer widerlegte die These, dass Kinder allesamt arme Findlinge sind. Misstrauisch wurde ich erst am Gymnasium: Im letzten Kapitel des Schulbuchs für Biologie ging es um den menschlichen Körper und die Sexualität. Unsere Biolehrerin hat aber mit den anderen Kapiteln so getrödelt, dass für den spannendsten Teil des Buches schlicht keine Zeit mehr übrig war. Natürlich hatten wir den Verdacht, dass das pure Absicht war. Wie ich später erst hörte, legten die Jungs in unserer Klasse bereits zu Schuljahresbeginn einen nie dagewesenen Lerneifer an den Tag und sogen den Inhalt dieses Kapitels regelrecht auf. Sie wären grün und blau vor Neid geworden, wenn sie wüssten, dass die Jungs in Nordrhein-Westfalen ab der achten Klasse einen Kondomführerschein machen können. Den hat die damalige rot-grüne Landesregierung 2014 eingeführt.«

In diesem leicht ironischen Ton zog ich die Ideologie der Sexualpädagogik vor allem der Grünen durch den Kakao. Dabei unterschätzte ich die Humorlosigkeit der grünen Ideologen schwer. Kein Geringerer als der – offen homosexuelle – Medienjournalist Stefan Niggemeier schickte einen Fragenkatalog bezüglich meiner Kolumne an die Intendanz der Deutschen Welle. Die damalige Chefredakteurin Ines Pohl, ehemalige Chefredakteurin der *taz*, forderte mich auf, die Fragen innerhalb von zwei Stunden zu beantworten. Einen Hauch vom Herbst 2008 und der »Causa Zhang« spürte ich an jenem Tag. Im Gegensatz zu damals allerdings stellte sich die Intendanz diesmal klar vor mich. Das erzürnte Niggemeier dermaßen, dass er in einem sehr langen Text auf seinem Blog *uebermedien.de* sowohl meine Kolumne als auch die Stellungnahme der Intendanz heftig kritisierte.[34] Er unterstellte mir, ein Problem mit der Vielfalt der Geschlechter und der Lebensformen zu haben. »Sie (damit bin ich gemeint) diffamiert, diskriminiert und desinformiert. Und auf Nachfrage macht sich die Deutsche Welle ihre Position zu eigen«, war sein Schlusswort.

Zwei Dinge habe ich bei diesem Theater nicht verstanden. Erstens: Warum stellte Niggemeier eine Anfrage an die Intendanz der Deutschen Welle, statt einfach meinen Text zu kritisieren? Das riecht für mich nach Denunziation, nach dem Motto: Ich sage deinem Arbeitgeber, was für schlimme Sachen du angestellt hast. Zweitens: Warum gibt sich die Intendanz so viel Mühe, um eine Mitarbeiterin zu verteidigen? Warum kann sie nicht einfach antworten: »Die Aussagen von Frau Zhang sind von der Meinungsfreiheit gedeckt«?

Gendern – gegen den Willen des Volkes

Wenn ich auf meine journalistische Laufbahn bei der Deutschen Welle zurückblicke, stelle ich fest, dass ich einen Hang dazu habe, sensible Themen anzusprechen. Kein Wunder, dass ich meinem Arbeitgeber immer wieder Kopfschmerzen bereitet habe. So kann ich mich beispielsweise damit rühmen, zu den ersten Kritikern des Gendersterns zu gehören. Im November 2015 las ich einen Gastbeitrag von Gesine Agena, der damaligen frauenpolitischen Sprecherin der Grünen, in der Wochenzeitung *DIE ZEIT*. Darin schreibt sie: »Der Stern steht für unsere Überzeugung, dass dieses Land allen Raum bietet – auch in der Sprache.«[35] Der Stern stehe für Lesben, Schwule, Bisexuelle, Transgender, Trans- und Intersexuelle (LSBTTI).

Ich konnte mich nicht halten und verfasste einen Text für meine Kolumnenserie *Mein Deutschland* in Form eines Briefes an die Grünen-Politiker*innen, in dem es von Gendersternchen nur so wimmelte, um diese Idee ins Lächerliche zu ziehen. Darin beklagte ich den hohen Schwierigkeitsgrad der deutschen Sprache und fragte die Grünen-Politiker*innen: »Wollen Sie, die sich als die letzten Verteidiger*innen der Willkommenskultur verstehen, den traumatisierten Syrer*innen, Iraker*innen und Eritreer*innen bei der Integration ein zusätzliches Hindernis in den Weg legen? Dass Sie in einem Wort nicht zweimal gendern, also Verbraucherschützer*innen statt Verbraucher*innenschützer*innen, ist nur ein kleiner Trost.«[36]

Damals taten die Grünen noch bescheiden und behaupteten, dass es sich beim Genderstern nur um eine innerparteiliche Regelung für Beschlüsse handle und nicht um eine Forderung, die deutsche Sprache im Allgemeinen zu verändern. Wir wissen, was inzwischen aus der parteiinternen Regelung geworden ist. In den Jahren danach hat die Gendersprache den Siegeszug in den öffentlich-rechtlichen Rundfunk, in Hochschulen und Verwaltung gehalten. Selbst die früher als ein Hort konservativer Werte gesehene Kirche will in diesem Wokeness-Wettbewerb nicht nachstehen. »Die Evangelische Landjugendakademie in Altenkirchen bietet im Frühjahr 2022 eine sechsteilige ›Modulreihe‹ an, unter anderem zum Thema ›Gemeinsam gegen Anti-Gender Hate Speech vorgehen‹«, berichtet Peter Hahne in seinem Buch *Das Maß ist voll.*[37] Muss man sich wundern, dass sich die Gläubigen scharenweise von der Kirche abwenden?

An diesem kirchlichen Programm gegen »Anti-Gender Hate Speech« wird auch ersichtlich, dass es sich beim Gendern um eine heilige Kuh handelt, die einfach richtig ist und nicht zur Diskussion steht. Und wehe, wenn sich dennoch jemand traut, die Gender-Ideologie zu kritisieren, selbst wenn dieser jemand kein Geringerer als der ehemalige DDR-Bürgerrechtler und Bundestagspräsident Wolfgang Thierse ist. In einem Gastbeitrag für die *FAZ* äußerte er Kritik an einer »gendergerechten« Sprache und warnte vor den Gefahren einer linken Identitätspolitik.[38]

Natürlich löste der Text eine Welle der Empörung aus, auch bei seinen Parteifreunden. Sie seien »beschämt« von den »Aussagen einzelner Vertreter(*)innen der SPD«, schreiben Parteichefin Saskia Esken und ihr Vize Kevin Kühnert an Vertreter der Lesbisch-Schwulen-Bisexuell-Transgender-Gemeinschaft. Daraufhin bot Thierse der Parteispitze seinen Austritt an, berichtete die Zeitung *Merkur* im März 2021.[39] Die einst debattenfreudige SPD duldet keine abweichenden Meinungen mehr, die beispielsweise von Thilo Sarrazin und Wolfgang Thierse vertreten werden. Muss man sich wundern, wenn sich die Umfragewerte der Partei im Sinkflug befinden?

Die linksgrünen Ideologen leisteten ganze Arbeit, um das Volk zu ihrem Genderglück zu zwingen. »Wer gendert, ist lieb und links. Wer es nicht tut – und auch nicht tun will –, böse und rechts«, kommentierte die *Neue Zürcher Zeitung* 2020.[40] Mit der

Methode der Etikettierung erreichten die Grünen eher das Gegenteil. »Fast zwei Drittel der Deutschen lehnen einer Umfrage zufolge eine gendergerechte Sprache ab. 65 Prozent der Bevölkerung halten nichts von einer stärkeren Berücksichtigung unterschiedlicher Geschlechter, wie eine Befragung von Infratest Dimap für die *Welt am Sonntag* ergab. Im vergangenen Jahr lag die Ablehnung noch bei 56 Prozent«, berichtete die *FAZ* im Mai 2023.[41]

Von solchen Umfragewerten ermutigt, probt die Union den Widerstand. So erklärte im Frühjahr 2024 Armin Schwarz (CDU), der neue Kultusminister von Hessen, die Gender-Sonderzeichen bei der Abi-Prüfung zu verbieten. »Wer es trotzdem mit dieser Form geschlechtergerechter Sprache hält, muss zusätzliche Fehlerpunkte in Kauf nehmen, die womöglich die Note drücken«, berichtete die *Hessenschau*.[42] Die oppositionellen Grünen protestierten naturgemäß. »Das Verbot ist nach Ansicht der Abgeordneten Jlia Herz (Grüne) ein irrationaler ›Kulturkampf auf dem Rücken der Schüler*innen‹«, heißt es weiter. Wer hat die ganze Zeit einen Kulturkampf geführt? Mir fiel wieder das chinesische Sprichwort ein: Der Dieb ruft: Haltet den Dieb.

Kritik am Islam – ein ganz heißes Eisen

Armutseinwanderung und gescheiterte Integration vor allem muslimischer Einwanderer sind seit jeher ein heikles Thema. 2010 brach Thilo Sarrazin, damals SPD-Mitglied und Mitglied im Vorstand der Deutschen Bundesbank, mit diesem Tabu. Sein Bestseller *Deutschland schafft sich ab – Wie wir unser Land aufs Spiel setzen*[43] beschäftigt sich damit, wie sich die Kombination von Geburtenrückgang und Zuwanderung aus überwiegend muslimischen Ländern auf die Zukunft Deutschlands auswirken wird. In den Leitmedien wurde das Buch entweder totgeschwiegen oder zur gefährlichen Lektüre erklärt. »Thilo Sarrazin hat ein antimuslimisches Dossier verfasst«, berichtete die *FAZ* im August 2010.[44]

Für das Buch zahlte Sarrazin einen hohen Preis: Er musste aus dem Vorstand der Bundesbank scheiden. Die SPD erwog, ihn aus der Partei auszuschließen. In der SPD und in der deutschen Gesellschaft wurde er zur Persona non grata, während in den Jahren danach keiner die Fakten in seinem Buch widerlegen konnte.

Am bedrückendsten für Sarrazin selber war das darauffolgende Mobbing seiner Frau, die in Berlin Lehrerin war. In seinem Buch *Die Vernunft und ihre Feinde* schildert er, dass das Mobbing nicht von den Schülern kam, sondern von »ihrem Schulleiter und ihren Schulräten. Das Mobbing wurde so stark, dass sie schließlich ein Jahr nach der Veröffentlichung von *Deutschland schafft sich ab* bei der Vollendung des 60. Lebensjahres in den vorzeitigen Ruhestand ging, obwohl sie stets eine begeisterte und sehr erfolgreiche Lehrerin gewesen war.«[45]

2016, das Jahr nach dem Flüchtlingsstrom, wurde Deutschland von einer Serie von Terroranschlägen erschüttert. »Zunächst wurde im Februar 2016 ein Bundespolizist am Hauptbahnhof Hannover/Niedersachsen durch eine Messerattacke verletzt; es folgten ein Sprengstoffanschlag im April 2016 auf ein Sikh-Gebetshaus in Essen/Nordrhein-Westfalen, ein Angriff mittels einer Axt im Juli 2016 in einem Regionalzug in Würzburg/Bayern und ein weiterer versuchter Sprengstoffanschlag in Ansbach/Bayern im Juli 2016. Der Anschlag mit den bislang meisten Todesopfern und Verletzten in der Bundesrepublik Deutschland ereignete sich am 19. Dezember in Berlin am Breitscheidplatz mit insgesamt 13 Toten und 60 Verletzten«, ist auf der Seite des Bundeskriminalamts zu lesen.[46]

Alle Anschläge wurden von Islamisten verübt. Um das Thema Islam wurde in den Medien dennoch ein großer Bogen gemacht. Der Islam sei eine Religion des Friedens und habe mit dem Islamismus nichts am Hut, war der Tenor der Berichterstattung.

Warnende Stimmen hat es aber bereits sehr früh gegeben. Beispielsweise die des Wissenschaftlers Hamed Abdel-Samad, eines in Kairo geborenen Sohnes eines sunnitischen Imams. 1995 kam er nach Deutschland, studierte Politik und arbeitete unter anderem am Erfurter Lehrstuhl für Islamwissenschaft und am Institut für Jüdische Geschichte in München.

Heute ist er Mitglied der Deutschen Islamkonferenz und einer der bekanntesten Islamkritiker und er warnte schon früh vor Terroranschlägen in Europa. Bereits Ende 2015 sagte er im Interview mit *Zeit Online*: »Der islamische Fundamentalismus wächst und gedeiht seit Jahren auch in Europa, so als hätten wir nichts gelernt aus dem 11. September: Europa ließ den politischen Islam Strukturen aufbauen und dachte, damit fördern wir Toleranz.«[47] Er verstehe nicht, wie europäische Dschihadisten nach Syrien gehen und zurückkommen können, und der Rechtsstaat greife nicht ein. Damals hatte er gerade sein Buch *Mohammed* veröffentlicht und stand unter strengem Polizeischutz. So musste er in einer gepanzerten Limousine bis zum Flughafen gefahren werden und auf der Buchmesse nur mit einer schusssicheren Weste auftreten. Im Interview stritt Abdel-Samad direkt ab, dass der Islam eine Religion des Friedens sei: »Das Feuer des Islamismus war immer da, weil es seit Anbeginn des Islams eine Ideologie der Gewalt gibt. Bis heute soll die Gewalt den muslimischen Minderwertigkeitskomplex durch Allmachtsfantasien kompensieren.«

Deutliche Worte von einem Islamkenner, welche die deutsche Gesellschaft eigentlich wachrütteln sollten. Doch diese einzelne Stimme der Vernunft verhallte und verhallt im Chor der Beschwichtigungen. Und was ein Muslim gesagt hat, darf ein biodeutscher Christ noch lange nicht schreiben. 2018 folgte das islamkritische Buch von Thilo Sarrazin: *Feindliche Übernahme: Wie der Islam den Fortschritt behindert und die Gesellschaft bedroht.*[48] Die Folge: Sarrazin wurde 2020 aus der SPD ausgeschlossen. Der Stein des Anstoßes lag nicht darin, »dass den Büchern sachliche, statistische oder logische Fehler nachgewiesen wurden. Der ›Skandal‹ bestand vielmehr darin, dass ich Fragen stellte und Sachverhalte erörterte, die für die herrschende Parteilinie offenbar tabu waren«, schreibt Sarrazin in seinem Buch *Die Vernunft und ihre Feinde*.[49]

Nachdem die AfD den Islam zum eigenen Thema gemacht hat, wird der Schleier darüber noch mal dicker. Denn wer jetzt das Thema anspricht, macht sich mit den Rechtsextremisten gemein. So berichtete die *taz* Ende 2017 über eine Kundgebung zum Jahrestag des Attentats vom Breitscheidplatz in Berlin mit der irritierenden Überschrift *Mit der AfD gegen Islamismus*.[50] Grund für diese Überschrift: Ein paar AfD-Politiker waren anwesend. Und für die Reporterin der *taz* war das Grund genug, um den Veranstaltern und Rednern fehlende Distanz zur AfD vorzuwerfen, nachdem zuerst umständlich erklärt worden war, dass es schwierig sei, die AfDler zu verbannen: »Normalerweise reagieren Veranstalter auf solche Fälle aber dann zumindest, indem sich die RednerInnen inhaltlich von den ungebetenen Gästen distanzieren – auch das passiert hier nicht.«

Auf das eigentliche Anliegen der Kundgebung, die Tabuisierung der islamistischen Ideologie des Täters zu kritisieren, ging der Bericht hingegen überhaupt nicht ein. Ein Beweis mehr, dass die Veranstalter mit ihrer Kritik richtigliegen.

Dass die Integrationsprobleme der Muslime und die Wertekonflikte des Islams mit Deutschland tabuisiert werden, könnte daran liegen, dass die Muslime laut der grassierenden politischen Korrektheit, die es sich zum Ziel gesetzt hat, Minderheiten zu schützen, gleich zwei Minderheitengruppen angehören, einer ethnischen und einer religiösen. Kritik an ihnen gilt nach der linksgrünen Ideologie als rassistisch und diskriminierend. Ohne die unzähligen Beispiele der gelungenen Integration der Muslime in Abrede zu stellen, ist es nicht von der Hand zu weisen, dass mit dem Flüchtlingsstrom 2015 auch der radikale Islam und der Antisemitismus importiert wurden. Erst nachdem die Gräuel der Hamas in Gaza im Oktober 2023 in deutschen Städten von Einwanderern aus dem arabischen Raum bejubelt wurden, trauen sich die Medien, das heiße Eisen Islam anzufassen.

So ist der *FOCUS-online*-Korrespondent Ulrich Reitz der Meinung, dass es Zeit sei, über das große Islam-Tabu in Deutschland zu sprechen.[51] »Der Antisemitismus ist Bestandteil des islamischen Glaubens. Und zwar nicht, weil dies Imame in Freitagsgebeten auf der ganzen Welt predigen würden, sondern weil sie sich dabei auf ihre heilige Überlieferung berufen können. Es gibt den migrantischen Antisemitismus, weil er integraler Bestandteil des Glaubens von Moslems ist, denn: Der Antisemitismus steht im Koran«, schreibt Reitz.

China – das ewige Minenfeld

Im Frühjahr 2014 wurde der China-Kenner Frank Sieren von Peter Limbourg, dem frischgebackenen Intendanten der Deutschen Welle, als Kolumnist eingestellt. Bereits wenige Monate später löste ein Text von Sieren Empörung innerhalb und außerhalb der Deutschen Welle aus. Es ging um einen von der China-Redaktion bestellten Kommentar zum 4. Juni 2014, dem 25. Jahrestag der Niederschlagung der Studentenproteste auf dem Platz des Himmlischen Friedens in Peking. Sieren schrieb keinen einfachen Verurteilungskommentar Richtung Peking. Stattdessen holte er Erinnerungen an Begegnungen mit zwei deutschen Politikern raus: dem ostdeutschen Günter Schabowski, der nur einen Monat nach diesem Ereignis als Mitglied des Zentralkomitees des ostdeutschen Politbüros nach Peking reiste und mit dem damaligen Staatspräsidenten Jiang Zemin sprach, sowie dem Altkanzler Helmut

Schmidt, der 1990 den Reformpolitiker und graue Eminenz Deng Xiaoping in Peking traf.[52] Schabowski und Schmidt berichteten Sieren gegenüber dasselbe, nämlich, dass die chinesische Führung keineswegs darauf stolz war, eine konterrevolutionäre Bewegung niedergeschlagen zu haben, sondern sehr kleinlaut war und sich Sorgen um die internationale Isolation machte.

Sieren findet, dass die Tonlage von Jiang für den deutsch-deutschen Vereinigungsprozess Folgen hätte, »die man nicht unterschätzen sollte. Denn nur fünf Monate später stand das SED-Politbüro vor der Entscheidung, ob es Panzer gegen Demonstranten in Leipzig in Stellung bringen sollte. Mit dem damaligen Staats- und Parteichef Egon Krenz war Schabowski sich einig, so sagte er im Rückblick, ›dass eine Lehre aus dem Pekinger Drama nur sein konnte, niemals mit militärischer Gewalt gegen demonstrierende Bürger vorzugehen.‹«

25 Jahre später konstatiert Sieren: »1989 blieb ein Ausrutscher in der neuen chinesischen Geschichte.« Er plädiert zum Schluss für Fairness, »auch gegenüber denjenigen, die sich unfair verhalten haben und heute noch verhalten. Denn erst diese Fairness gibt den eigenen Werten Kraft.«

Der um Nüchternheit und Ausgewogenheit bemühte Text wurde auf das Wort »Ausrutscher« reduziert. Darüber kann man tatsächlich unterschiedlicher Meinung sein. Aber chinesische Dissidenten in den USA und Deutschland, die 2008 bei der »Causa Zhang« Blut geleckt haben, wandten sich am 10. Juni 2014 in einem offenen Brief an den Intendanten Limbourg.[53] Darin schreiben sie, dass der Text von Sieren »den Rahmen der Meinungsfreiheit und Meinungsvielfalt gesprengt hat«. Sie fordern von der Deutschen Welle die Löschung des Textes und eine Erklärung, wieso ein solcher Text überhaupt veröffentlicht werden konnte.

Es ist schon erstaunlich, dass Dissidenten, die im Westen die volle Meinungsfreiheit genießen, anderen dieselbe Freiheit absprechen wollen. Wer setzt den Rahmen für die Meinungsfreiheit und

Meinungsvielfalt? Die Briefschreiber selber? Den offenen Brief hat übrigens dieselbe Tienchi Martin-Liao initiiert, die 2008 schon aktiv war. Auch die Unterzeichner sind die üblichen Verdächtigen, die 2008 gegen die Deutsche Welle vorgegangen sind, darunter Fei Liangyong und Pan Yongzhong, Vorsitzender und Generalsekretär der Liga für ein Demokratisches China.[54]

Auch hausintern stand Sieren unter enormem Druck. Ein grün eingestellter Kollege sagte auf dem langen Flur zur Kantine: »Sieren ist genauso schlimm wie die Holocaust-Leugner.« Ist das nicht eine maßlose Verharmlosung des Holocausts?

Diesmal aber hat die Intendanz alles richtig gemacht. Statt den Sieren-Kommentar zu löschen, hat die Deutsche Welle einen Gegenkommentar des Kollegen Chang Ping von der China-Redaktion veröffentlicht.[55] Das ist gelebte Debattenkultur.

Zehn Jahre später ist eine solche Debatte kaum noch möglich. Heute ist China ein Systemrivale und eine Diktatur. Punkt, aus, fertig. Insbesondere, wenn es um die Volksgruppe der Uiguren geht, eine muslimische Minderheit, die sich in China unterdrückt fühlt, ist eine andere Sicht nicht erlaubt.

Die Uiguren leben im autonomen Gebiet Xinjiang im Nordwesten Chinas; rund elf Millionen Menschen sind es insgesamt. Im Zusammenhang mit Xinjiang liest man in den deutschen Medien normalerweise immer, dass Uiguren in Internierungslagern gefoltert werden, so wie in einem Bericht auf *tagesschau.de* im Mai 2022.[56] Was den westlichen Medien sogar das Wort »Genozid« herauslockt, ist für die chinesische Regierung Antiterror-Kampf. Was kommt der Wahrheit näher?

Im Mai 2023 machten sich vier deutsche China-Wissenschaftler sowie ein Völkerrechtler auf eigene Initiative nach Xinjiang auf, um vor Ort der Frage nachzugehen, ob sich die Lage dort nach der Einsetzung der neuen Führungsriege von Pekings Gnaden Ende 2021 verändert hat. Nach der Reise haben zwei der Teilnehmer, Thomas

Heberer von der Universität Duisburg-Essen und Helwig Schmidt-Glintzer vom China-Zentrum Tübingen, in einem Gastkommentar in der *Neuen Zürcher Zeitung* dieses schwierige Thema angepackt.

Darin schildern sie den Nährboden für den Terror und was Peking dazu geführt hatte, den Notstand in Xinjiang auszurufen: »Armut und Arbeitslosigkeit, die Einschränkung religiöser Aktivitäten sowie eine unkontrollierte Zuwanderung von Han-Chinesen verstärkten die Unzufriedenheit der uigurischen Bevölkerung. Zugleich wurde klar, dass uigurische Kämpfer sich islamistischen Bewegungen im Ausland anschlossen. 2016 erklärten extremistische Uiguren in einem IS-Video, sie planten, Han-Chinesen ›in einem Meer von Blut zu ertränken‹. Entsprechend begannen sie von Afghanistan und Pakistan aus, im Süden Xinjiangs junge Uiguren als Kämpfer zu rekrutieren.«[57]

Nun sei der Kampf gegen den Terrorismus erfolgreich beendet und man bemühe sich, zur Normalität zurückzukehren, habe die örtliche Behörde erklärt. Auf ihrer Reise konnten die Autoren deutliche Anzeichen erkennen: »In den von der Gruppe besuchten Regionen werden die polizeilichen Straßenkontrollstellen eindeutig nicht mehr benutzt. Mit der Einführung von fünfzehn Jahren kostenloser Ausbildung (vom Kindergarten bis zur Berufslehre) hat der Staat einen neuen Entwicklungsschub angestoßen.« Auch sei eine staatlich subventionierte Gesundheitsversorgung in Teilen Xinjiangs eingeführt worden. Zum Schluss appellierten die beiden China-Wissenschaftler an die EU, den Dialog mit China aufzunehmen und die wegen Xinjiang gegen China verhängten Sanktionen zu überdenken, soll sich die Menschenrechtslage dort nachweisbar normalisieren.

Dass sich die beiden China-Wissenschaftler für eine Schweizer Zeitung entschieden haben, spricht Bände. Welcher deutsche Redakteur würde es wagen, einem Gastkommentar zuzustimmen, der von den üblichen Geschichten über Konzentrationslager und kulturellen Genozid abweicht? Die beiden Autoren warnten vor

Hass und Zorn gegenüber China – aber der traf sie selber, und zwar aus deutschen Redaktionen. Kai Strittmatter von der *Süddeutschen Zeitung*, der sich damit journalistisch beschäftigte, warf mit negativen Adjektiven nur so um sich, etwa: naiv, zynisch, unreflektiert, dilettantisch und beschämend leichtgläubig.[58] Außer dem Entsetzen etlicher deutscher China-Experten und Statements von Exil-Uiguren in Deutschland wurde über den Sachverhalt des *NZZ*-Gastkommentars nicht gesprochen. Wozu auch? Es reicht das Etikett des »prochinesischen Texts«, schon ist die Empörung da und eine sachliche Auseinandersetzung erübrigt sich.

Kapitel 5

Der Weg nach China ist kürzer, als man denkt

Als im Herbst 2008 auf einer Redaktionskonferenz des chinesischen Programms der Deutschen Welle die Causa Zhang thematisiert wurde, sagte ein Kollege: »Wir werfen China jeden Tag seine fehlende Presse- und Meinungsfreiheit vor. Nun hat Danhong einen Maulkorb verpasst bekommen, weil sie China in Schutz genommen hat. Sind das nicht chinesische Verhältnisse?« Redaktionsleiter Matthias von Hein konterte: »Nein, da gibt es einen großen Unterschied. Im Gegensatz zu China droht Danhong hier keine Gefängnisstrafe.«

Das ist tatsächlich ein Unterschied, aber ein wesentlicher?

Im Zeitalter der streitenden Mächte (5.–3. Jahrhundert vor Christus) gab es in China einen bekannten Gelehrten namens Meng Ke. Einmal lud ihn der König des Staates Liang zu sich ein, um über die Kunst des Regierens zu sprechen. Meng Ke erzählte dem König die Geschichte von zwei Deserteuren: Zwei Soldaten ergreifen die Flucht nach einer verlorenen Schlacht. Derjenige, der fünfzig Schritte gelaufen ist, macht sich lustig über den anderen, der hundert Schritte zurückgelegt hat.

Daraus ist das Sprichwort »Fünfzig Schritte lachen über hundert Schritte« entstanden, was bedeutet, dass über dem Beklagen von Defiziten anderer die eigenen Probleme übersehen werden. Tatsächlich stellen die Defizite anderer und die von einem selber nur einen quantitativen Unterschied und keinen qualitativen dar. In Bezug auf den Vergleich zwischen Deutschland und China in Sachen Presse- und Meinungsfreiheit eine sehr gewagte These?

Links hui, rechts pfui

1956 fanden in Ungarn Demonstrationen gegen die Sowjetunion statt und in China gab es vereinzelt Streiks von Arbeitern und Studenten sowie Austritte von Bauern aus der Volkskommune. Die chinesische Regierung plagte damals die Sorge, dass die Unruhen in Osteuropa nach China überschwappen und die Protestfunken im Lande ein Riesenfeuer entfachen würden. 1957 rief der damalige Staats- und Parteichef Mao Zedong den Kampf gegen die Rechtsabweichler innerhalb der Partei aus. In einem Artikel *Über die Lage im Sommer 1957* schrieb Mao: »Der Konflikt zwischen den kapitalistischen Rechten und dem Volk ist unversöhnlich.«

Während der Gegen-rechts-Kampagne, die ein Jahr gedauert hatte, wurden rund eine halbe Million Chinesen zu Rechtsabweichlern erklärt. Die meisten davon hatten lediglich wohlwollende Kritik an der neuen sozialistischen Praxis geäußert, weil sie an die von der Kommunistischen Partei Chinas propagierte Meinungsfreiheit geglaubt hatten. Mit dem Titel des Rechtsabweichlers durften die Betroffenen ihren Beruf nicht mehr ausüben. Sie mussten schwere körperliche Arbeit verrichten und jederzeit damit rechnen, auf Massenversammlungen auf menschenverachtende Weise angeprangert zu werden. Ein kleiner Teil von ihnen wurde zwei Jahre später rehabilitiert, der Löwenanteil aber erst Ende der 1970er-Jahre. Für viele kam die Wiedergutmachung zu spät, da sie auf den Massenversammlungen der Gewalt des Mobs ausgeliefert waren und den Verletzungen erlagen.

Die politischen Kräfte in links und rechts aufzuteilen, begann während der Französischen Revolution. Als 1791 im französischen

Parlament über eine Verfassung debattiert wurde, saßen diejenigen, die für eine aggressive Revolution plädierten, auf der linken Seite des Parlaments; diejenigen hingegen, welche die alte Ordnung in die neue Zeit hinüberretten wollten, nahmen rechts vom Parlamentspräsidenten Platz. Diese Sitzordnung setzte sich über die Jahrhunderte fort und schwappte auch nach Deutschland in den Bundestag über. Die Linken sind für große, gesellschaftliche Veränderungen; die Rechten sehen sich als Bewahrer konservativer Werte.

An der Phrase »Wer mit zwanzig Jahren nicht Sozialist ist, der hat kein Herz; wer es mit vierzig Jahren noch ist, hat kein Hirn«, ist was dran. Als junger Mensch träumt man davon, die Welt zu verändern und zu verbessern. Deshalb lassen sich junge Menschen schnell von einer neuen Bewegung begeistern. Beispiele sind überall zu finden, die Kulturrevolution in China und die Klimabewegung in Deutschland. Im reifen Alter neigt man dazu, das bewahren zu wollen, was sich bewährt hat.

Linke und Rechte haben beide in einer Demokratie ihre Daseinsberechtigung. Nach demokratischen Regeln kämpfen beide um die Zustimmung der Wähler. Nach meiner eigenen Beobachtung sind die Deutschen mehrheitlich konservativ. Nicht umsonst hat die Union in der Geschichte der Bundesrepublik am längsten regiert. Doch auf einmal wollten die Linken nicht mehr links, die Rechten nicht mehr rechts sein. Alle wollten in die Mitte. Das fing unter Gerhard Schröder an. Als »Genosse der Bosse« setzte er die Hartz-Reform durch und verprellte die Stammwähler der SPD. Dann kam Angela Merkel, die konservative Positionen eine nach der anderen verwarf und die CDU entkernte. Nach meinem einfachen Verständnis ist die Mitte nicht mehr als eine Linie, da ist kein Platz, schon gar nicht für zwei Volksparteien.

Nun ist die SPD wieder nach links gerückt und konkurriert mit den Grünen und den Linken. Die Union wollte nicht ins rechte

Spektrum zurück. FDP-Chef Christian Lindner witterte seine Chance, bekam aber immer wieder Angst, von den Medien gemobbt zu werden. Das große weite Feld rechts vom Bundestagspräsidenten war also eine ganze Weile vakant (da saß zwar die Union, aber nur physisch). Wen wundert es, dass neue Parteien wie die AfD und die Freien Wähler aus der Taufe gehoben wurden und immer höhere Zustimmungswerte erzielen?

Auch die linken Medien sind weiter nach links gerückt und ziehen die ohnehin überschaubaren konservativen Kollegen mit. Alles, was nach rechts riecht und aussieht, wird von den Medien verdammt. Man hat das Gefühl, dass Rechtssein verpönt und nicht mehr erlaubt ist. Nicht nur das, das Rechtssein muss bekämpft werden. »Der modisch gewordene ›Kampf gegen rechts‹, dem in Medien und Politik kein vergleichsweise emotional geführter ›Kampf gegen links‹ gegenübersteht, verkürzt das Meinungsspektrum und verdunkelt die Tatsache, dass Extremisten aller Couleur gleichermaßen gefährlich sind«, schreibt Sarrazin in seinem Buch *Die Vernunft und ihre Feinde*.

Deutschland ist seit Jahren auf dem linken Auge blind. Antifa- und Klimaterroristen werden verharmlosend als Aktivisten bezeichnet, während viele Millionen Euro für den Kampf gegen Rechts ausgegeben werden und konservative Politiker wie Friedrich Merz mit harten Bandagen angegangen werden. Es wird zwischen rechts und rechtsextrem kaum noch unterschieden. Veranstalter auf Buchmessen in Frankfurt und Leipzig spüren einen immer stärkeren Druck, sogenannte rechte Verlage auszuschließen. Unliebsame Redner werden ausgebuht oder ausgeladen. Davon ist Bernd Lucke, einer der Gründer der AfD, betroffen, aber auch Thomas de Maizière, ehemaliger CDU-Innenminister, und ebenso FDP-Chef Christian Lindner. Die Toleranzschwelle wird immer niedriger.

China ist bekanntlich keine Demokratie. Parallelen sind dennoch erkennbar. Wenn die Kommunistische Partei von links nach ultralinks abdriftet, werden diejenigen, die sonst auf Parteilinie sind, aber dennoch den gesunden Menschenverstand bewahrt haben, auf einmal Rechtsabweichler und werden bekämpft.

Immer, wenn China eine politische Kampagne durchlief, war das Land blind gegenüber der linken Gewalt. So wurden die Rotgardisten, die während der Kulturrevolution viel Unheil angerichtet hatten, von den Staatsmedien als die kleinen roten Kämpfer bezeichnet. Ihre Gewalttaten bleiben ungestraft.

Politische Korrektheit – Kulturrevolution à la Germany

Eine junge Grundschullehrerin in einem entlegenen chinesischen Dorf sagte kurz nach dem Ausbruch der Großen Proletarischen Kulturrevolution im Jahr 1966 vor der Klasse: »Wer die Kulturrevolution macht, gehört niedergeschlagen!« Sofort bemerkte sie den Fehler und korrigierte sich: »Wer gegen die Kulturrevolution ist, gehört niedergeschlagen.« Das Wörtchen »gegen« hat sie in einem Moment der Unaufmerksamkeit weggelassen. Sie wurde von ihren Schülern denunziert und zur Konterrevolutionärin abgestempelt. Nach wenigen Jahren der gesellschaftlichen Ächtung und schwerer körperlicher Arbeit – Konterrevolutionäre mussten durch körperliche Arbeit umerzogen werden – starb sie. Das ist die Geschichte aus dem Roman *Unwissend* des bekannten Schriftstellers Ke Yunlu. Sie ist zwar fiktiv, aber doch sehr real, denn so etwas ist wirklich passiert.

Die Kulturrevolution begann im Mai 1966 und endete im Oktober 1976. Sie war eine von führenden Politikern des Landes falsch initiierte, von konterrevolutionären Banden missbrauchte Unruhe, die der Partei, dem Staat und dem Volk schwerwiegende Katastrophen zugefügt und sehr traurige Lektionen hinterlassen hatte, so die offizielle Bewertung der Kulturrevolution von der Kommunistischen Partei. Wieder einmal schaltete die Partei auf ultralinks. Diejenigen Funktionäre, die diesen Kurs nicht mittragen wollten, wurden zu Konterrevolutionären erklärt und sollten von ihrer Machtposition verdrängt werden. Es waren vor allem junge Menschen, die daraus eine Massenbewegung entfacht hatten. Legendär war die Szene vom 18. August 1966, bei der Mao vom Turm des Tian'anmen-Platzes aus Hunderttausende Rotgardisten aus dem ganzen Land empfing und ihnen zuwinkte.

Auch die politische Korrektheit im Westen ging, wenn auch ohne sichtliche Anstachelung seitens der Regierungen, von jungen Menschen aus beziehungsweise den Studenten, vor allem in den USA. Angefangen hat das Ganze ungefähr zu dem Zeitpunkt, als die Kulturrevolution in China endete. Der Uni-Campus ist ein anderes Wort für den Elfenbeinturm. Die Bewohner dort oben sind fern vom lästigen Alltag und der Verantwortung für andere Menschen. Sie wollen aus der Welt voller Ungleichheiten und Diskriminierungen eine bessere machen. Das fängt mit der Sprache an. Durch die politisch korrekte Sprache wollen sie zuerst auf die Diskriminierung der Frauen, der Minderheiten, der Schwarzen und der Menschen, deren sexuelle Orientierung von der Norm abweicht, aufmerksam machen, um dann diese Diskriminierung zu beseitigen.

In jeder ideologisch geführten Bewegung herrscht strenge Sprachregelung. Wer dagegen verstößt, muss mit Konsequenzen rechnen. Die junge Lehrerin im Roman von Ke Yunlu hat offensichtlich dagegen verstoßen, wenn auch ohne Absicht. Auch in Deutschland kann das schnell passieren, ebenso ohne Absicht. Armin Petras, seinerzeit Hausregisseur am Theater Bremen, ist ein solches Malheur passiert. Bei den Proben von *Dantons Tod* 2019 nannte er den schwarzen Schauspieler Ron Iyamu mehrmals »Sklave«, weil Iyamu in diesem Stück einen Sklaven darstellte.

Dass der Regisseur die Schauspieler der Einfachheit halber bei den Rollennamen nennt, ist wahrscheinlich ganz normal. Aber einen Schwarzen Sklaven nennen? Das ist doch so was von politisch unkorrekt.

Ron Iyamu berichtete darüber erst später, in seiner Diplomarbeit, die den Untertitel *Ein Erfahrungsbericht über Rassismus in der deutschen Schauspielszene* trägt. Eine Empörungswelle folgte in den Leitmedien. Der »Skandal« hätte beinahe Regisseur Armin Petras und zwei Theaterintendanten den Job gekostet. Voller Demut übte Petras Selbstkritik. Das kommt der in der DDR aufgewachsenen Theaterkritikerin Kerstin Decker bekannt vor. »Was heute Wokeness heißt, hieß gestern revolutionäre Wachsamkeit«[1], schreibt sie in einem Essay zum Fall Petras für den *Tagesspiegel* im Mai 2021. »Tatsächlich klingt in dessen Entschuldigung jene ritualisierte Selbstkritik durch, die man sonst aus dem Kommunismus kennt«, meint auch René Pfister in seinem Buch *Ein falsches Wort.*[2]

Während die Sache mit Petras noch glimpflich zu Ende gegangen ist, hat in einem anderen Fall ein einziges falsches Wort eine steile Karriere beendet. So musste Karen Parkin, die ehemalige Personalchefin von Adidas und die einzige Frau im Vorstand, das Unternehmen verlassen, nachdem sie auf einer internen Veranstaltung die Rassismus-Debatte in den USA als »Lärm« bezeichnet hatte, wie *Zeit Online* berichtete.[3]

Wer sich aber auf der politisch korrekten Seite befindet, darf sich fast alles erlauben, von Geschmacklosigkeit über Übertreibungen bis hin zu Unwahrheiten. Sie erinnern sich noch an den im Kapitel 3 erwähnten Lügenreporter Claas Relotius, der Geschichten für seine Reportagen frei erfunden hatte? Da seine Geschichten aber alle der politischen Korrektheit entsprachen, hegte lange Zeit niemand Zweifel an der Echtheit seiner Geschichten. Auch das hat seine Parallele in der Kulturrevolution. So wurde damals immer wieder von Rekordernten berichtet, die selbst heute utopisch erscheinen. Ein damals in China weit verbreiteter Spruch lautete: Solange der Kurs stimmt, werden wir alles haben, was wir uns wünschen. Erinnert Sie das auch an den Haltungsjournalismus?

Was die Geschmacklosigkeit angeht, ist eine Kolumne der *taz*-Autorin Hengameh Yaghoobifarah nicht zu überbieten. Darin wünschte sie Polizisten als »Müllmenschen« auf die Deponie. »Die Infamie der Kolumne wurde von Teilen der Redaktion mit den Diskriminierungserfahrungen einer migrantischen Autorin entschuldigt; zugleich wurde das Recht weißer *taz*-Autoren in Zweifel gezogen, sich kritisch zur Kolumne zu äußern«, schreibt Pfister in seinem Buch.[4]

Auch im kulturrevolutionären China war die menschenverachtende Sprache omnipräsent. So klang das Wort Konterrevolutionär in den Ohren der Rotgardisten noch viel zu sanft. Sie tauften die Feinde der Revolution einfach in Niugui Sheshen um, Ochsenkopf mit Schlangenkörper, was alles Schlechte und Hässliche dieser Welt verkörpert.

Sowohl während der Kulturrevolution als auch in der Bewegung der politischen Korrektheit schwingt eine Art Internationalismus mit. Obwohl die Chinesen damals bettelarm waren, wurden Afrika und die sozialistischen Brüderstaaten wie Albanien mit Geld überhäuft. Auch die deutsche Flüchtlingspolitik ist vom selbstlosen Internationalismus geprägt: Alle haben das Recht, den Ort zu wählen, an dem sie leben wollen. Im Zuge der Abschaffung von Grenzen und Nationen wurde auch die deutsche Fußballnationalmannschaft in »Mannschaft« umbenannt. War das ein Zufall, dass die Leistung der Mannschaft seitdem bergab geht? Dass die Mannschaft nun Trikots von Nike tragen soll, ist ein weiterer Beleg dafür, dass der Fußball mit dem Nationalstolz nichts mehr am Hut hat. Zwar spielt dabei Geld eine Rolle, da Nike mehr als Adidas an den DFB zahlt. Aber der DFB hat auch betont, dass der wichtigste Faktor bei der Entscheidung darin besteht, dass Nike den Frauenfußball mehr unterstützt. Also hatte wieder einmal die politisch korrekte Überlegung den Vorrang.

Sowohl China von damals als auch Deutschland von heute wollen ihre Ideen exportieren. Während China versuchte, seine Brüderstaaten mit dem Sozialismus chinesischer Prägung zu beglücken, reist Annalena Baerbock um die Welt, um ihrer feministischen Außenpolitik Ausdruck zu verleihen.

Apropos Annalena Baerbock: Kritik an ihr gilt in Deutschland als frauenfeindlich, ist also nicht erwünscht. Nachdem der Philosoph Richard David Precht in der Sendung *Lanz & Precht* gesagt hatte, dass es ein Unfall sei, dass diese Frau Außenministerin geworden ist, war eine inhaltliche Auseinandersetzung darüber, ob an der Kritik was dran ist, nicht möglich. Precht selber wurde zur Zielscheibe der Kritik, weil er ebendiese angeblich frauenfeindliche Aussage getätigt hatte. Aber wie hätte er es formulieren sollen? Es ist nun mal Fakt, dass Baerbock eine Frau ist.

Es ist offensichtlich, dass die Übersteigerung der politischen Korrektheit die Meinungsfreiheit enorm einschränkt. Ein falsches Wort könnte bestenfalls einen Shitstorm auslösen, schlimmstenfalls das Ende der Karriere herbeiführen. Auch deswegen werden die Aussagen der Politiker immer hohler und die Politiker selber immer farbloser. Einen Helmut Schmidt, der am laufenden Band politisch Unkorrektes gesagt hatte, kann man sich heute schwer vorstellen.

Gut, in China war und ist der Preis für vom Mainstream abweichende Wortwahl und Meinungen stets höher. Aber auch in Deutschland sind Ansätze der Sanktionierung unliebsamer Meinung zu erkennen. Beispielsweise gibt es Professoren an Universitäten, die protestierende Studenten unterstützen, die das, was gerade im Gaza-Streifen passiert, als einen Völkermord bezeichnen. Sie »wurden daraufhin von Bildungsministerin Bettina Stark-Watzinger (SPD) mit dem Entzug von universitären Drittmitteln bedroht, was de facto auf eine unzulässige Sanktionierung von politischen Meinungen an deutschen Hochschulen hinauslaufen würde«, schreibt mir Guérot. Übrigens apropos Frauenfeindlichkeit: Solange Greta Thunberg noch gegen den Klimawandel kämpfte, wurde jede Kritik an ihr als frauenfeindlich abgebürstet. Jetzt, wo sie Palästina unterstützt, gilt das plötzlich nicht mehr.

Rituale sind unbedingte Bestandteile einer politischen Bewegung. Während der Kulturrevolution wurde morgens zur Treue für den großen Vorsitzenden Mao getanzt. Auch in deutschen sozialen Netzwerken tauchen immer wieder Videos mit skurrilen Tänzen der Tugendwächter auf. In beiden Fällen bewegen sich die Tanzenden wie Marionetten oder wie in einer Trance, mit Ästhetik hat das Ganze nichts zu tun. Ein anderes Ritual in China war die Kritik und Selbstkritik, wobei die Betonung auf Selbstkritik lag. Erstaunlicherweise feiert die Selbstkritik seit Jahren ein Comeback.

Im Internet findet man standardisierte Punkte der Selbstkritik. Zum Beispiel: Ich lege nicht genug Wert auf das Erlernen der politischen Theorien; ich kenne die Bedürfnisse der Basis nicht gut genug; ich gebe mich leicht zufrieden mit dem, was bereits erreicht wurde. Stellen Sie sich vor: Auf einer Sitzung der Arbeitseinheit zur Kritik und Selbstkritik werden solche hohlen Phrasen von allen wiederholt. Was für eine gigantische Zeit- und Ressourcenverschwendung! In Deutschland könnte die Selbstkritik so aussehen: Als einem alten weißen Mann ist mir nicht bewusst, wie viele Privilegien mir bereits bei der Geburt zuteil wurden; mir ist auch nicht bewusst, wie rassistisch ich im tiefsten Innern war und bin; ferner habe ich bisher immer wieder Frauen die Tür aufgehalten, was zeigt, dass ich in ihnen das schwächere Geschlecht sehe und im Grund frauenfeindlich eingestellt bin.

Cancel Culture – damit sind auch Menschen gemeint

Die ursprüngliche Idee der Political Correctness in den USA mag richtig gewesen sein. Wenn aber eine Idee zu einer Ideologie hochstilisiert wird, sind allerlei Kuriositäten und Übertreibungen die Folgen, was wir gerade sehr anschaulich durch die Cancel Culture erleben, die ebenfalls aus Amerika kommt.

Zuerst waren die Wörter dran. Mohrenapotheken mussten überall umbenannt werden, weil sich Schwarze beleidigt fühlten könnten, obwohl »Mohr« auf den Heiligen Mauritius zurückgeht, den Schutzheiligen der Soldaten. Die Firma Bahlsen musste sich entschuldigen, weil sie vor über sechzig Jahren eine dunkle Art von Keksen wegen importierten Kakaopulvers aus Afrika in »Afrika« getauft hatte. Nun haben die Kekse einen ganz unverdächtigen lateinischen Namen »perpetuus«. Zigeunerschnitzel und Zigeunersoße müssen natürlich einen anderen Namen bekommen. Schwarzfahren heißt nun offiziell Beförderungserschleichung.

Auch die alte Buchstabiertafel musste gecancelt werden. »Die seit 1890 gebräuchliche Buchstabiertafel (Anton, Berta, Cäsar, Dora ...) enthält, was für eine Schande, sechzehn männliche und nur sechs weibliche Vornamen. Höchste Alarmstufe bei der Sprachpolizei! Da es unmöglich sei, ›alle relevanten ethnischen und religiösen Gruppen geschlechtergerecht ausgewogen‹ darzustellen, sollen ab Mitte 2022 Städtenamen (Augsburg, Berlin, Cottbus, Düsseldorf ...) die alten Vornamen ersetzen«, schreibt Peter Hahne in seinem Buch *Das Maß ist voll.*[5] Soll dabei nicht auf eine Parität zwischen westdeutschen und ostdeutschen Städten gesetzt werden?

Sowohl bei der Kulturrevolution in China als auch in der deutschen Wokeness wird die Sprache nicht nur gegängelt, sie wird neu erfunden. Durch eine neue Sprache wird den Menschen die neue Ideologie eingeimpft. In China wurde ein phrasenhafter revolutionärer Sprach- und Schreibstil fernab jeder Tiefe und Sinnlichkeit eingeführt, den sich die Menschen nach der Kulturrevolution wieder mühsam abgewöhnen mussten. Die zwei am meisten gebrauchten Wörter während der Kulturrevolution, die inzwischen Gott sei Dank aus dem Sprachgebrauch verschwunden sind, waren »nieder« und »zehntausend Jahre«.

Nieder mit allen und allem, was den Rotgardisten und ihren Unterstützern in der Parteiführung nicht passte. Es waren fünf Sorten von Menschen, die niedergeschlagen gehörten: Großgrundbesitzer, reiche Bauern, Konterrevolutionäre, schlechte Elemente (was auch immer das bedeuten mochte) und Rechtsabweichler. Massenversammlungen, auf denen solche Menschen angeprangert wurden, endeten immer mit lauten Rufen: »Nieder mit dem Konterrevolutionär XY!« Das Pendant zu »nieder« war »zehntausend Jahre«, auf Deutsch: Es lebe. »Es lebe der große Vorsitzende Mao!« oder »Es lebe die Große Proletarische Kulturrevolution!«. Und die neue Sprache in Deutschland heißt Gendern.

Auch Sitten und Gebräuche stehen auf der Liste der Dinge, die gecancelt werden müssen. Ein Kindergarten in Hamburg hat das Tragen von Indianer- und Scheich-Kostümen zum Fasching verboten, berichtet der *Nordkurier*.[6] Eine Kita in Erfurt schaffte das Verkleiden zum Rosenmontag komplett ab, heißt es in einem *Spiegel*-Bericht.[7] Schweinefleisch leidet auch unter der Cancel Culture. Aus Rücksicht auf muslimische Einwanderer wurde Schweinefleisch in vielen Schulen und Kantinen von der Speisekarte gestrichen. Currywurst musste aus der VW-Kantine verschwinden, was zu heftigen Protesten unter der Belegschaft geführt hat. Erst im Sommer 2023 feierte die Currywurst in Wolfsburg ihr Comeback.

Im kulturrevolutionären China wurden alle traditionellen Gebräuche als feudalistisches Überbleibsel verbannt. Beispielsweise der inzwischen weltbekannte Löwentanz und der Drachentanz. Beide Tänze waren und sind bei Feiern zum Frühlingsfest oder anderen traditionellen Veranstaltungen seit jeher gebräuchlich. Wie wurde das Frühlingsfest, das chinesische Neujahrsfest, während der Kulturrevolution gefeiert? Ein anonymer Autor hat das für die Nachwelt festgehalten: Um Punkt zwölf Uhr in der Silvesternacht sagen Kinder zu den Eltern: »Genosse Papa, Genossin Mama, alles Gute zum Frühlingsfest!« Am nächsten Morgen, dem Morgen des ersten Januar nach dem Mondkalender, halten alle Familienmitglieder die Mao-Bibel, auf Chinesisch das rote Schatz-Buch, hoch und singen vor dem Mao-Portrait das Lied »Auf hoher See brauchen wir einen Steuermann« – eine populäre Lobeshymne an den großen Vorsitzenden – und andere Lieder mit Mao-Zitaten. Zum Schluss wird im Chor gerufen: »Es lebe der große Führer!«

Die nächste Stufe ist das Säubern der Kunst und Literatur. Sowohl in den USA als auch in Deutschland werden Skulpturen zerstört und Gemälde abgehängt, weil sich ein paar Vertreter der geschützten Minderheiten unangenehm berührt fühlen. Das Kinderlied *Zehn kleine Negerlein* gehört selbstverständlich auf den Müllhaufen der Geschichte. Ein Musikpädagoge soll dabei sein, das sämtliche Kinderliedgut durchzuforsten, um Rassistisches und Diskriminierendes auszusortieren. Ist das Lied *Drei Chinesen mit dem Kontrabass* auch gecancelt? Wahrscheinlich nicht, denn Chinesen klagen nicht gern. Und wo kein Kläger, da kein Richter. Über die Märchen der Gebrüder Grimm wurde auch schon debattiert, denn diese sind vielen Woken nach ihren heutigen Kriterien viel zu brutal.

In Berlin hat beispielsweise der Senat der Alice-Salomon-Hochschule 2016 beschlossen, ein Gedicht des Schweizer Lyrikers Eugen Gomringer, das die Fassade der Hochschule jahrelang schmückte, entfernen zu lassen. Das Gedicht ist eine Kombination aus vier spanischen Wörtern, ins Deutsche übersetzt: Alleen, Blumen, Frauen, ein Bewunderer. Einige Studentinnen fühlten sich davon verletzt. Das Gedicht reproduziere nicht nur eine »klassische patriarchale Kunsttradition, in der Frauen ausschließlich die schönen Musen sind«. Es erinnere auch »unangenehm an sexuelle Belästigungen, denen Frauen alltäglich ausgesetzt sind«, berichtet der *Deutschlandfunk*.[8]

Das Ausmaß an Zerstörung der Kulturschätze fiel in China deutlich dramatischer aus als in Deutschland. Anfang Juni 1966, kurz nach dem Ausbruch der Kulturrevolution, veröffentlichte Verteidigungsminister Lin Biao einen Leitartikel im Parteiorgan *Volkszeitung* mit der Überschrift *Weg mit allen Ochsenköpfen mit Schlangenkörper*. Lin Biao wurde später von Mao zum Nachfolger ernannt. In dem Artikel rief Lin Biao auf, mit den alten Gedanken, der alten Kultur, den alten Bräuchen und den alten Gewohnheiten (die vier Alten) zu brechen. Denn die würden seit Jahrtausenden von den Unterdrückern gepflegt, um das Volk zu vergiften. Unter der Anti-vier-Alten-Flagge strömten Rotgardisten zu den Sehenswürdigkeiten, zerstörten Statuen, verbrannten alte Bücher; sie stürmten Kloster und bekannte Bauten, um alles zu vernichten, was in ihren Augen nach Feudalismus und Kapitalismus aussah. Eine ungehemmte Zerstörungswut – vergleichbar mit der Denkmalzerstörung der Taliban – hat zum Verlust unzähliger Kulturschätze geführt.

Auch mit der Säuberung des westlichen Gedankenguts meinten es die Chinesen gründlich und konsequent. Bis auf die Werke von Karl Marx und Friedrich Engels mussten alle westlichen Sachbücher und literarischen Werke verschwinden. Alles, was die Chinesen aus dem Ausland zu lesen oder zu sehen bekamen, waren Sowjetliteratur sowie Filme aus Nordkorea, Albanien, Rumänien und Jugoslawien. Der Film *Walter verteidigt Sarajevo* aus Jugoslawien wurde zum Lieblingsfilm unserer Generation. Viele Chinesen unserer Generation können die Dialoge aus dem Film noch fließend aufsagen, was zeigt, dass sie sich den Film damals mangels Alternative mehrmals angeschaut haben.

Auswendig konnten alle Chinesen auch die acht Musterstücke der Peking-Oper, die Jiang Qing, die Ehefrau von Mao Zedong, höchstpersönlich hat schreiben lassen. In den Stücken ging es um zwei Themen: Die Unterdrückung der Bauern durch die Großgrundbesitzer vor 1949, also vor der Machtübernahme der Kommunisten; und es ging um den harten Kampf der mutigen und klugen Kommunisten gegen die Nationalisten, auch als Kuomintang bekannt, ebenfalls vor 1949. Tenor aller Stücke: Das Volk muss der Kommunistischen Partei auf alle Ewigkeit dankbar sein, von der Unterdrückung und Ausbeutung befreit worden zu sein. Die Chinesen konnten die Lieder der Musterstücke im Schlaf singen, weil sie nur diese acht Stücke serviert bekamen und alle anderen Stücke als feudalistisches Giftzeug bezeichnet und von daher verboten wurden.

Bei der Cancel Culture geht es den Rotgardisten aller Länder nicht nur um die Entfernung von Wörtern und Theaterstücken, ihr eigentliches Ziel besteht darin, unliebsame Meinungen samt Menschen, die sie vertreten, zu canceln.

An der Humboldt-Universität in Berlin geht es besonders perfide zu. Dort haben 2015 anonyme Studenten einen Blog mit dem Namen Münklerwatch gegründet, um den bekannten Politikwissenschaftler Herfried Münkler fertigzumachen. Um das zu erreichen, machen sich die Aktivisten sogar die Mühe, an seinen Vorlesungen teilzunehmen. Jede Woche erscheint ein neuer Eintrag. »Die Blogger kommentieren frei gewählte Versatzstücke der Vorlesung, ihre Leitfrage ist ›Rassismus, Sexismus, Militarismus?‹ … Die namenlosen Blogger klauben zusammen, was sie gerade brauchen können. Münklers Angebot, mit ihnen auf einem Podium zu diskutieren, schlugen sie aus«, berichtet die *FAZ*.[9] Die Leitung der Universität schreitet nicht ein, zu groß ist die Angst, selber zur Zielscheibe der linksextremen Studenten zu werden.

In einem anderen Fall musste am Ende sogar die Polizei anrücken. Ein Student hatte sie gerufen, weil rund 15 »Rotgardisten«

durch lautstarkes Schreien und Klatschen den Erziehungswissenschaftler Malte Brinkmann davon abhalten wollten, die letzte Sitzung vor der Klausur durchzuführen. Zuvor beklagten sie sich über rassistische Inhalte in Texten des Philosophen Immanuel Kant, die der Professor an die Studenten verteilt hatte, so die *FAZ* weiter.

Dabei ist Cancel Culture keine Erfindung der Woken. »Die große, vom Nationalsozialistischen Studentenbund im Mai 1933 organisierte Verbrennung unerwünschter Bücher auf dem Platz der Berliner Universität kann als frühes Beispiel von Cancel Culture angesehen werden«, schreibt Sarrazin in seinem Buch *Die Vernunft und ihre Feinde.*[10] Die Bücherverbrennung der Nazis wurde übrigens nicht – wie viele glauben – staatlicherseits organisiert, sondern vom Börsenverein des Buchhandels und Studentenverbänden. Aber auch nach dem Krieg ging es ähnlich weiter. »In den späten Sechziger- und frühen Siebzigerjahren störten und verhinderten in der Bundesrepublik immer wieder linksradikale Studenten die Vorlesungen von Professoren, die nicht ihrer Ideologie entsprachen. Die Hochschulleitungen knickten dabei häufig opportunistisch ein«, so Sarrazin.

Wird die Kulturrevolution in China mit der Wokeness in Deutschland verglichen, bleibt wohl der größte Unterschied darin, dass es in China brutal gewalttätig zuging, während es in Deutschland noch einigermaßen zivilisiert abläuft. Auf den bereits erwähnten Massenversammlungen in China wurden Konterrevolutionäre auf offener Bühne mit der Methode Düsenflugzeug gequält. Dabei trugen sie ein Schild aus Holz mit der Aufschrift »Konterrevolutionär XY«. Ihre Arme wurden links und rechts jeweils von einem Rotgardisten so in die Seite, der Kopf und der Rücken so nach unten gedrückt, dass der Angeprangerte wie ein Düsenflugzeug aussah. Das »Düsenflugzeug« führte nach längerer Zeit zum Bluten am Nacken und Schmerzen am ganzen Körper. Wenn die Rotgardisten Lust auf mehr verspürten, zogen sie den Gürtel aus der Hose und schlugen auf die Opfer ein. Nicht selten erlagen die Opfer kurz danach den physischen und psychischen Verletzungen und Erniedrigungen.

In den Anfangsjahren der Kulturrevolution erließen selbstorganisierte Revolutionskomitees auch Durchsuchungsbefehle, mit denen Schüler und Studenten die Wohnungen ihrer Lehrer und Professoren nach verdächtigen Gegenständen durchsuchten und dabei nicht selten plünderten. Selbstmorde waren an der Tagesordnung. Wie viele Menschen während der Kulturrevolution zu Tode gefoltert und wie viele Selbstmord begangen haben, dafür gibt es keine offizielle Statistik. Schätzungen gehen von Millionen von Menschen aus.

Im Vergleich dazu ist der Gewaltansatz in Deutschland fast zu vernachlässigen. So versuchte in Hamburg 2020 eine Frauengruppe, eine Lesung des Kolumnisten Harald Martenstein buchstäblich zu sprengen. Sie gingen in den Raucherraum des Lokals Nochtspeicher, wo die Lesung stattfinden sollte, rissen das Ventil aus der Gasflasche raus und drehten das Gas auf. Zum Glück wurde eine Explosion verhindert, berichtete Martenstein im *Zeit-Magazin*.[11] Gab es einen Aufschrei in den Medien? Nein. Schließlich ist ja nichts passiert und die Frauen dienen doch einer guten Sache, weil sie gegen Sexismus kämpfen. Auch sonst drücken die Mainstream-Medien bei linksextremer Gewalt ein Auge zu. In den Augen der Medien ist die linke Gewalt nicht so schlimm wie die rechte Gewalt, da sie aus einem edlen Motiv stammt. Linke Aufrufe zur Gewalt werden nicht geahndet und lösen noch nicht einmal Empörung aus, nein, sie ernten sogar Beifall. So war das während der Pandemie gegen die sogenannten Querdenker und so ist es heute gegen die AfD-Politiker und deren Anhänger. So schwadroniert der *ZDF*-Komiker Jan Böhmermann von »Nazis keulen« und muss keine Konsequenzen fürchten.

Noch steckt die Gewaltbereitschaft der politischen Korrektheit in den Kinderschuhen. Aber wenn sie nicht im Keim erstickt wird, könnte sie schnell zu einem Monster heranwachsen, das eine rasante Eigendynamik entwickelt. So wie während der Kulturrevolution.

Zensur von oben und die Schere im Kopf

In China wird staatliche Zensur ausgeübt. Das wird von der chinesischen Regierung gar nicht abgestritten. Die Zensurbehörde heißt »Propagandaministerium des Zentralkomitees der Kommunistischen Partei Chinas«. Auf *Baidu Baike,* dem chinesischen Pendant zu Wikipedia, wird das Propagandaministerium als »eine für ideologische Arbeit zuständige Behörde« bezeichnet. Zu den Aufgaben gehört unter anderem die Lenkung der öffentlichen Meinung. Die wichtigsten Zeitungen in China, wie zum Beispiel die *Volkszeitung,* die *Guangming Tageszeitung,* die *Wirtschaftstageszeitung,* der Staatssender *CCTV* und die staatliche *Xinhua*-Agentur unterstehen alle direkt dem Propagandaministerium.

Die Zügel des Ministeriums werden mal enger, mal lockerer gezogen. Im Moment sind sie etwas überspannt. Ein- oder zweimal am Tag gibt das Ministerium eine Art Anleitung für die oben genannten Medien. Dabei soll es sich chinesischen Journalisten zufolge nicht um Themen handeln, über die nicht berichtet werden darf. Die weiß man ohnehin. Es seien viel mehr Vorschläge und Hinweise. Beispielsweise in den Tagen vor der Europareise des Staatspräsidenten Xi Jinping im Mai 2024, die ihn nach Frankreich, Ungarn und Serbien führen sollte, wurde den Journalisten vorgeschlagen, dass über diese Länder vorerst nichts Negatives berichtet werden sollte. Das wäre so, als wenn die deutschen Redaktionen eine Woche vor der Deutschland-Reise des chinesischen Staatspräsidenten den freundlichen Hinweis vom Kanzleramt erhielten, sich mit dem China-Bashing doch vorerst zurückzuhalten.

Die Realität sieht ganz anders aus: Gerade vor einem solchen Besuch stünde China besonders im Fokus der Medien und würde erst recht kritisch beleuchtet.

In China dienen die Medien der Politik. Das oberste Ziel der Regierung lautet im Moment: Wahrung der Stabilität. Alles, was diesem Ziel dient, ist gerechtfertigt. Über Amokläufe, bei denen Menschen zu Schaden kommen, wurde früher noch berichtet, wenn auch nur kurz. Nun werden solche Ereignisse in der Regel verschwiegen. Offizielle Begründung: Es solle keine Nachahmungseffekte geben.

Doch im Zeitalter des Internets können negative Nachrichten nicht so einfach negiert werden, als wäre nichts geschehen. Selbst wenn die Staatsmedien darüber keine Silbe verlieren, ist da noch diese riesige Armee der Blogger und der Bürgerjournalisten. In Gruppen im WeChat, dem chinesischen Pendant zu WhatsApp, verbreiten sich News, aber auch Fake News wie Lauffeuer. Über das Internet wacht das Büro für Internetinformationen, das 2011 gegründet wurde. Wenn eine Nachricht nicht mehr zu unterdrücken ist, beispielsweise das Hochwasser in der Stadt Zhuozhou der Provinz Hebei im Juli 2023, bei dem offiziellen Angaben zufolge neun Menschen starben und über eine halbe Million ihr Zuhause verloren, wurde zumindest die Richtung der Berichterstattung gelenkt, dahin, wie Soldaten der Volksbefreiungsarmee bei der Rettung der Einwohner ihr eigenes Leben riskierten. Vom Versagen der Behörden konnte so abgelenkt werden.

Wenn Zensur eine »von zuständiger, besonders staatlicher Stelle angeordnete Kontrolle« (eine Definition von Oxford Languages) bedeutet, dann existiert in Deutschland keine Zensur. Aber so einfach ist das nicht. Medienwissenschaftler Marcus Klöckner spricht in seinem Buch *Sabotierte Wirklichkeit* von einer besonderen Form der Zensur in Deutschland: Es sei ein »ganzes Bündel von sozialen Einflüssen, die zur Zensur in unserem Mediensystem führen. Sozialisation und die soziale Zusammensetzung des journalistischen Feldes sind zwei von ihnen.«[12]

Klöckner zitiert aus einer Studie des Kommunikationswissenschaftlers Siegfried Weichenberg: »Journalisten sind in ihrer sozialen Zusammensetzung (...) nicht der Spiegel der Bevölkerung – so wenig wie Ärzte, Anwälte oder Wissenschaftler ... Journalisten unterscheiden sich nicht nur hinsichtlich ihrer formalen Bildung vom Durchschnitt der Bevölkerung. Sie rekrutieren sich auch sehr deutlich vor allem aus einem Bereich der Gesellschaft: der Mittelschicht. Rund zwei Drittel der Väter von Journalisten (66,7%) sind oder waren Angestellte oder Beamte; Kinder von Arbeitern stellen eine kleine Minderheit (8,6%) dar.«

Dass Journalisten meist aus der Mittelschicht stammen und dass Redaktionen Menschen mit Stallgeruch rekrutieren, ist ein Problem. Das muss aber nicht zwangsläufig in Zensur münden. Unter den angehenden Journalisten sind nicht wenige idealistisch eingestellt. Viele interessieren sich für die Probleme der Unterschicht und sie wollen den Regierenden auf die Finger schauen.

Doch dann folgen die ersten prägenden Berufsjahre, die alle Kanten entschärfen und zu einer subtilen inneren Zensur führen. Wie das journalistische Feld sich auf die sich in ihm bewegenden Akteure auswirkt, hat der Medienforscher Uwe Krüger in einem Vortrag anhand eines Artikels von Ulrich Wickert aus dem Sammelband *Die Schere im Kopf* von 1976 gezeigt:

»Er beschrieb dort, wie er als junger Redakteur des Politmagazins *Monitor* immer mal wieder für seine Hartnäckigkeit kritisiert wurde, was sich auf seine Haltung allmählich niederschlug. Und er beschrieb, wie er 1976 noch einmal das Manuskript eines Hörfunkfeatures zur Hand nahm, das er 1970 geschrieben hatte. Der Titel lautete: Die bundesdeutsche Propagandamaschine, es ging um die Öffentlichkeitsarbeit der Bundesregierung. ›Bei der Lektüre stellte ich mit Erschrecken fest, dass ich heute das Thema wahrscheinlich milder und unkritischer beschrieben hätte. Innerhalb von sechs Jahren also hatten kleine Vorkommnisse (...) meine Unbefangenheit beseitigt.‹«[13]

Hier geht es, wohlgemerkt, um einen der kritischsten Journalisten in Deutschland. Wenn schon Ulrich Wickert bei sich die Auswirkung der Gruppendynamik unter den Journalisten so deutlich spürt, kann man sich leicht vorstellen, wie angepasst die meisten Medienschaffenden im Laufe der Berufsjahre werden.

Im journalistischen Feld werden nicht nur die Kanten entschärft, man lernt auch sehr schnell, was thematisiert werden soll und muss. Das wissen auch die chinesischen Journalisten. Deshalb muss das Propagandaministerium gar keine Liste der Tabuthemen erstellen. Nicht thematisiert werden sollen beispielsweise der Dalai Lama oder auch die inzwischen geschlossenen Internierungslager in Xinjiang.

Die einheitliche Sozialisation und die soziale Zusammensetzung des journalistischen Feldes führen nicht automatisch zu einer Zensur. Wenn diese beiden Faktoren aber dazu führen, dass gewisse Informationen, Themen und Perspektiven von den meisten Journalisten bewusst oder unbewusst wegsortiert werden, dann kann man schon von einer Schere im Kopf oder einer inneren Zensur sprechen. »Diese Zensur entsteht dann, wenn eine Vielzahl von Journalisten über sehr ähnliche bis identische weltanschaulich geprägte Wahrnehmungs- und Denkweisen verfügen und diese kollektiv handlungsleitend bei der Selektion, Einordnung und Gewichtung von Informationen, Nachrichten und Ereignissen sind. Die Folge ist eine synchronisierte Berichterstattung«, schreibt Marcus Klöckner in *Sabotierte Wirklichkeit*.[14]

»Darf man so etwas sagen?« Diese Frage stellen sich die Journalisten wahrscheinlich immer häufiger. Auf die »innere Schere« können sich die Chefs in den Medienunternehmen verlassen. »Mein Kollege aus fernen und schönen Saarbrücker Zeiten, Jan

Hofer, enthüllte das mit Blick auf seine Zeit bei der *Tagesschau* und beklagte damit die Selbstzensur in Sprache und Inhalt. Es erfolgte ein Aufschrei, obwohl jeder weiß: Er hat recht«, schreibt Peter Hahne in *Das Maß ist voll*.

Ulrike Guérot berichtete mir von subtileren Mechanismen der deutschen »Zensur«: »Auf der technologischen Seite gibt es beispielsweise *Shadow Banning*, das heißt, die Algorithmen ›verbuddeln‹ unliebsame Texte und Videos im Internet, sodass man sie auch mit Suchmaschinen nur schwer findet. Es gibt Ad-hominem-Vorwürfe kritischer Stimmen, die als ›umstritten‹ bezeichnet werden und dadurch eingeschüchtert werden sollen. Und schließlich gibt es einen großen Konformitätsdruck: Die meisten Leute haben inzwischen verstanden, dass man besser seinen Mund hält und keine kritischen Fragen stellt oder seine Meinung allzu offen äußert. Damit braucht man keine Zensur mehr, die Homogenisierung des Diskurses funktioniert wie durch Zauberhand von ganz allein …«.

Die Zensur von oben und die innere Zensur unterscheiden sich zwar graduell und quantitativ, beide führen aber zum selben Ergebnis: einer verzerrten oder »sabotierten Wirklichkeit«, wie Klöckner mit seinem Buchtitel zum Ausdruck bringt. Dabei könnte die innere Zensur sogar einen größeren Schaden als die offene Zensur anrichten. Denn die Chinesen beispielsweise wissen um die Zensurpraxis und konsumieren die Staatsmedien, wenn überhaupt, mit großer Sorgsamkeit, während viele Deutsche (wenn auch immer weniger) immer noch von der Meinungs- und Pressefreiheit in Deutschland überzeugt sind und davon ausgehen, dass das, was sie von den Leitmedien erfahren, der Wirklichkeit entspricht. Übrigens sehen manche Ostdeutsche, die sich noch an die Zensur der DDR-Staatsmedien erinnern, vieles heute noch kritischer als die Westdeutschen.

Mit dem Inkrafttreten des Netzwerkdurchsetzungsgesetzes am 1. Januar 2018 wurde auch in Deutschland die Zensur im Internet eingeführt. »Seitdem werden Inhalte bei Twitter, Facebook und YouTube von den Konzernen selbst fleißig gelöscht. Eine Internetpolizei, die von Privatunternehmen betrieben und finanziert wird – für den Staat ist das eine kostengünstige Lösung. Da können sich autoritäre Länder dieser Welt eine Scheibe von uns abschneiden«, schrieb ich in einer Kolumne Anfang 2018.[15] Der Urheber dieses Gesetzes, der damalige Justizminister Heiko Maas, wurde einmal selber Opfer der Zensur. Er musste einen Tweet, in dem er Thilo Sarrazin als Idioten bezeichnet hatte, löschen. Auch ich wurde dreimal von Twitter für 24 Stunden gesperrt. Bei den »problematischen« Tweets ging es allesamt um Kritik an der Flüchtlingspolitik. Ein paar Videos der Künstler, die an der Protestaktion #allesdichtmachen während der Pandemie teilnahmen, wurden aus vorauseilendem Gehorsam von YouTube gelöscht.

Auch das Deutschlandbild in China ist verzerrt

Im Gegensatz zum negativen Chinabild in Deutschland ist das Deutschlandbild in China überaus positiv. Dieses Bild hat sogar etwas Mythenhaftes, sprich: Das Bild besteht aus Klischees, die nur teilweise der Wirklichkeit entsprechen. Hier ein paar Puzzleteile davon: Deutschland ist ein Rechtsstaat mit hoher Transparenz und Effizienz; wenn einem Land die Energiewende gelingt, dann Deutschland; Made in Germany ist ein Synonym für Topqualität; die Deutschen haben knapp die Hälfte des Jahres frei, sie erwirtschaften ihren Wohlstand quasi im Liegen; die deutschen Autos rasen auf seidenhaften Autobahnen ohne jedes Tempolimit; und der deutsche Kampfwagen, so wird die deutsche Fußballmannschaft liebevoll von den Chinesen genannt, zermalmt den Rest der Welt. Nur der letzte Punkt ist inzwischen stark revidiert.

Wie ist es zu diesem positiven, aber doch teilweise überholten und verzerrten Deutschlandbild in China gekommen? So wie die meisten Deutschen in Bezug auf China auf die Medienberichterstattung angewiesen sind, beziehen auch die meisten Chinesen Informationen über Deutschland durch die Massenmedien. Zwar besagt ein altes chinesisches Sprichwort, dass einmal sehen besser als hundertmal hören ist, aber Deutschland ist mit über 7 000 Kilometern Luftentfernung schlicht zu weit weg und eine Reise dorthin würde das Budget der meisten chinesischen Haushalte überfordern. Mit anderen Worten: Die Berichte der chinesischen Korrespondenten in Berlin spielen bei der Wahrnehmung von Deutschland in der chinesischen Öffentlichkeit eine maßgebliche Rolle.

Ähnlich wie die deutschen Korrespondenten in China genießen auch die chinesischen Korrespondenten in Deutschland weitgehende Freiheit bei der Themenauswahl ihrer Berichterstattung. Jedoch existiert diese Freiheit nur auf dem Papier. Laut Aussagen der Korrespondenten nehmen die von den Heimatredaktionen bestellten Artikel ihre ganze Arbeitskraft in Anspruch, sodass sie kaum in der Lage sind, sich den Themen zu widmen, die sie selber für berichtenswert halten.

Bei den bestellten Artikeln handelt es sich um zwei Sorten von Themen. Bei der ersten geht es eigentlich um China. Die Korrespondenten sollen deutsche Interviewpartner finden, die etwas Positives über China aussagen. Jetzt, wo sich die chinesische Wirtschaft mit großen Herausforderungen konfrontiert sieht, sollen deutsche Experten und Amtsträger ein Loblied über die glänzende Zukunft der chinesischen Wirtschaft oder eine Hymne an den großen Vorsitzenden Xi Jinping anstimmen. So erschien am 2. Januar 2024 im Parteiorgan *Volkszeitung* ein Bericht über die Reaktionen aus aller Welt auf die präsidiale Neujahrsansprache von Xi Jinping, die über *CCTV* und das Internet in die ganze Welt übertragen wurde. Es sind dabei Stimmen aus dem Libanon, Laos, Ägypten, Tansania und eine Stimme aus Deutschland, die den Wert der Lobeshymne erheblich gesteigert hat. Und was für eine Stimme! »China hat es geschafft, neben der eigenen Entwicklung aus der Welt eine bessere gemacht zu haben«, sagt Volker Tschapke, Ehrenpräsident der preußischen Gesellschaft aus Berlin. Die chinesischen Korrespondenten haben inzwischen einen Pool von nützlichen Idioten akquiriert, die dem Propagandazweck dienen. Laut Aussagen der Korrespondenten nimmt der Anteil von solchen bestellten Artikeln, die mit Deutschland an sich nichts zu tun haben, im Zuge der Ideologisierung immer weiter zu.

Bei der zweiten Sorte der bestellten Artikel geht es meist um Hintergrundberichte über Deutschland. Die Oberüberschrift lautet hier: Was kann China von Deutschland oder, noch größer gefasst, von entwickelten Ländern lernen? Ein Beispiel: China ist eine alternde Gesellschaft und leidet unter Pflegepersonalmangel. Also sollen die Korrespondenten über positive Erfahrungen in ihrem jeweiligen Einsatzland berichten. Dann entsteht ein typischer Bericht aus der Kategorie »Von anderen lernen« mit der Überschrift: »*Pflegepersonalmangel: so gehen Japan, Deutschland und Australien damit um*«. Erschienen ist der Hintergrundbericht am 8. Januar 2024 in *Global Times*, dem internationalen Ableger der *Volkszeitung*. Im Deutschland-Teil erfährt der Leser, wie Deutschland es versucht, die Attraktivität des Berufes Altenpfleger zu erhöhen, indem beispielsweise die Auszubildenden bereits während der Lernzeit eine Art Gehalt bekommen, das von Jahr zu Jahr steigt.

Es kann auch um anscheinend banale Dinge gehen. Als es im Dezember 2023 in Peking heftig schneite, wurde Deutschland wieder einmal als nachahmenswertes Beispiel herangeführt. Am 21. Dezember 2023 war in der *Pekinger Jugendzeitung* ein Bericht mit der Überschrift zu lesen: *Kehrt in Deutschland wirklich jeder vor seiner Tür?* Das Sprichwort »Jeder kehre vor seiner eigenen Tür« hat auch sein Pendant in der chinesischen Sprache, hat aber eine ganz andere Bedeutung, sprich: Jeder kümmert sich um seine eigenen Angelegenheiten. Hier wird der allgemeine Egoismus kritisiert.

Der Autor berichtet von der Pflicht der Schneeräumung und des Streuens in Deutschland. Nach der detailverliebten Schilderung der deutschen Vorschriften im Umgang mit dem Schnee vor der eigenen Haustür schlussfolgert der Autor: »Ja, Deutschland ist ein Land voller Regeln und Vorschriften, die nach tiefen und reifen Überlegungen festgelegt wurden. Wenn jeder seinen eigenen Beitrag zum Gemeinwohl leistet, haben alle ein schöneres Leben.«

Dieser grundpositive Trend der Deutschland-Berichterstattung liegt auch an der konfuzianischen Einstellung, die im Laufe der Jahrtausende die Mentalität der Chinesen geprägt hat. Jedes chinesische Kind kennt das Zitat von Konfuzius: »Wenn drei zusammen gehen, kann einer mein Lehrer sein.« Bescheidenheit gilt als eine hohe Tugend. Die Chinesen orientieren sich an den Stärkeren und versuchen, von ihnen zu lernen. Bei den Deutschen ist es eher umgekehrt. Am deutschen Wesen soll die Welt genesen, hat während der Nazizeit das Motto gelautet, und manchmal hat man das Gefühl, das gilt heute noch. Der bekannte Zeigefinger auf andere Länder zielt dabei regelmäßig auf China.

Man könnte behaupten, dass auch die Deutschland-Berichterstattung von chinesischen Korrespondenten klischeehaft behaftet ist. Nur geht es in die völlig andere Richtung. Da Deutschland allgemein positive Konnotationen bei den Chinesen hervorruft, werden die chinesischen Korrespondenten mit Anfragen konfrontiert, die bei ihnen manchmal Kopfschütteln und Schmunzeln auslösen. So berichtete ein Korrespondent, dass die Heimatredaktion einmal bei ihm einen Hintergrundbericht über die fortschrittliche digitale Verwaltung in Deutschland angefordert hat. Beinahe verschämt antwortete er seiner Redaktion, dass in diesem Bereich wirklich nichts Positives aus Deutschland zu vermelden sei, denn die deutschen Beamten hantierten noch mit Bleistiften und Faxgeräten. Das weiß der Korrespondent, aber darüber berichtet er nicht, weil die Heimatredaktion nicht nach Negativbeispielen gefragt habe und weil seine Leser auch nicht wissen wollten, wie schlecht die anderen seien.

Was passiert mit den wirklich negativen Meldungen über Deutschland, an denen es doch nicht mangelt? Beispielsweise der sexuelle Missbrauch in der katholischen Kirche. »Um Gottes willen! Religion ist ein sehr sensibles Thema. Eine solche Meldung könnte Proteste von chinesischen Katholiken auslösen«, sagte mir ein Korrespondent. Ein anderer berichtete mir, dass seine wenigen deutschlandkritischen Beiträge jedes Mal von der Heimatredaktion in der Wortwahl entschärft würden. Kritik an den USA sei von oben gewollt. Mit Kritik an anderen Ländern gehe man sehr vorsichtig um. Das Außenministerium wolle vermeiden, dass ein befreundetes Land durch einen negativen Bericht düpiert sein könnte.

Wenn gezielt nach Positivem gesucht wird und manche negativen Nachrichten unter den Teppich gekehrt werden, dann ist es kein Wunder, dass ein verklärtes Deutschlandbild in der chinesischen Öffentlichkeit entstanden ist. Die sozialen Medien taten das Übrige. So wurden sie Hebammen bei der Geburt des Deutschland-Mythos. Die chinesischen Blogger und Influencer nutzen Deutschland als Projektionsfläche, um versteckte Kritik an ihrem eigenen Land zu üben. Wollen sie kritisieren, dass chinesische Angestellte wie in der frühkapitalistischen Phase ausgebeutet werden, schreiben sie, dass die Deutschen knapp die Hälfte des Jahres frei haben und ihr Land durch Effizienz auf hohem Niveau halten; halten sie das chinesische Bildungssystem für problematisch, das Kinder zu Lernmaschinen degradiert, erzählen sie, dass im gelobten Deutschland die Vorschulerziehung verboten sei und Kinder nach dem Kindergarten in der Lage seien, für sich selber zu sorgen.

Die Verklärung der Deutschlandliebhaber fällt auf fruchtbaren Boden. Das liegt daran, dass die Chinesen einerseits bereits durch die Staatsmedien eine grundpositive Meinung über Deutschland haben und anderseits nicht sehr gut über das ferne Land informiert sind. Während fundierte Sachbücher über die USA, Russland oder Japan ganze Regale füllen, sind realitätsabbildende Lektüren über Deutschland Mangelware. Man könnte auch andersherum argumentieren, dass sich das Interesse der Chinesen an Deutschland in Grenzen hält. Das Land in der Mitte von Europa stellt keine Gefahr für das Reich der Mitte dar, weder territoriale Konflikte noch fundamentale Differenzen betrüben die bilateralen Verhältnisse. Deutschland ist ein guter Handelspartner für China, mehr nicht.

Doch das Blatt hat sich in den letzten zwei Jahren gewendet. In Deutschland ist eine Zeitenwende auch in der Außenpolitik vollzogen worden. In den Augen der Ampelregierung ist China in erster Linie ein Systemrivale, vor dem Deutschland geschützt werden muss. Das hat sowohl die chinesischen Staatsmedien als auch die sozialen Medien erzürnt. *Das Wohlwollen Chinas missachtend erklärt Deutschland China zum Systemrivalen* und *Deutsche Außenministerin nach der Benennung Chinas als Systemrivale von der Opposition kritisiert: Sie spiele mit dem Feuer,* um nur zwei Überschriften aus den chinesischen Medien zu zitieren. Der zweite Artikel stammt aus der Feder eines Influencers mit insgesamt rund vier Millionen Followern in unterschiedlichen sozialen Medien. In fast identischer Wortwahl berichtete auch *Global Times* im Netz.

Vor allem die Grünen sind zu Hassfiguren im chinesischen Internet geworden. Sie seien quasi eine Filiale der amerikanischen Demokraten und ihre Politik könnte Deutschland vernichten, meint die Kommentatorin Tian Liu in einem TikTok-Video im Juni 2023. Die Fernsehmoderatorin aus der Provinz Jiangsu betreibt Accounts in sozialen Medien und verfügt über eine Fangemeinde von mehreren Millionen Menschen.

Sowohl die Staatsmedien als auch die privaten Influencer beschränken ihre Kritik auf Annalena Baerbock und die Grünen. *Wie Baerbock und die Grünen die Außenpolitik Berlins gekapert haben,* lautet die Überschrift eines Videos im Videokanal Gang'ao Zhibotai

Anfang 2024. Diese Meinung wird von einem Großteil der Influencer und der Staatsmedien geteilt. Das lässt die Chinesen hoffen, dass die bilateralen Beziehungen mit der Abwahl der Grünen wieder besseren Zeiten entgegensehen.

Dabei wissen die meisten Chinesen nicht, dass die deutschen Grünen mit den Kommunisten Brüder im Geist waren. Die Studentenbewegung von 1968, aus der die Grünen hervorgegangen sind, wurde auch von der chinesischen Kulturrevolution inspiriert. Prominente grüne Politiker wie Winfried Kretschmann, der Ministerpräsident von Baden-Württemberg, und der ehemalige Grünen-Vorsitzende Reinhard Bütikofer waren damals glühende Anhänger von Mao Zedong. Kretschmann war bei der kommunistischen Studentengruppe / Marxisten-Leninisten und der Kommunistischen Hochschulgruppe des Mao-treuen KBW. Bütikofer war ebenfalls Mitglied beim Kommunistischen Bund Westdeutschland und bei der Gesellschaft für Deutsch-Chinesische Freundschaft. Auch andere prominente grüne und linke Politiker waren beim KBW, darunter die linke Bundestagsabgeordnete Ursula Lötzer, die ehemalige grüne Bundestags-Fraktionsvorsitzende Krista Sager, die SPD-Prominente Ulla Schmidt und Joscha Schmierer, die rechte Hand des damaligen grünen Außenministers Joschka Fischer. Schmierer stattete sogar dem kambodschanischen Diktator Pol Pot einmal einen Solidaritätsbesuch ab und sandte ihm kurz nach Bekanntwerden des Völkermords eine Solidaritätsadresse. Und das sind nur die Prominenten. Im Fußvolk war es ähnlich.

In den maoistischen Gruppen herrschten die leitenden Parteikader und gaben ihre Anweisungen an die unteren Kader weiter. »Es herrschten strenge Regeln, eine rigide Moral und teilweise Kadavergehorsam. Abweichler wurden bestraft und zur Selbstkritik gezwungen oder aus der Gruppe ausgeschlossen und gemobbt«, berichtete ein ehemaliger Maoist auf *Nachdenkseiten*.[16] Kommt einem das nicht bekannt vor, erst recht als Chinesin?

Kretschmann hat sich in seiner linksradikalen Zeit in den 1970er-Jahren nach eigenen Worten in einer Art Sekte aufgehalten. »›Heute würde man das als Blase bezeichnen‹, sagte der Grünenpolitiker in einem Interview mit der *ARD*. ›Wir bewegten uns immer unter denselben Leuten, entwickelten mit der Zeit einen Tunnelblick und führten hoch ideologisierte Debatten. Man kann froh sein, wenn man da rausgefunden hat‹«, zitierte ihn der *Spiegel* Anfang 2022.[17]

Mit dem Ende der Kulturrevolution haben sich auch die deutschen Maoisten-Gruppen Ende der 1970er-Jahre aufgelöst. Doch viele Grüne haben den totalitären Tunnelblick beibehalten. Wer ihre Auffassung nicht teilt, ist rechts, rassistisch, zumindest unmoralisch. Und etliche sind zum anderen Pol des Pendels geschwenkt. Aus den ehemaligen Maoisten sind jetzt Anti-China-Falken geworden, wie beispielsweise Bütikofer. »Reinhard Bütikofer, scheidender Außenpolitischer Sprecher der Grünen im EU-Parlament und ehemaliger Bündnis90/Die Grünen-Vorsitzender, verkörpert alles, was an den prototypischen grünen Ex-Maoisten – wie etwa dem langjährigen Böll-Stiftung-Vorstand Ralf Fücks, dem früheren Planer im Auswärtigen Amt, Joscha Schmierer, und einigen mehr – nicht nur armselig, sondern auch brandgefährlich war«, schreibt die Zeitung *Der Freitag*.[18]

Die Demokratie steht auf dem Spiel

Die Menschen in Deutschland vertrauen der Demokratie immer weniger. Laut einer Umfrage im Auftrag der Körber-Stiftung gaben im Sommer 2023 ganze 54 Prozent der Befragten an, »weniger großes oder geringes Vertrauen in die deutsche Demokratie zu haben. Im Herbst 2021 war es hingegen erst knapp ein Drittel«, berichtet *Zeit Online*.[19] Dieser dramatische Vertrauensverlust hat direkt mit der Funktionsweise der Leitmedien und der Wechselwirkung zwischen der Politik und den Medien zu tun.

Das Wort »Demokratie« stammt aus dem Griechischen und bedeutet »Volksherrschaft«. Das Volk ist der Souverän in einer Demokratie und die politischen Entscheidungen werden durch den Mehrheitswillen der Bevölkerung gefällt. Um diesen Willen zu bilden, bedarf es Medien, die möglichst objektiv und umfassend berichten und dabei den Regierenden auf die Finger schauen (die vierte Gewalt eben) und es bedarf einer Öffentlichkeit, in der »viele über das Gleiche reden, einen gemeinsamen Debattenraum schaffen und dabei ungestraft von ihrer Meinungsfreiheit Gebrauch machen können. Diese Öffentlichkeit kennt keine Zensur und keine Notwendigkeit zur Selbstzensur, sofern die artikulierten Meinungen den anderen nicht diffamieren und die Grundwerte unserer Verfassung grob verletzen«, beschreiben Precht und Welzer in ihrem Buch *Die vierte Gewalt* den Soll-Zustand.[20]

Journalisten sind der Wahrheit verpflichtet, nichts anderes als der Wahrheit. Eine hundertprozentige Objektivität ist ein hohes Ideal, aber nicht realistisch. Jeder wird durch seine Sozialisation geprägt und hat eine eigene Weltanschauung. Diese Weltanschauung darf bei Kommentaren zum Ausdruck gebracht werden. In Nachrichten und Berichten hat sie nichts zu suchen. Im deutschen Journalismus ist die Grenze zwischen Bericht und Kommentar inzwischen sehr verschwommen. Kommentierende Berichte findet man überall.

Die Wahrheit ist dem Menschen zumutbar, hat einmal Ingeborg Bachmann gesagt. Auch das Denken ist dem Menschen zumutbar. Journalisten haben zu berichten, was ist. Und die Leser und Zuschauer können sich ihre eigene Meinung bilden. »Sie erwarten zu Recht, dass die Nachrichten ihnen die Realität abbilden und nicht irgendwelche erzieherischen Konzepte umsetzen«, sagte der ehemalige *ZDF*-Moderator Claus Kleber auf dem Gipfel des Flüchtlingsstroms 2015.[21]

Mit anderen Worten: Das Problem mit dem betreuten Journalismus ist den Top-Journalisten bekannt, aber sie haben es trotzdem getan. Frank Plasberg, ehemaliger Moderator der *WDR*-Sendung *Hart aber fair*, hat nach der Bundestagswahl 2017 in einem *Spiegel*-Interview gesagt: »Es ist nicht die Aufgabe von Journalisten, die AfD kleinzuhalten. Ich habe keinen volkspädagogischen Auftrag. Ich will auch nicht die Demokratie heilen, sondern nehme mir die Freiheit heraus, auf keinen Fall zu überlegen, wie eine Wahrheit wirkt – denn sonst ist man schnell dabei, Wahrheiten zurechtzubiegen.«[22] Wenn bekannte Journalisten Selbstverständliches immer wieder betonen, bedeutet es, dass etwas im Argen liegt. Im journalistischen Alltag werden Wahrheiten allzu oft zurechtgebogen, verzerrt dargestellt oder gar sabotiert.

Dass Journalisten umfassend berichten sollen, heißt nicht, dass sie über alles berichten, was in der Welt passiert. Denn das ist schlicht unmöglich. Eine wichtige Aufgabe der Journalisten besteht darin, Informationen nach Relevanz zu sortieren. Dabei werden aber allzu oft journalistische Kriterien verlassen. »Die Selektion, Einordnung und Gewichtung von Informationen, Nachrichten und Ereignissen verläuft bei bestimmten Informationen und Themen medienübergreifend dauerhaft und weitestgehend nicht mehr nach journalistischen Standards, sondern nach Weltanschauungen und Glaubensüberzeugungen«, schreibt Marcus Klöckner in *Sabotierte Wirklichkeit*.[23]

»Umfassend« meint eher, dass die ganze Lebenswirklichkeit abgebildet werden soll. Tatsächlich aber findet das Leben der unteren Schicht in der Berichterstattung so gut wie nicht statt. Das beklagte der Medien- und Politikwissenschaftler Thomas Meyer bereits vor Jahren: »Bestimmte Themen, zum Beispiel soziale Fragen wie Armut, Ungleichheit, Exklusion, das Leben und Leiden der unteren Klassen, kommen in ihrer Berichterstattung praktisch nicht mehr vor«, sagte Meyer 2015 im Interview mit *telepolis.de*.[24]

Der Bruch mit der Realität ist zu einer Konstante in der Berichterstattung geworden. Man hat mittlerweile den Eindruck, dass die Medien oft nicht einmal versuchen, Realität abzubilden. »Vielmehr ist die Berichterstattung zum Abbild eines Weltbild-Journalismus geworden, der oftmals nur noch die politischen Wirklichkeitsvorstellungen der Medienmacher bedient«, so Klöckner.[25]

Bei diesem besorgniserregenden Zustand der Medien kann man den Traum einer vierten Gewalt eigentlich begraben. Statt »Wachhund im Dienst der Öffentlichkeit« zu sein – der Begriff stammt von dem Medienrechtler Tobias Gostomzyk –, rufen die Leitmedien in Krisenzeiten gerne dazu auf, die Reihen zu schließen. Man könnte den Eindruck gewinnen, dass viele Journalisten zu Hofberichterstattern geworden sind. Doch dieser Eindruck täuscht. In Zeiten einer Mediokratie liegen die Machtverhältnisse eher umgekehrt: »Die Politiker, die erfolgreich sein wollen, unterwerfen sich den Mediengesetzen, um auf diese Weise ihre Chance zu maximieren, auf der Medienbühne eine Rolle zu spielen. Das ist die indirekte Macht der Medien durch die Vorherrschaft ihrer Regeln«, sagte Meyer im erwähnten Interview. Die Journalisten fühlen sich dazu berufen, in der Politik mitzumischen.

Aber mit welchem Recht? Journalisten sind nicht gewählt und haben kein Mandat. Aus eigener Erfahrung weiß ich, dass etliche Journalisten von den komplexen Themen, über die sie schreiben, wenig bis gar keine Ahnung haben. Zweimal über Nordkorea geschrieben, schon gilt man als Nordkorea-Experte des Medienhauses. Ein sicheres Gefühl haben sie aber dafür, wo sich der Cursor im Journalismus gerade befindet, und weichen keinen Millimeter davon ab. Eine falsche Meinung zu vertreten ist tausendmal schlimmer, als eine falsche Information zu verbreiten.

Wenn Medien die Wirklichkeit nicht wirklich abbilden, wenn die Berichterstattung weitgehend synchronisiert ist, wenn der Meinungskorridor immer enger wird, bleibt die Öffentlichkeit, in der »viele über das Gleiche reden, einen gemeinsamen Debattenraum schaffen und dabei ungestraft von ihrer Meinungsfreiheit Gebrauch machen können«, wovon Precht und Welzer gesprochen haben, ein Traum. Dabei ist der Diskurs essenziell für eine liberale Demokratie. Nicht umsonst setzt der Philosoph Jürgen Habermas das Diskursprinzip an erste Stelle der vier grundlegenden normativen Prinzipien seiner Demokratiekonzeption.[26]

Medienwissenschaftlerin Marlis Prinzing schreibt ausgerechnet dem Journalismus zu, die zentrale Instanz zu sein, die »Debatten organisiert und moderiert«.[27] Leider tut der deutsche Journalismus gerade das Gegenteil. Er ist damit beschäftigt, Andersdenkende mundtot zu machen und, falls das nicht gelingt, sie durch Etikettierung und Diffamierung aus dem sauberen, homogenen Debattenraum auszuschließen. Mit anderen Worten: Die Medien erzeugen diese Öffentlichkeit nicht nur nicht, sie gefährden sie. »Die Gefährdung der Öffentlichkeit geht potenziell von allen Gewalten aus, auch von der Vierten. Und die Beispiele dafür sind so frappierend und unüberschaubar, dass sich gerade das Gegenteil mit der Lupe suchen lassen muss«, schreiben Precht und Welzer in *Die vierte Gewalt*.[28]

Indem die Leitmedien die für eine Demokratie essenzielle Öffentlichkeit aushöhlen, verspielen sie das Vertrauen der Bevölkerung, das sie ihnen einmal entgegengebracht hat. Sinkt das Vertrauen in die Medien, muss es in einer Mediokratie um das Vertrauen in die Parteien ebenfalls schlecht bestellt sein. Tatsächlich fällt der Vertrauensverlust der Bürger gegenüber den etablierten Parteien dramatisch aus. Laut einer Umfrage im Auftrag der Körber-Stiftung gaben im Sommer 2023 nur noch neun Prozent der Befragten an, den Parteien zu vertrauen. 2020 lag dieser Wert bei 29 Prozent, 2021 bei zwanzig Prozent, berichtete *Zeit Online* im August 2023.[29]

Lassen wir noch einmal Precht zu Wort kommen: »Ungezügelter Aktivismus durch die amtierenden Massenmedien ist nicht nur Treibmittel für ihren eigenen mittelfristigen Untergang; er ist es auch für die Erosion einer funktionierenden Öffentlichkeit in Deutschland«, glaubt er. »Und ohne diese bröckelt, hinlänglich erforscht und beschrieben, die Demokratie.«[30]

Den politisch korrekten Journalisten war der streitbare Philosoph schon seit Längerem ein Dorn im Auge. Erst bezweifeln sie, ob Precht den Titel »Philosoph« überhaupt tragen darf. Dann lauern sie in allen Ecken und warten darauf, bis eine unbedachte Äußerung fällt. Dann rutschte ihm beim *ZDF*-Podcast *Lanz & Precht* diese unbedachte Äußerung über orthodoxe Juden raus. Ein Aufschrei ging durch alle Medien. Precht legte seine Honorarprofessur an der Lüneburger Leuphana-Universität nieder, nachdem das Studentenparlament von der Uni gefordert hatte, die Zusammenarbeit zu beenden, berichtet *Focus*.[31] Von nun an wird Precht als ein umstrittener Philosoph bezeichnet. Weitere Schritte zum Ausschluss aus der Öffentlichkeit werden wahrscheinlich folgen.

Den Titel einer umstrittenen China-Expertin hatte ich bereits 2008 inne. Der Ausschluss aus der Öffentlichkeit erfolgte nicht durch die Medien, sondern durch die Intendanz der Deutschen Welle. Im Juli 2017 wurde ich von *Phoenix TV* zu einer Live-Sendung eingeladen, um einen Deutschland-Besuch vom chinesischen Staatspräsidenten Xi Jinping zu kommentieren. Der Teamleiter der Wirtschaftsredaktion gab mir seinen Segen. Die beiden Redakteure von *Phoenix TV* plauderten mit mir nach der Sendung noch eine Weile. Sie erzählten, dass die Redaktion über die Einladung an mich heftig diskutiert hatte, weil ich eben umstritten sei. Sie fragten nach dem Hintergrund der Kampagne von 2008. Nach meiner Schilderung wurden die beiden aufrichtigen Kollegen wütend und sagten, dass sie so etwas vermutet hätten. Sie würden versuchen, zu meiner Rehabilitation beizutragen. Ich dankte ihnen und antwortete, dass ich wenig Interesse an öffentlichen Auftritten in Deutschland mehr habe.

Zurück bei der Deutschen Welle, wurden sowohl mein Teamleiter als auch ich von der Intendanz kritisiert. Wir hätten es nicht mit der Intendanz abgesprochen. Außerdem sei ich keine China-Expertin mehr. Einmal mehr wusste ich, dass Deutschland nicht groß genug ist, um meiner Stimme einen Platz zu geben.

Nach meiner Rückkehr nach China 2019 wurde mir auf Twitter immer wieder vorgeworfen, eine Diktatur vorgezogen zu haben. Aber China ist nun mal auch meine Heimat. Ein chinesisches Sprichwort besagt, dass gefallene Blätter zum Baumstamm zurückkehren. Ich fühle mich zwar noch nicht wie ein gefallenes Blatt. Aber Heimat ist Heimat. Den Duft der Pfirsichblüten in Peking, den ich in Deutschland so vermisst habe, kann ich endlich wieder einatmen.

In Peking habe ich dem Deutschlandmythos den Kampf angesagt. In Kurzvideos erkläre ich den Chinesen, wie das Land im Herzen Europas von innen wirklich aussieht. Seit 2024 baue ich den Chinesen eine Brücke nach Deutschland durch die deutsche Philosophie. Im Kant-Jahr habe ich natürlich mit Immanuel Kant angefangen. Sein Appell an die Menschen »Habe Mut, dich deines eigenen Verstandes zu bedienen« ist heute immer noch hochaktuell, sowohl für die Deutschen als auch für die Chinesen. Ich hoffe, dass viele der Botschaft zuhören.

Anmerkungen

1 Wie entsteht eine Meinung

1 Luhmann, Niklas: *Die Realität der Massenmedien.* Opladen 1996, S. 9.
2 https://www.thepioneer.de/originals/thepioneer-briefing-business-class-edition/podcasts/kabarettist-dieter-nuhr-und-verfassungsrichter-peter-mueller-diskutieren
3 Heberer, Thomas, *Falungong – Religion, Sekte oder Kult?*, IKS Garamond, 2001. S. 6–8, 22.
4 https://www.linksnet.de/artikel/23719
5 https://www.spiegel.de/wirtschaft/preisanstieg-araber-und-chinesen-kaufen-die-weihnachtsbaeume-weg-a-522161.html
6 https://www.20min.ch/story/medien-raeumen-fehler-in-tibet-berichten-ein-733064288714
7 https://www.faz.net/aktuell/politik/china-spezial/medien/manipulationsvorwurf-fotos-aus-tibet-1510974.html
8 https://www.abendblatt.de/kultur-live/article107427919/Kontrolle-ist-noch-ueberall-praesent.html.
9 https://www.welt.de/sport/olympia/article2349175/Britta-Heidemann-kommt-in-China-richtig-in-Mode.html
10 Noelle-Neumann, Elisabeth, *Die Schweigespirale. Öffentliche Meinung – unsere soziale Haut,* Piper-Verlag.
11 https://taz.de/Lamdsdorff-kritisiert-Wickerts-Tibet-Beitrag/!1378187/
12 https://www.youtube.com/watch?v=X_ow8KeRr84

2 Causa Zhang — vor der Meinungsfreiheit sind nicht alle gleich

1 https://de.linkedin.com/in/jan-philipp-hein-a57919229, abgerufen am 20.08.2024.
2 https://www.salonkolumnisten.com/, abgerufen am 13.08.2024.
3 https://www.focus.de/kultur/medien/expertin-lobt-chinas-kp-deutsche-welle_id_2112683.html
4 Die Mail liegt vor.
5 https://www.piper.de/autoren/sabine-pamperrien-4007, abgerufen am 20.08.2024.
6 Auf auf Chinesisch ist noch ein Artikel zu finden mit der Überschrift »Schmidt - ein alter Freund der KP Chinas«. Darin hat sie Schmidt als einen

»Schönredner der KP Chinas« bezeichnet. https://www.secretchina.com/news/b5/2014/08/22/549774.html, abgerufen am 20.08.2024.

7 https://www.deutschlandfunk.de/epoch-times-klicks-mit-kritik-an-fluechtlingspolitik-100.html

8 https://www.thedailybeast.com/the-hedge-fund-man-behind-pro-trump-medias-new-war-on-china

9 https://www.spiegel.de/kultur/gesellschaft/kampagne-gegen-deutsche-medien-der-nazi-geist-kehrt-zurueck-a-577971.html

10 https://taz.de/Xinhua-geisselt-deutschen-Nazi-Geist/!5176202/

11 https://www.perlentaucher.de/dokumentation/offener-brief-chinesischer-dissidenten.html

12 https://www.perlentaucher.de/dokumentation/der-streit-um-die-china-berichterstattung-der-dw.html

13 http://www.weijingsheng.org/report/report2008/report2008-10/GermanParliament081001WeiJSopenletterA413-W223.htm

14 https://www.boell.de/de/2008/10/16/offener-brief-zur-kampagne-gegen-die-china-berichterstattung-der-deutschen-welle

15 https://www.zeit.de/2008/42/Zensur

16 https://www.spiegel.de/politik/prinzip-sandkorn-a-2692ed91-0002-0001-0000-000052715129

17 https://www.perlentaucher.de/dokumentation/ein-weiterer-offener-brief-chinesischer-dissidenten.html

18 Zum Beispiel: https://www.faz.net/aktuell/feuilleton/medien/deutsche-welle-chinas-zuverlaessigste-plattform-in-uebersee-1698250.html, https://www.berliner-zeitung.de/archiv/die-kritik-an-der-deutschen-welle-wegen-ihrer-china-berichterstattung-verschaerft-sich-munition-fuer-die-propaganda-maschinerie-li.857903, https://www.spiegel.de/kultur/gesellschaft/china-propaganda-eklat-bei-der-deutschen-welle-a-580036.html

19 https://www.sueddeutsche.de/kultur/deutsche-welle-china-berichterstattung-zwieback-fuer-den-tiger-1.392102

20 *Frühere DW-Mitarbeiter scheitern auch beim Landesarbeitsgericht*, epd. 17.02.2012, offline.

21 https://www.deutschlandfunk.de/verdacht-des-gefaelligkeitsjournalismus-100.html

22 https://www.telepolis.de/features/Wie-frei-darf-die-freie-Meinung-sein-3421510.html

3 Herden- und Haltungsjournalismus — wie die Meinung gelenkt wird

1 https://www.faz.net/aktuell/rhein-main/region-und-hessen/vorwurf-der-untreue-ebs-praesident-jahns-laesst-sein-amt-ruhen-1612190.html

2 https://www.sueddeutsche.de/wirtschaft/christopher-jahns-auf-biegen-und-zerbrechen-1.4791883

3 https://www.handelsblatt.com/unternehmen/management/ebs-chef-jahn-der-tiefe-fall-des-moralapostels/4027344.html

4 https://www.bild.de/regional/frankfurt/prozess/christopher-jahns-wellness-statt-anklageprozess-37141176.bild.htm

5 https://www.bild.de/regional/frankfurt/frankfurt-aktuell/verfahren-gegen-jahns-ex-ebs-chef-kauft-sich-mit-30000-euro-frei-71998064.bild.html

6 https://www.sueddeutsche.de/kultur/deutsche-welle-china-berichterstattung-zwieback-fuer-den-tiger-1.392102

7 *Strategie Stimmungsmache: Wie man Kampagnenjournalismus definiert, analysiert und wie ihn die Bild-Zeitung betreibt,* Herbert von Salem Verlag, 2007.

8 https://www.t-online.de/nachrichten/panorama/justiz/id_100393048/ulrike-guerot-kuendigung-von-corona-kritikerin-ist-rechtmaessig.html

9 https://www.spiegel.de/politik/deutschland/news-des-tages-ein-jahr-ukraine krieg-ulrike-guerot-bruttoinlandsprodukt-a-d8cc667f-c0b5-4d88-a33f-01fe3cd811f2

10 https://www.morgenpost.de/vermischtes/article235581175/ulrike-guerot-politik-wissenschaftlerin-talkshows-kritik.html

11 https://www.faz.net/aktuell/feuilleton/debatten/ulrike-guerot-ist-eine-heldin-der-querdenkerszene-in-ihrem-buch-plagiiert-sie-18079968.html

12 https://www.berliner-zeitung.de/open-mind/debattenkultur-sanktionen-gegen-ulrike-guerot-und-roger-waters-oder-lieber-nicht-li.321888

13 *Der Fall Ulrike Guérot: Versuche einer öffentlichen Hinrichtung,* Westend, Frankfurt am Main, 2023.

14 https://www.stern.de/politik/deutschland/thueringen--tafel-schickt-afd-politiker-100-euro-spende-zurueck-7802998.html

15 https://www.welt.de/sport/article171958406/Praesident-Peter-Fischer-AfD-Waehler-koennen-bei-Eintracht-Frankfurt-nicht-Mitglied-sein.html

16 https://www.derwesten.de/politik/afd-eintrach-frankfurt-peter-fischer-rtl-anzeige-i-id300827210.html

17 https://www.fr.de/meinung/kolumnen/eintracht-frankfurt-praesident-peter-fischer-hanau-anschlag-afd-nazis-sport-und-haltung-90031086.html

18 https://deutschejournalistenakademie.de/journalismus-lexikon/qualitaets journalismus/

19 https://www.faz.net/aktuell/feuilleton/debatten/ulrike-guerot-ist-eine-heldin-der-querdenkerszene-in-ihrem-buch-plagiiert-sie-18079968.html

20 https://www.dw.com/de/spd-chef-gabriel-fordert-kürzung-des-kindergelds-für-eu-ausländer/a-36809548

21 https://www.spiegel.de/kultur/gesellschaft/fall-claas-relotius-spiegel-legt-betrug-im-eigenen-haus-offen-a-1244579.html

22 https://www.boersenblatt.net/precht_welzer_buch

23 https://www.zdf.de/comedy/zdf-magazin-royale/zdf-magazin-royale-vom-7-oktober-2022-100.html

24 https://www.youtube.com/watch?v=lizW4HiEYug

25 https://www.focus.de/politik/deutschland/ministerin-unter-druck-chronologie-zeigt-wie-faeser-schoenbohm-bedraengte-und-jagte_id_208059778.html

26 https://www.bild.de/politik/2023/politik/schweigegeld-zahlung-faeser-soll-schmierentheater-endlich-beenden-86362778.bild.html
27 https://www.youtube.com/watch?v=XVn-Wd1qjws
28 https://www.welt.de/vermischtes/plus231406453/Forscher-Die-grosse-Mehrheit-der-Journalisten-steht-links-der-Mitte.html
29 https://www.mdr.de/medien360g/medienwissen/interview-christian-hoffmann-104.html
30 https://x.com/TinaHassel/status/957231449714909184
31 https://www.zeit.de/politik/deutschland/2018-01/tina-hassel-twitter-neutralitaet-oeffentlich-rechtlicher-rundfunk-5vor8
32 https://www.thepioneer.de/originals/der-achte-tag/briefings/glueckliche-beziehungen-annalena-baerbock-supermodels-und-gewerkschaften
33 Wernicke, Jens, *Lügen die Medien? Propaganda, Rudeljournalismus und der Kampf um die öffentliche Meinung*, Westend Verlag, 2017.
34 https://www.dw.com/de/mein-deutschland-lügen-oder-lückenpresse/a-40376283
35 Wernicke, Jens, *Lügen die Medien?*, Westend Verlag, 2017, S. 52.
36 https://www.dw.com/de/mein-deutschland-lügen-oder-lückenpresse/a-40376283
37 https://www.suedkurier.de/ueberregional/politik/Die-erfolgreichsten-Fake-News-Wir-zeigen-Ihnen-was-hinter-den-bekanntesten-Falschnachrichten-steckt;art410924,9713663
38 https://www.consilium.europa.eu/de/press/press-releases/2022/08/08/international-day-of-the-world-s-indigenous-peoples-9-august-2022-declaration-by-the-high-representative-on-behalf-of-the-european-union/
39 https://www.destatis.de/Europa/DE/Thema/Bevoelkerung-Arbeit-Soziales/Arbeitsmarkt/GenderPayGap.html
40 *Die China-Berichterstattung in den deutschen Medien*, Heinrich Böll Stiftung, 2010, S. 9.
41 https://www.youtube.com/watch?v=CsDIYOhexvE
42 https://uebermedien.de/26100/die-geister-die-don-alphonso-rief/
43 https://www.tagesspiegel.de/meinung/stellungnahme-der-chefredaktion-zur-kolumne-uber-das-tragen-von-judensternen-auf-corona-demos-384475.html

4 Sensible Themen und verängstigte Meinung

1 https://www.dw.com/de/mein-deutschland-abi-geschafft-wo-war-der-stress/a-18413561
2 https://taz.de/Was-ist-eine-Kolumne/!5692780/
3 http://www.zeit.de/2015/32/fluechtling-integration-voelkerwanderung
4 https://www.dw.com/de/mein-deutschland-gemeinsinn-oder-familiensinn/a-18903569
5 https://www.dw.com/de/mein-deutschland-falsch-verstandene-rücksichtnahme/a-19037404

6 https://www.dw.com/de/mein-deutschland-missbrauchte-n%C3%A4chsten liebe/a-36673730
7 https://www.dw.com/de/mein-deutschland-ein-trister-jahresanfang/a-42091024
8 https://www.otto-brenner-stiftung.de/die-fluechtlingskrise-in-den-medien/
9 https://www.swp.de/lokales/ulm/angriff-auf-maedchen-bei-ulm-so-reagieren-politiker-auf-die-bluttat-von-illerkirchberg-67985097.html
10 https://www.infranken.de/deutschland/illerkirchberg-herkunft-taeter-opfer-rassismus-asylbewerber-eritrea-art-5338635
11 https://www.thepioneer.de/originals/thepioneer-briefing-business-class-edi tion/briefings/illegale-migration-die-unbequemen-fakten
12 Reinemann, Carsten, und Maurer, Marcus: *Einseitig, unkritisch, regierungsnah? Eine empirische Studie zur Qualität der journalistischen Berichterstattung über die Corona-Pandemie,* Hamburg: Rudolf-Augstein-Stiftung 2021.
13 https://journalistik.online/ausgabe-2-2020/desinfektionsjournalismus/
14 https://taz.de/Boris-Palmer-ueber-Corona-Quarantaene/!5676475/
15 https://www.faz.net/aktuell/politik/inland/boris-palmer-entschuldigt-sich-fuer-umstrittene-corona-aussagen-16746537.html
16 https://taz.de/Boris-Palmer-und-die-Coronakrise/!5682102/
17 https://www.berliner-zeitung.de/open-source/corona-berichterstattung-das-in teresse-der-medien-an-aufarbeitung-ist-gering-li.334923
18 https://www.deutschlandfunkkultur.de/querdenker-medien-100.html
19 https://www.stern.de/politik/ungeimpfte-schaden-der-allgemeinheit--wir-mu essen-aufhoeren-sie-zu-schuetzen-30927876.html
20 https://www.zeit.de/gesellschaft/2021-07/corona-impfung-pflicht-ethik-mass nahmen-grundrechte
21 https://www.handelsblatt.com/meinung/kommentare/kommentar-wer-sich-nicht-an-eine-impfpflicht-haelt-darf-nicht-mit-einer-geldstrafe-davonkom men/27969054.html
22 https://www.welt.de/politik/deutschland/plus235208392/Virologe-Kekule-Geimpfte-glauben-sie-seien-sicher-Man-hat-sie-falsch-informiert.html
23 https://x.com/SHomburg/status/1744757269424673259
24 Hahne, Peter, D*as Maß ist voll – In Krisenzeiten hilft keine Volksverdummung,* Köln: Quadriga 2022, S. 17.
25 https://www.daserste.de/information/talk/hart-aber-fair/sendung/nur-ja-kei nen-zwang-ist-unsere-politik-beim-impfen-zu-feig-100.html
26 Precht, Richard David, Welzer, Harald, *Die vierte Gewalt – Wie Mehrheitsmeinung gemacht wird, auch wenn sie keine ist,* S. Fischer, Frankfurt am Main, 2022, S. 149.
27 https://www.faz.net/aktuell/feuilleton/debatten/ukraine-wie-deutsche-intel lektuelle-putin-in-die-haende-spielen-18148867.html
28 https://www.wp.de/region/sauer-und-siegerland/article237223199/Kurschus-Gottes-Kraft-setzt-fuer-mich-viel-Hoffnung-frei.html
29 https://www.emma.de/artikel/offener-brief-bundeskanzler-scholz-339463

30 https://taz.de/Offene-Briefe-zum-Krieg-in-der-Ukraine/!5851981/

31 https://www.tagesschau.de/inland/deutschlandtrend/deutschlandtrend-2991.html

32 https://www.meedia.de/medien/gastbeitrag-medien-und-die-ukraine-grenzen-zum-kriegsaktivismus-scheinen-fliessend-7b39e4b8dd44044edd91ec0ce599a50d

33 https://www.dw.com/de/mein-deutschland-bunt-bunter-berlin/a-42779005

34 https://uebermedien.de/26020/deutsche-welle-beteiligt-sich-an-diffamierungskampagne-gegen-kita-broschuere/

35 https://www.zeit.de/2015/48/sprache-gender-geschlechtsgerechtigkeit

36 https://www.dw.com/de/mein-deutschland-der-grüne-gender-wahnsinn/a-18888325

37 Hahne, Peter, *Das Maß ist voll*, S. 39.

38 https://www.faz.net/aktuell/feuilleton/debatten/wolfgang-thierse-wie-viel-identitaet-vertraegt-die-gesellschaft-17209407.html

39 https://www.merkur.de/politik/gender-debatte-spd-wolfgang-thierse-streit-gastbeitrag-partei-kulturkampf-90227433.html

40 https://www.nzz.ch/feuilleton/gendergerechte-sprache-die-diskussion-ist-politisch-vergiftet-ld.1567211

41 https://www.faz.net/aktuell/feuilleton/debatten/grosse-mehrheit-laut-umfrage-gegen-gendersprache-17355174.html

42 https://www.hessenschau.de/politik/landtag/gruene-sehen-genderverbot-vor-abi-pruefung-rechtlich-auf-wackligen-beinen-v1,genderverbot-schulen-abi-landtag-100.html

43 Sarrazin, Thilo, *Deutschland schafft sich ab – Wie wir unser Land aufs Spiel setzen*, Verlag LMV, 2010.

44 https://www.faz.net/aktuell/feuilleton/buecher/rezensionen/sachbuch/thilo-sarrazin-deutschland-schafft-sich-ab-so-wird-deutschland-dumm-1999085.html

45 Sarrazin, Thilo, *Die Vernunft und ihre Feinde*, LMV, München, 2022, S. 65.

46 https://www.bka.de/DE/DasBKA/OrganisationAufbau/Fachabteilungen/IslamistischmotivierterTerrorismusExtremismus/IslamistischmotivierterTerrorismusExtremismus_node.html

47 https://www.zeit.de/politik/ausland/2015-12/hamed-abdel-sama-islam-kritik-muslime-fundamentalismus

48 Sarrazin, Thilo, *Feindliche Übernahme: Wie der Islam den Fortschritt behindert und die Gesellschaft bedroht*, Verlag FBV, 2018.

49 Sarrazin, Thilo, *Die Vernunft und ihre Feinde*, S. 19.

50 https://taz.de/Demonstrationen-am-Breitscheidplatz/!5469470/

51 https://www.focus.de/politik/analyse-von-ulrich-reitz-es-ist-zeit-ueber-das-grosse-islam-tabu-in-deutschland-zu-sprechen_id_227324362.html

52 https://www.dw.com/de/von-tiananmen-nach-leipzig/a-17682980

53 https://docs.google.com/forms/d/e/1FAIpQLSfoKjVK49D-mZEVD8HrVO4PJgeoYpYL6DT7HjNHNomMP13_9Q/viewform?pli=1

54 https://docs.google.com/spreadsheets/d/1Yf80aXcEpT22SDw79KhVMHZTIvR69KcTEjWcFPAdW9w/edit#gid=0
55 https://www.dw.com/de/das-massaker-vom-4-juni-1989-war-kein-ausrutscher/a-17712012
56 https://www.tagesschau.de/investigativ/br-recherche/china-uiguren-internierungslager-101.html
57 https://www.nzz.ch/meinung/xinjiang-china-kampf-gegen-terrorismus-und-separatismus-ld.1753509, gerade ist ein Buch von den beiden und anderen Wissenschaftlern erschienen: *Xinjiang – eine Region im Spannungsfeld von Geschichte und Moderne,* LIV Verlag, 2024.
58 https://www.sueddeutsche.de/kultur/deutsche-sinologie-pro-chinesisch-aufruhr-thomas-heberer-helwig-schmidt-glintzer-1.6252806

5 Der Weg nach China ist kürzer, als man denkt

1 https://www.tagesspiegel.de/kultur/wokeness-gab-es-auch-in-der-ddr--sie-hiess-nur-anders-4250416.html
2 Pfister,René, *Ein falsches Wort: Wie eine neue linke Ideologie aus Amerika unsere Meinungsfreiheit bedroht,* DVA, München 2022, S. 182.
3 https://www.zeit.de/wirtschaft/unternehmen/2020-07/adidas-personalchefin-karen-parkin
4 Pfister, René, *Ein falsches Wort,* S. 63.
5 Hahne, Peter, *Das Maß ist voll,* S. 42.
6 https://www.nordkurier.de/kultur/kita-verbietet-kindern-indianer-kostum-1196110
7 https://www.spiegel.de/panorama/bildung/erfurt-kein-kita-karneval-an-rosenmontag-a-84fb7cad-8582-4e51-b427-94437fb6bbdc
8 https://www.deutschlandfunkkultur.de/kontroverse-um-eugen-gomringers-gedicht-kunstfreiheit-100.html
9 https://www.faz.net/aktuell/politik/inland/attacken-gegen-professoren-muenkler-und-baberowski-13596126.html
10 Sarrazin, Thilo, *Die Vernunft und ihre Feinde,* S. 139.
11 https://www.zeit.de/zeit-magazin/2020/36/harald-martenstein-cancel-culture
12 Klöckner, Marcus B., *Sabotierte Wirklichkeit – Oder: Wenn Journalismus zur Glaubenslehre wird,* Westend, Frankfurt am Main, 2019, S. 46.
13 Krüger, Uwe: Vortrag: *Woran man Propaganda erkennt,* gehalten auf der Medientagung 26.-28. Januar 2018 in Kassel.
14 Klöckner, Marcus B., *Sabotierte Wirklichkeit,* S. 26.
15 https://www.dw.com/de/mein-deutschland-ein-trister-jahresanfang/a-42091024
16 https://www.nachdenkseiten.de/?p=68661
17 https://www.spiegel.de/politik/deutschland/gruenen-ministerpraesident-winfried-kretschmann-erklaert-zeit-als-maoist-a-c8cefc3b-36f6-4b3c-a345-6ef2cb475287

18 https://www.freitag.de/autoren/ingar-solty/erst-maoisten-jetzt-anti-china-falken-huetet-euch-vor-der-gruenen-aussenpolitik
19 https://www.zeit.de/politik/deutschland/2023-08/koerber-stiftung-umfrage-demokratie
20 Precht, Richard David, Welzer, Harald, *Die vierte Gewalt*, S. 39.
21 https://www.horizont.net/medien/nachrichten/Fluechtlingskrise-Claus-Kleber-und-Kai-Gniffke-plaedieren-fuer-konstruktive-Berichterstattung-136058
22 https://www.spiegel.de/spiegel/frank-plasberg-und-georg-diedenhofen-von-hart-aber-fair-ueber-die-afd-a-1171732.html
23 Klöckner, Marcus B., *Sabotierte Wirklichkeit*, S. 26.
24 https://www.telepolis.de/features/Die-grosse-Meinungsvielfalt-in-der-deutschen-Presse-ist-Geschichte-3373110.html?seite=all
25 Klöckner, Marcus B., *Sabotierte Wirklichkeit*, S. 77.
26 https://www.derstandard.de/story/2000104986156/juergen-habermas-diskursive-vernunft-und-demokratie
27 https://www.meedia.de/medien/gastbeitrag-medien-und-die-ukraine-grenzen-zum-kriegsaktivismus-scheinen-fliessend-7b39e4b8dd44044edd91ec0ce599a50d
28 Precht, Richard David, Welzer, Harald, *Die vierte Gewalt*, S. 50.
29 https://www.zeit.de/politik/deutschland/2023-08/koerber-stiftung-umfrage-demokratie
30 Precht, Richard David, Welzer, Harald, *Die vierte Gewalt*, S. 38.
31 https://www.focus.de/politik/deutschland/wirbel-um-antisemitische-aeusserungen-richard-david-precht-schmeisst-nach-studenten-aufstand-an-uni-hin_id_230536570.html